Bruno Preisendörfer

Die Verwandlung
der Dinge

Bruno Preisendörfer

Die Verwandlung der Dinge

Eine Zeitreise
von 1950 bis morgen

Galiani Berlin

Verlag Kiepenheuer & Witsch, FSC® N001512

1. Auflage 2018

Verlag Galiani Berlin
© 2018, Verlag Kiepenheuer & Witsch, Köln
Umschlaggestaltung Manja Hellpap und Lisa Neuhalfen, Berlin
Umschlagmotiv © W. M. Weber/TV-yesterday;
Vektorform: starline/Freepik
Autorenfoto © David Biene
Lektorat Wolfgang Hörner
Gesetzt aus der Karmina
Satz Buch-Werkstatt GmbH, Bad Aibling
Druck und Bindung CPI books GmbH, Leck
ISBN 978-3-86971-166-9

»Wir haben heute ein fundamental anderes Verhältnis zur Welt als 1950. Wir werden in den nächsten fünfzig Jahren einen wesentlich größeren Sprung machen als in den letzten fünfzig Jahren.«

*Rodney Brooks**

»Wo es um neue Dinge geht, besteht nur allzu häufig die Tendenz, zunächst einmal zu überschätzen, was uns interessant und merkwürdig vorkommt – um sodann, in irgendwie natürlicher Gegenreaktion, den tatsächlichen Stand der Sache zu unterschätzen.«

*Ada Lovelace**

»1. Alles, was es schon gibt, wenn du auf die Welt kommst, ist normal und üblich und gehört zum selbstverständlichen Funktionieren der Welt dazu.
2. Alles, was zwischen deinem 15. und 35. Lebensjahr erfunden wird, ist neu, aufregend und revolutionär [...].
3. Alles, was nach deinem 35. Lebensjahr erfunden wird, richtet sich gegen die natürliche Ordnung der Dinge.«

*Douglas Adams**

---

* Nähere Angaben im Personenregister.

Inhalt

Einleitung

Heutzutage unterscheidet sich der Mensch hauptsächlich dadurch vom Affen, dass er mit dem Daumen auf dem Zahlenfeld eines Handys Nummern eingeben oder gleichzeitig mit zwei Daumen auf dem Buchstabenfeld eines Smartphone-Displays Botschaften tippen kann. Sogar im Gehen!

Aber das Entscheidende ist nicht der aufrechte Gang, sondern die Fähigkeit, den Daumen anstrengungslos nach innen zu beugen, und zwar so weit, dass die Daumenkuppen ohne Weiteres die Kuppen der anderen Finger berühren können. Anthropologen bezeichnen diese evolutionäre Errungenschaft der menschlichen Anatomie als ›Opponierbarkeit‹ des Daumens. Sie kommt bei keiner anderen Primatenart vor. Schimpansen, bei denen die Daumen ebenfalls von den übrigen Fingern abgesetzt, aber eben nicht opponierbar sind, können mit den Zeigefingern auf einem Tastentelefon herumdrücken oder sie in die Löcher einer Wählscheibe stecken. Sie sind jedoch nicht in der Lage, doppeldäumig Botschaften ins Smartphone zu tippen.

Unsere unmittelbaren Vorfahren auch nicht. Womit nicht gesagt sein soll, ältere Leute, die nicht beidhändig simsen, stünden den Schimpansen näher als jüngere Leute, obwohl jüngere Leute mitunter den Eindruck erwecken, als käme es ihnen genau so vor. Der Verfasser, der sich vor einem Vierteljahrhundert gegen die Installierung von *Windows 95** auf seinem Redaktionscompu-

---

* Zur Schreibweise die Erläuterung zu Beginn der Nachweise.

ter sträubte und darauf bestand, vorläufig mit dem *DOS*-basierten *Word 5.0* weiterzuarbeiten, wurde damals vom Verlagstechniker als ›Neandertaler‹ bezeichnet. Heute wirkt *Windows 95* mit seiner von Brian Eno komponierten Startmelodie* selbst ›prähistorisch‹. Bei einem 2016 durchgeführten Experiment sahen sich etliche nach 1995 geborene ›User‹ außerstande, *Windows 95* überhaupt in Gang zu bringen. Sie schalteten den Bildschirm an und warteten und warteten und warteten. Bildschirme waren in den 90ern keine Flatscreens, sondern weit nach hinten ausladende Monitore. Und der Rechnerblock stand unterm Tisch. Dass dieser Apparat ebenfalls anzuschalten war, nicht nur der monströse Monitor, kam einigen der mit Smartphones aufgewachsenen Teens erst gar nicht in den Sinn.

In der Praxis wirft das schnelle Altern jüngster Errungenschaften Probleme der Anpassung auf, in der Philosophie tiefgründige Fragen. Was sollen etwa Großeltern, in deren eigener Kindheit die Telefone Apparate waren, die im Flur an der Wand hingen, auf die Enkelfrage antworten »Wie seid ihr eigentlich ins Internet gekommen, als es noch keine Computer gab?« Ein Philosoph würde diese Frage, die ich von einem Elfjährigen gehört habe, auf die ›Naturalisierung‹ kultureller Erscheinungen zurückführen, auf die Verwandlung von historisch Entstandenem in etwas Natürliches, seinsmäßig Vorgegebenes. Dem Elfjährigen wiederum, dessen eigene Geschichte kürzer ist als die des Internets, geht das Internet tatsächlich voraus, jedenfalls insofern, als für seinen Alltag die ›Historizität‹ der Praktiken, mit denen er ihn bewältigt, nicht von Belang ist. Im Übrigen könnte man die meisten Dinge nicht benutzen, wollte man sich vorher darüber klar werden, wie sie entstanden sind und wie sie funktionieren. Man müsste Experte für alles sein. Wer kann das schon?

* Nachhörbar im Internet bei floraberlin.de/soundbag/index161d.htm#soundbag

Wer will das überhaupt? Wir wissen, dass die Dinge funktionieren (jedenfalls wenn und solange sie funktionieren), auch wenn wir nicht wissen, warum. Insofern haben wir ein magisches Verhältnis zu ihnen. Im Unterschied zum magischen Menschen der Vorzeit allerdings wären wir in der Lage, von der Praxis zur Theorie überzugehen, um uns die Dinge einschließlich ihrer kausalen Zusammenhänge wissenschaftlich erklären zu lassen.

Die Dinge und die Kulturtechniken ihrer Benutzung entwickeln sich mit hoher und immer höherer Geschwindigkeit. Das begeistert die Euphoriker und betrübt die Nostalgiker. Die Euphoriker sind hysterisch versessen aufs Neue, immer auf dem ›aktuellen Stand‹ und bereit für den nächsten Trend. Die Nostalgiker sentimentalisieren das Alte und ignorieren die neuesten Errungenschaften von zurückliegender Warte.

Der Autor dieser Erinnerungen an die Gegenstandswelt von gestern zählt sich weder zu den einen noch zu den anderen. Dass früher alles besser war, hält er für ein Märchen, dass früher, als vieles schlechter war, von alten Leuten erzählt wurde. Dass morgen alles noch besser sein wird, hält er für eine Übertreibung junger Leute, die das Leben mit einem Start-up verwechseln. Und so werde ich es keinem recht machen, aber hoffentlich viele amüsieren mit dieser Reise zu Dingen der eigenen Vergangenheit seit den späten 1950ern. Auf einer solchen Reise trifft man ›Objekte‹ wieder, die man völlig vergessen hat, obwohl sie einst ungeheuer wichtig waren. Oder man lacht sich kaputt über Gewohnheiten, die noch vor wenigen Jahren mit unerschütterlichem Alltagsernst gepflegt wurden.

Die einzelnen Dinge sterben, wenn wir aufhören, mit ihnen zu leben. Die ›Population‹ der Dinge indessen wächst im Lauf unseres Lebens. Nicht nur deshalb, weil sich in Wohnungen und Häusern, auf Dachböden und in Kellerräumen mehr und mehr Gegenstände ansammeln, die man ›irgendwann vielleicht

noch einmal brauchen kann‹. Sondern auch, weil die Zahl der
tatsächlich in Gebrauch befindlichen, wenn auch nicht immer
wirklich gebrauchten Dinge zunimmt. »Ein Deutscher nennt
im Durchschnitt zehntausend Gegenstände sein Eigen.« Angaben wie diese aus der opulenten »Geschichte des Konsums« von
Frank Trentmann sind statistisch konstruiert und nicht beim
Wort, genauer: bei der Zahl zu nehmen. Doch immerhin veran-
schaulichen sie die Dimension der Anhäufung von Gebrauchs-
gegenständen. Wollte man alles, was eine normale deutsche Familie besitzt, in einer Ausstellung präsentieren, in Vitrinen, auf
Sockeln und ordentlich beschriftet, könnte man damit ein eigenes historisches Museum einrichten. Schon wenn ich die Augen vom Computerschirm löse und einen Blick über meinen
eigentlich nicht überhäuft wirkenden Schreibtisch werfe, irritiert die Vielfalt des Ensembles an Dingen: ein halbes Dutzend
Nachschlagewerke, zwei Buchstützen, sage und schreibe zehn
verschiedene Notizhefte, zwei Stapel mit Papierausdrucken, ein
Taschenkalender, ein aufrecht stehendes Buch aus Granit, an
dem blaue, grüne, rote und gelbe Merkzettelchen kleben, auf
dem oberen Schnitt des Steinbuchs ein USB-Stick; neben dem
Steinbuch ein kleiner Amboss aus Edelstahl, den mein Vater,
ein gelernter Schmied, an seinem Arbeitsplatz in der Fabrik ge-
fräst und mir geschenkt hat, als ich noch bei den Eltern wohnte;
außerdem ein Ganesha aus Bronze, der mir irgendwann zu-
gelaufen oder eher zugekrabbelt ist, denn das Figürchen stellt
den Hindugott mit dem Elefantenkopf auf allen vieren dar; des
Weiteren eine Schreibtischlampe, ein schnurloser Handapparat fürs Festnetztelefon, die Ladeschale für diesen Handapparat,
ein Handy, ein Taschenkalender, ein Kugelschreiber, ein Dreh-
bleistift, ein Holzbleistift, ein Bleistiftspitzer, ein Kopfhörer und
schließlich meine Brille, die eigentlich beim Schreiben auf der
Nase sitzen sollte.

Die zehn parallel geführten Notizhefte übrigens machen mich fassungslos. Das hätte ich – ohne Nachzählen – nicht für möglich gehalten. Offenbar rücken viele Gegenstände um uns herum erst dann in unseren Wahrnehmungshorizont, wenn wir bewusst nach ihnen sehen oder absichtlich nach ihnen greifen. Ein beliebiger Selbstversuch dürfte das bestätigen. Man stelle sich beispielsweise eine Ecke der jeden Tag benutzten Küche vor und notiere alles, was sich dort befindet. Dann gleiche man die Liste mit der Wirklichkeit ab!

Es ist wunderlich, wie viele der Sachen einem nicht einfallen, die man täglich um sich hat. Nur Lissy würde ich nicht vergessen, da bin ich mir sicher. Das kleine Kofferradio, Jahrgang 1970, steht in der Küche und erzählt mir jeden Morgen, was vorgefallen ist in der Welt. Anderswo hat sie bereits Vitrinenreife. In Technikmuseen repräsentiert sie stumm ihre Epoche des Gerätedesigns. Sobald wir den persönlichen Umgang mit unseren Dingen einstellen, werden sie ›historisch‹.

Ohne Körperkontakt mit den Menschen können Alltagsgegenstände nicht funktionieren – und das ist wörtlich zu nehmen, fast: Viele Funktionen werden heute nicht mehr am Apparat ausgelöst, sondern an kleinen Schächtelchen, die wir ›Fernbedienung‹ nennen. Auf Knöpfe allerdings drücken wir immer noch. Einstweilen. Es wird freilich nicht mehr lange dauern, bis wir unsere Befehle nicht mehr mit den Fingern erteilen, sondern mit dem Mund. Stimmerkennungsprogramme ermöglichen es, dass wir den Dingen Anweisungen geben können, als wären sie unseresgleichen. So brachte in der zweiten Jahreshälfte 2016 Amazon seinen in den USA bereits erprobten Spracherkennungslautsprecher Echo auf den deutschen Markt. Der Name ist insofern geschickt gewählt, als der griechischen Mythologie zufolge die Bergnymphe Echo von der Zeus-Gemahlin Hera der eigenen Stimme beraubt und dazu verurteilt wurde, nur die jeweils letzten an sie gerichteten Worte zu wiederholen. Dies war die Strafe dafür, dass Echo die eifersüchtige Hera mit Geschichtenerzählen von den Fremdgängen des Göttergatten abgelenkt hatte. Nun kann man die vernetzte Nymphe bitten, das Licht auszuschalten oder ein Taxi zu rufen.

Aber noch sind die meisten Befehle, die wir unseren Dingen geben, haptischer Natur. Weil unsere alten Reflexe weiterfunktionieren, wenn ein Gerät plötzlich nicht mehr funktioniert, sind wir im allerersten Moment schockiert, wenn auf Knopfdruck nichts passiert. Dabei sollten wir eigentlich wissen, dass nur die Batterien zu erneuern sind. Was würde jedoch geschehen, gäbe es Probleme nicht beim An-, sondern beim Ausschalten? Vor Jahren träumte mir, ich käme nach Hause und alle Dinge wären in Aufruhr: Die Waschmaschine drehte wie wahnsinnig die Trommel und schleuderte die Leere, die Spülmaschine zog unentwegt Wasser, Kaffeemaschine und Wasserkocher blubberten, das Bügeleisen glühte, der Mixer ließ das Messer rotieren und machte Geräusche wie ein Hubschrauber, Lissy plapperte selbstzufrieden vor sich hin; im Arbeitszimmer hatte sich der Computer hochgefahren, das FAX piepte erwartungsvoll auf Empfang, der Anrufbeantworter wiederholte unermüdlich seine Ansage, und sämtliche Lampen brannten. Fassungslos stürzte ich in diesem Lärm der Dinge von Gerät zu Gerät, aber keines ließ sich abschalten. Unbeeindruckt von der befehlsgewohnten Menschenhand machten alle einfach weiter, mochte ich auf die On/Off-Knöpfe drücken, so viel ich wollte. Es war zum Verrücktwerden. Dann hatte ich die rettende Idee: Drehe die Zentralsicherung raus, dreh um Himmels willen die Zentralsicherung raus. Schweißgebadet erwachte ich. Nachdem ich mich beruhigt hatte, ging ich in die Küche, nachsehen. Alles stand still und ruhig an seinem Platz. Nur der Kühlschrank brummte. Im Arbeitszimmer schimmerten die grünen Punkte am Router und draußen am ›Himmelszelt‹ die Sterne. Was für ein Glück, dass Dinge nicht träumen. Aber wer weiß ...

Im Übrigen hat die Zukunft bereits begonnen. Vor einem Vierteljahrhundert, in der dritten *World Media taz*-Ausgabe von 1991, wurde gefragt: »Ein Wasserboiler, der mit dem Geschirrspüler ein Schwätzchen hält, während die Waschmaschine mit Besuchern plaudert?« Das klang in den frühen 1990ern belustigend. In den späten 2010ern halten Haushaltsgeräte zwar immer noch keine Schwätzchen, dafür haben sie keine Zeit, aber es ist möglich geworden, die Haustechnologie, vom Heizkessel bis zur Waschmaschine, mithilfe von Computerprogrammen zu koordinieren und per Funk zu steuern, auch wenn man gar nicht zu Hause ist. Aus Lautsprechern ertönt Hundegebell, um Einbrecher abzuschrecken, während Roboter staubsaugend durch die Stuben kurven oder rasenmähend durch den Garten.

Die Verwandlung von Zukunft erst in Gegenwart und dann in Vergangenheit geht inzwischen so schnell vor sich, dass die Herstellungszeit des Langsamkeitsmediums Buch damit nicht mehr kompatibel ist. Weil das Schreiben dem Leben hinterherhinkt, muss das Leben dem Schreiben auf die Sprünge helfen. Den Leserinnen und Lesern wird es hoffentlich Vergnügen machen, diesen Text mit gedanklichen Updates aus der eigenen Erfahrungswelt zu aktualisieren.

Ich kam 1957 zur Welt, dem Jahr, in dem die Sowjetunion, die es längst nicht mehr gibt*, zum Erstaunen und Entsetzen der ›westlichen Welt‹ den ersten Satelliten ins All geschossen hat. Zwölf Jahre später machten die ›Amis‹, die es – einstweilen – immer

---

* Selbstauflösung am 26. Dezember 1991.

noch gibt, die Sputnik-Scharte wieder wett mit einem kleinen Schritt vom Leiterchen, der ein großer Schritt für die Menschheit war. Denn dieses Leiterchen lehnte an einer Mondfähre.

Genau in der Mitte zwischen Sputnikschock und Mondlandung fand meine Einschulung statt. Aber als ich im September 1963 zum ersten Mal den Ranzen in die Schule trug, baumelte an diesem Ranzen ein Tafellappen, als wäre nicht 1963, sondern 1893 gewesen.

1. Schreiben, rechnen,
mit dem Rechner schreiben

Von der Schiefertafel zum Tablet

Der Tafellappen, der aus meinem Ranzen hing, war mit einer Schnur am roten Holzrahmen einer grauschwarzen Schiefertafel befestigt. Die Tafel war liniert, und im ersten Schuljahr tummelten sich über und unter, seltener auf den Linien die seltsamen Figuren, die von den Lehrern als ›Buchstaben‹ bezeichnet wurden, und die wir Schüler von der großen Tafel abmalten, der sogenannten ›Lehrertafel‹. Die Lehrertafel wirkte, als würde sie für alle Zeiten an der Stirnseite des Schulzimmers an der Wand hängen wie das Kreuz in der Kirche – oder gleichfalls im Schulzimmer. Die Kreuze sind vielerorts aus den Schulstuben verschwunden, die Lehrertafeln auch. Sie wurden durch interaktive Whiteboards ersetzt.

Im Unterschied zu den großen Wandtafeln mit ihrer grauschwarz drohenden Unerschütterlichkeit blieben die kleinen Tafeln keine zwei Wochen unbeschädigt, jedenfalls nicht in den Jungenranzen. Auch einem Mädchen mochte eine Tafel vom Pult rutschen und eine Schramme davontragen, aber die schweren Brüche kamen nicht durch Ungeschicklichkeit zustande, sondern durch Kämpfe Mann gegen Mann. Wenn Schulranzen wie Heldenschilde gegeneinanderprallten, bezahlten die Schiefertafeln mit dem Leben. Den Griffeln erging es besser, jedenfalls wenn sie brav im ebenfalls hölzernen Griffelkasten mit dem zurückschiebbaren Deckel untergebracht und nicht lose in den Ranzen geworfen wurden. Dem Schwämmchen wiederum machte das alles nichts aus. Solange es Tafeln gab statt Whiteboards und Displays, so lange gab es auch Schwämme: große Schwämme für die Lehrertafel (und die Wurfduelle der Schüler), kleine Schwämme für die Schreibtafeln der Kinder. Diese Schwämme hatten stets feucht zu sein und waren immer trocken. Sie gehörten zu jenen Dingen, die Kinder zur Verzweiflung treiben, weil sie nie so in Ordnung zu halten sind, wie Erwachsene sich das vorstellen.

Das Schlimmste an diesen kleinen Schwämmen waren die Geräusche, die sie ausgetrocknet auf bekritzelter Tafel hervorriefen. Die Schwämmchen lebten in runden Dosen (tatsächlich schon aus Plastik!) und zogen sich bei Trockenheit schneckenhaft unter deren Rand zurück. Beim Wischen rief dieser Dosenrand auf dem Schiefer ein schabendes Geräusch hervor. Es klingt mir noch heute in den Ohren und macht mir immer noch Gänsehaut. Ohren haben ein gutes Gedächtnis, fast so gut wie Finger und Hände, die auf Knöpfen, Tasten und Tastaturen (wie jetzt beim Schreiben auf dem Rechner) herumdrücken, ohne dass sich derjenige, dem diese Finger und Hände gehören, bewusst darum kümmern muss. Dem motorischen Gedächtnis entspricht das akustische Gedächtnis. Es bewahrt im Echoraum des Kopfes Geräusche auf, die im Leben längst ausgestorben sind. Hübsche Geräusche wie das Bimmeln, wenn der Schrankenwärter die Kurbel drehte und die Schranke herunterließ, um die Bahn für die Bahn frei zu machen. Fiese Geräusche wie dieses knirschende Schaben, das ein trockener Dosenschwamm auf einer Schiefertafel hervorrief.

Die Buchstaben, die auf Tastaturen so genormt zuverlässig angeordnet sind, machten uns ABC-Schützen mit ihrem Durcheinander mächtig zu schaffen. In der Suppe rührte man sie mit dem Löffel um, aber in der Schule hatte man sie in Reih und Glied so aufzustellen, dass Wörter dabei herauskamen. Das Hilfsmittel dazu war ein Setzkasten oder eine Setzfibel. Über den Setzkasten gibt es in Walter Benjamins *Berliner Kindheit um Neunzehnhundert* eine hübsche Miszelle unter dem Titel »Der Lesekasten«: Weil »das, was mein eigenes [Dasein] angeht, Lesen und Schreiben waren, weckt von allem, was mir in frühern Jahren unterkam, nichts größere Sehnsucht als der Lesekasten. Er enthielt auf kleinen Täfelchen die Schreibschriftlettern, die jünger und mädchenhafter waren als die gedruckten. Sie betteten sich schlank aufs schräge Lager, jede einzelne vollendet, und in ihrer Reihenfolge gebunden durch die Regel des Ordens, das Wort, dem sie als Schablone angehörten. Ich bewunderte, wie soviel Anspruchslosigkeit vereint mit soviel Herrlichkeit bestehen könne.«

Ich hatte eine Setzfibel und hasste sie. Die Buchstaben waren aus Pappe, ebenso die Schlitze, in die man die Pappbuchstaben zu stecken, zu schieben, zu fummeln hatte. Die Buchstaben fransten aus, die Schlitze rissen ein, und je mehr die Buchstaben ausfransten und die Schlitze einrissen, desto schwieriger wurde es, die Buchstaben in die Schlitze zu kriegen, damit Wörter herauskamen. Mit dieser motorischen Aufgabe waren die Kinderhände dermaßen beschäftigt, dass die Kinderköpfe kaum noch Restenergie fürs Schreibenlernen hatten. Aus dem ›Baum‹ an der Lehrertafel, mit wackelndem Griffel auf der kleinen Schiefertafel nachgemalt, aber korrekt buchstabiert, wurde im Setzkasten ein ›Buam‹, weil das völlig verfranste ›a‹ einfach nicht an der richtigen Stelle in den Schlitz wollte. Und in irgendeinen Schlitz musste es doch, das verflixte a!

Ich weiß nicht, wo die dunkelrote Setzfibel mit ihren schwarzen Buchstaben auf dünner weißer Pappe geblieben ist. In meinem persönlichen Museum der Dinge – es enthält unter vielen pensionierten Objekten zum Beispiel einen Zirkelkasten, einen Rechenschieber, einen Stenofüller und meinen ersten elektronischen Taschenrechner – ist sie jedenfalls nicht zu finden. Auch die frühen Schreibhefte, die aufs Tafeljahr folgten, sind verloren. Sie wiesen von Schuljahr zu Schuljahr immer weniger Linien auf, bis in der vierten Klasse eine einzige Linie übrig blieb. Mit diesen einfach linierten Heften begann die Epoche der Patronenfüller.

Bis dahin hantierten wir nach dem Griffeljahr der ersten Klasse mit Federhaltern. Die Federn steckten in sich nach hinten verjüngenden und von Milchzähnen benagten Haltern aus Holz, waren ziemlich starr und konnten die Tinte nicht halten. Ein Teil davon tropfte ab auf dem Weg vom Fass zum Heft, und wenn man nicht schnell genug beim Buchstabenmalen war, breiteten sich blaue Kleckse auf den Seiten aus, kleine Seen mitunter, die sich mit dem faserigen Löschpapier kaum trockenlegen ließen. Die Heftseiten selbst waren Schlachtfelder der Alphabetisierung, übersät mit in ihrem Tintenblut schwimmenden Leichen der von ABC-Schützen hingemordeten Buchstaben. Das Mordinstrument Federhalter ist inzwischen und zum Glück aus dem Alltag verschwunden und nur noch etwas für Zeichenkünstler und Kalligraphie-Liebhaber.

Ob unsere Federn sich nach solchen für die ›Ausgangsschrift‹ und nach solchen für die ›Verkehrsschrift‹ unterschieden, kann ich heute nicht mehr sagen. ›Form follows function‹ hat mal jemand gesagt*, und so gab es verschiedene Federn zum unterschiedlichen Gebrauch, wie es auch Patronenfüller mit verschiedenen Federn gab, zum Beispiel mit besonders weichen und biegsamen beim Stenofüller.

Die offizielle »Lateinische Ausgangsschrift« kam in der BRD seit 1953 auf Beschluss der Kultusminister länderübergreifend im Unterricht der damals noch offen und ehrlich sogenannten Volksschulen zum Einsatz. Auch ich wurde mit ihr ›beschult‹, ob-

---

*   Es konkurrieren mehrere Urheber, darunter Louis Sullivan (1856–1924), ein Hochhausbauer der Chicago School.

wohl ich in der ersten und zweiten Klasse noch die zackige Sütterlinschrift lernte. Neben den Unterschieden im Aussehen der beiden Schriften und in den motorischen Abläufen beim Schreiben gab es zwischen ihnen noch eine gewissermaßen ethische Differenz: Die Sütterlinschrift war als Normschrift konzipiert, an die sich die Leute zu halten hatten, während die Ausgangsschrift, wie ihr Name schon sagte, als Ausgangsbasis für die Entwicklung einer allgemein lesbaren und dennoch individuellen Handschrift fungieren sollte. Es ist wie beim modernen Wohlstandsmenschen insgesamt: Alle entfalten ihre Individualität, aber so, dass sie in Grundzügen einander ähnlich bleibt.

Ob die Ausgangsschrift ihren Anspruch erfüllte, blieb unter Lehrern und Eltern umstritten. In den frühen Siebzigern wurde in einigen Bundesländern eine »Vereinfachte Ausgangsschrift« unterrichtet, während in der DDR seit 1968 eine artverwandte »Schulausgangsschrift« galt.

Die Debatten ums Schreibenlernen waren in ihrer verstiegenen Grundsätzlichkeit und mit ihrer Überzeugungsinsbrunst dem Religionskrieg ähnlich, der in den 1990ern um die Rechtschreibreform geführt wurde. Aber schließlich ging es um mehr als nur darum, welche Schnörkel Schulkinder bei a, b und c hinzumalen oder wegzulassen hatten. Die Oberhoheit über die Motorik der Kinderhand hing (und hängt) zusammen mit der Oberhoheit über die Erwachsenenseele. Ada Sasse, Professorin für Grundschulpädagogik, hat das so zusammengefasst: »Die Schreibschrift als Schrift zum Schreibenlernen war vor ein paar Jahrzehnten noch angesehen wie eine preußische Primärtugend – gleichzusetzen mit Fleiß, Ordnung, Sauberkeit und Disziplin. Aber darauf kommt es doch nicht an. Die Kinder müssen erkennen, dass Schrift ein lebensbedeutsames Kommunikationsmittel ist.« Tatsächlich? Ist die Handschrift als ›lebensbedeutsames Kommunikationsmittel‹ inzwischen nicht selbst eher eine quasimoralische Forderung als eine selbstverständliche Lebenspraxis? Jedenfalls darf man mit Begeisterung rechnen, wenn man Freunden oder Bekannten mit der Hand nicht bloß eine Urlaubspostkarte mit schönen Grüßen schreibt, sondern einen ›richtigen‹ Brief. Die Freude über den ›persönlichen‹ Brief dürfte sogar unabhängig davon sein, wie gut man ihn lesen kann.

Einer von mir wäre schwer zu entziffern. Meine Handschrift ist durch schriftstellerische Tagesroutine verkümmert zu einer Art Privatstenografie. Viele Wörter und Silben sind nur noch Ruinen, Ruinen der Routine eben, deren Bedeutung ich nur im Zusammenhang ganzer Sätze erschließen kann. Einzelne isolierte Worte, an den Rand eines ›Manuskripts‹ geschrieben, das in Wahrheit weder ›Manus‹ noch ›Skript‹ ist, sondern ein Computerausdruck, werden in kurzer Zeit mir selbst geheimnisvoll wie Hieroglyphen. Allerdings hatte ich bereits als Schulkind in Schönschreiben schlechte Noten, wenn ich auch im Einzelnen nicht mehr nachprüfen kann, wie schlecht. Vor Jahren überantwortete ich in einem Anfall von autobiographischem Aufräumwahn sämtliche Schulzeugnisse der blauen Tonne. Meine Tagebücher sind dem Entsorgungsanschlag knapp entronnen und liegen nun korrekt klischeegemäß in einer Kiste auf dem Dachboden.

›Schreiben mit der Hand‹ verhält sich zum Tippen am Tablet wie der Eintrag ins Poesiealbum zum Posten auf Facebook. Aber wie immer, wenn alles gut läuft, wenn auch in die falsche Richtung, entwickeln sich Gegentrends. ›Handlettering‹* ist ein solcher Gegentrend. In speziellen Kursen kann man das ›Schönschreiben‹ üben, eine Kunst, die in meiner Volksschulzeit noch keine war, sondern zeugnisrelevante Alltagsfertigkeit.

---

* Wie über alles, so gibt es auch zum ›Handlettering‹ Blogs und Youtube-Videos.

Schrift wirkt! So heißt ein Ratgeber, der »Einfache Tipps für den täglichen Umgang mit Schrift« anbietet. Schlägt man ihn auf, stellt man allerdings fest, dass es mitnichten um die Handschrift geht, sondern um Typographie und Seitenlayout, also um das Schreiben mit Rechnern. Der Klappentext verspricht, dass dieses Buch »Sie zum souveränen Chef der enormen ›Setzerei‹ macht, die sich hinter der Tastatur von Mac und PC versteckt.« Aber der erste Macintosh kam erst 1984 heraus, und so weit sind wir noch nicht. Einstweilen tauchen wir Federn in Tintenfässer und bereiten uns auf die Ära der Patronenfüller vor.

Uns Schulkindern bereitete es ein seltsames, irgendwie froschquälerisches Vergnügen, die in Holzgriffel gesteckten Federspitzen so aufs Löschpapier zu drücken, dass sich deren Hälften spreizten und der schmale Tintenkanal zum klaffenden Spalt auseinandertrat. Wie breit ließ sich der Spalt wohl drücken? Ging man zu weit und drückte zu fest, glitten die Spitzenhälften nicht wieder zurück in die Ausgangslage und schlossen die Kluft nicht mehr, sobald der Druck nachließ. Dann war die Feder ruiniert, und man musste sich etwas einfallen lassen, um zu Hause zu erklären, warum man schon wieder eine neue brauchte. Sollte man es mit der Ausrede versuchen, der Federhalter sei – leider – vom Pult gerollt? Das war riskant. Wurde die Feder daraufhin einer elterlichen Inspektion unterzogen, stellte sich sofort heraus, dass diese Aufspreizung nie und nimmer von einem Fall herrühren konnte. Fiel die Feder ungünstig auf ihre Spitze, wurde sie geknickt oder verbogen, aber sie spreizte sich nicht in dieser verräterischen Weise. All das war zu bedenken, wenn man versonnen die Feder aufs Pult drückte, damit ihre Hälften so weit wie möglich auseinandertraten, ohne kaputtzugehen.

Auf den Federhalter folgte der Patronenfüller und mit ihm die Emanzipation vom Tintenfass. Die blauen Seen auf den Pultdeckeln und in den Schreibheften trockneten aus, die blauen Flecken zwischen den Fingern blieben. Keine Patrone hält beim Einstecken in den Füllerschaft dicht genug, um nicht an Kinderfingern immer irgendwie etwas zurückzulassen. Hatte man sich beim Schreiben die Hände schmutzig gemacht oder das Heft vollgekleckst, konnte man seit 1972 zu speziellen, als »Tintenkiller« vermarkteten Stiften greifen. Sie waren von eigenartig ekelhaftem Geruch und Geschmack. Dass etwas nicht zum Essen da ist, hat Kinder noch nie gehindert, nachdenklich darauf herumzubeißen, seien es nun Bleistifte, Federhalter oder Tintenkiller. Das kann zu tragischen Missgeschicken führen. Am 3. Januar 2015 erkundigte sich auf der Website gutefrage.net ein Schulkind: »Heute beim lernen* ist mir etwas sehr ungeschicktes passiert. Ich habe aus versehen den Tintenkiller abgebissen und verschluckt ... Muss ich jetzt sterben? Wie viele Tage bleiben mir über, um mein Leben zu genießen?« Die rührende Ratsuche im (nur für ältere Leute neuen) Medium Internet rief neben tröstenden Reaktionen auch diese hervor, sarkastisch, aber ganz auf der technischen Höhe der Zeit: »Du solltest dir den [!] Tintenkiller-abbiss-app auf dein Smartphone laden, der berechnet dir dann genau die Zeit, mit Timer«.

Mit den Patronenfüllern wurde der Endpunkt der handschriftlichen Evolution in der Schule erreicht. Kugelschreiber waren im Unterricht tabu, weil sie die Handschrift ›verdarben‹, wie es hieß. Mich erfasste dennoch die Sehnsucht nach einem Vierfarbkugelschreiber mit Stahlgehäuse, aus dem man an einem blauen, einem schwarzen, einem roten und einem grünen Metallknopf die jeweiligen Minen in die Spitze schieben konnte. Ich opferte mein angespartes Taschengeld, wurde jedoch des angeberischen Objekts nicht froh. Zu Hause konnte

---

*   Die Originalschreibung wurde übernommen.

ich es nicht gebrauchen, in der Schule durfte ich es nicht benutzen.

In der DDR gab seit 1974 Heiko »der Handschrift Charakter«, wie der Verpackungsaufdruck versprach. Bei dem als ›Pionierfüller‹ etikettierten Schreibgerät für Schüler der ersten bis vierten Klasse kam die Tinte nicht aus Patronen, sondern aus einer Füllkammer. Der VEB Füllhalterfabrik Wernigerode stellte jährlich eine halbe Million Kolben- und eine ganze Million Patronenfüller her. Das Unternehmen wurde Anfang der 90er von der Treuhand an den westdeutschen Minenhersteller Schneider verkauft und produziert heute jährlich zwischen 15 und 20 Millionen Tintenschreiber, darunter auch Tintenroller im Set mit Tintenlöschern oder den Füllhalter Ray, ein »Füller mit ergonomisch gummiertem Griffprofil und hochwertiger Edelstahlfeder mit Iridiumkorn. Standard-Tintenpatronen königsblau löschbar. Für Linkshänder gibt es die spiegelverkehrt geformte L-Version.« Früher, als vieles schlechter war, hätte es das nicht gegeben. Da wurden Linkshänder so lange gequält, bis sie wie ›normale‹ Menschen mit rechts schreiben gelernt hatten.

Manche mit Patronenfüllern beschulte Mitmenschen entdeckten im Erwachsenenleben die klassischen Kolbenfüller: Sie wirken so kultiviert. Besonders wenn sie einer Traditionsmarke wie *Waterman* angehören. Selbst einer Virginia Woolf ist das der Rede – und des Schreibens – wert. Am 14. Februar 1934 notiert sie, dass sie ausgegangen sei, »um Tinte für meinen neuen Waterman zu kaufen«. In der gleichen Eintragung hält sie fest: »der neue Badewasserapparat wird installiert«. Die arme Virginia war eben auch nur ein Genie mit alltäglichen Bedürfnissen. Zwischen Waterman und Badewasser findet sich noch die Bemerkung: »Alle Männer sind Lügner.«

Ich hoffe, man glaubt mir trotzdem, dass ich vier Realschuljahre lang unterwegs war zu einem Ausbildungsberuf, der noch

heute bei den Mädchen der beliebteste ist (bei den Jungs ist es
der Mechatroniker): Einzelhandelskaufmann (bzw. -frau). In
Vorbereitung auf diesen und ähnliche Berufe wurden im kauf-
männischen Zweig der Realschule nicht nur Buchführung und
Wirtschaftsrechnen erlernt, sondern auch – im Wortsinn –
handgreiflichere Fertigkeiten wie Stenographie und Schreib-
maschineschreiben. Das Erste ist ein Beispiel dafür, wie sinnlos
es sein kann, in der Schule für das Leben zu lernen. Dann nämlich, wenn die in der Schule erlernte Fähigkeit beim Eintritt ins
Berufs- und Erwachsenenleben bereits überholt ist, wie es der
Stenographie erging, die nur als Mischung aus Schönschreib-
kunst und Schnellschreibsport überlebt hat und heute selbst
an bayerischen Schulen nicht mehr gelehrt wird. Das Zweite ist
ein Beispiel dafür, wie sinnvoll es sein kann, in der Schule für
das Leben zu lernen. Dann nämlich, wenn die in der Schule erlernte Fähigkeit – etwa die, seine Finger blind auf die Tastatur
zu setzen und dabei unfehlbar die ›Grundstellung‹ ASDF JKLÖ
zu treffen – durch die Anforderungen des Berufs- oder Erwach-
senenlebens nicht ent-, sondern aufgewertet wird. Und zwar
so sehr, dass beispielsweise Ärzte ihre Befunde lieber gleich
selbst in den Computer geben, statt sie erst auf ein Diktiergerät zu sprechen und dann von einer Praxishilfe nachschreiben
zu lassen.

Eine Computertastatur kann man sogar mit zwei Fingern
bedienen, gewiss, und Schnecken kommen auch voran. Aber
wer es flotter haben will, wird zeitlebens dankbar sein für die
Tortur, als junger Mensch das ordnungsgemäße Tippen mit
zehn Fingern erlernt zu haben. Übrigens lässt sich das als alter Mensch nachholen: am Schirm. Es gibt online Übungspro-
gramme*, die auf dem Display ein Tastenfeld im QWERTZ-For-

---

* de4.schreibtrainer.com/index.php?r=typewriter/startPractise&id=208

mat* zeigen und dort die Buchstaben aufleuchten lassen, die man auf der eigenen Tastatur antippt. Ein Selbstversuch ergab ein zweischneidiges Ergebnis. Mir wurde beschieden: »Du schreibst viel zu schnell.« Ich war geschmeichelt. Dann kam: »Schreib langsamer, um weniger Fehler zu machen.« Wie in der Schule!

Das Stenographieren als Beruf ist ausgestorben, von sehr wenigen Ausnahmen wie der Parlamentsstenographie** abgesehen. Dabei bereitete ich mich noch mit einem Mustertext auf meine Steno-Prüfung vor, in dem gewissermaßen Eigenwerbung gemacht wurde. In diesem Übungstext zum »Prüfungsgebiet ›Schreibfertigkeit‹ 5-Minuten-Ansage von 80 Silben/Minute« von 1973 wird einem Fräulein Müller auf ihre Bewerbung um die Stelle einer »Anfangssekretärin« beschieden: »Vor allem hat uns gefallen, daß Sie nach Verlassen der Schule nicht aufgehört haben, sich auf den beiden wichtigen Arbeitsgebieten der Kurzschrift und des Maschinenschreibens weiterzubilden [...] Das ist ein Beweis, daß Sie es mit ihrer Berufsauffassung sehr ernst nehmen und auch gewillt sind, Ihre ganze Kraft Ihrem Arbeitgeber zur Verfügung zu stellen.«

Stenofüller kann man heute nur noch als Antiquität erwerben. Pelikan brachte das erste Modell 1971 auf den Markt. Es war wie die anderen Schreibfüller ein Patronenfüller, nur hatte er eine besonders weiche und zugleich belastbare Feder und keine Griffrillen für die Finger. Im Vergleich zum Stenobleistift hinterließ der Stenofüller, von Könnern übers Blatt geführt, das deutlich hübschere Schriftbild. Und man konnte ihn im Leben auch für das ›normale‹ Schreiben verwenden, obwohl das in der

* Dazu das »Komische Glossar« im Anhang.
** Der in der Schweiz lebende deutsche Dichter Jürgen Theobaldy beispielsweise arbeitete bis zu seiner Pensionierung 2009 als Protokollant in der Schweizer Bundesversammlung.

Schule verboten war. Diese Charaktereigenschaften reichten jedoch nicht, dem Produkt eine Chance nach dem Niedergang des Stenographierens zu verschaffen. Es kam außer Kurs, kaum war es auf den Markt gekommen.

Etwa zur selben Zeit begann der Niedergang des Rechenstabes oder Rechenschiebers. Dieses Instrument mit seiner ehrwürdigen Geschichte ist heute nur noch für Sammler interessant und für pensionierte Ingenieure, die beim Zahlenschieben den Erinnerungen an ihre Studentenzeit nachhängen. Die Geschichte des Rechenstabes ist tatsächlich so ›ehrwürdig‹, respektloser könnte man auch sagen: langwierig, dass er bei seiner Wiedereinführung durch James Watt, den sogenannten ›Erfinder der Dampfmaschine‹, bereits zweihundert Jahre in halber Vergessenheit hinter sich hatte. Im Zuge der rasanten Entwicklung der modernen wissenschaftlich-technischen Welt wurde er seit den 1950er-Jahren zum Symbolwerkzeug der Ingenieure. Er hing ihnen nicht am Hals wie das Status-Stethoskop* der Ärzte, sondern lugte in Mini-Ausgaben aus den Hemdtaschen der ›Entwickler‹, lag in normaler Arbeitsgröße überall auf den Zeichentischen und hing in Mammutvarianten an den Wänden von Besprechungsräumen. Selbst bei Fahrten zum Mond war er mit an Bord. Und in einem alten Lehrfilm über Umlaufbahnen, der – natürlich – bei Youtube zu sehen ist, benutzt Wernher von Braun den Rechenschieber als Zeigestab für die Erläuterung einer Schautafel**.

In meiner Schultasche mit an Bord war der weitverbreitete Schulrechenschieber von *Aristo* in einem halb weißen, halb roten Plastikschuber. In einer alten Gebrauchsanweisung – so alt

---

* Der »Brustüberwacher«, so die deutsche Übersetzung, wurde 1816 von Monsieur Laënnec erfunden und seitdem ständig weiterentwickelt. Inzwischen kann ein Arzt die Innengeräusche seiner Patienten vom Stethoskop aufs Smartphone und vom Smartphone auf Kopfhörer übertragen lassen.

** youtube.com/watch?v=5-vDcMn76yE

wie ich, Jahrgang 1957 – wird den Schülern eingeschärft: »Der Rechenstab ist ein wertvolles Rechenhilfsmittel und braucht eine
pflegliche Behandlung.« Außerdem heißt es in jenem glasklaren
Anweisungsdeutsch, das man in der heutigen Diskussionsdidak-
tik manchmal vermisst: »Erst Sicherheit im Lesen der Skalen erwerben, dann damit rechnen!« Da meine Schulerziehung – ich
bekenne: zum Glück – auch schon diskussionsdidaktisch infilt-
riert war, habe ich diese Regel nicht beherzigt und mich entsprechend gequält mit dem Rechnen durch Schieben.

Weder ich noch der ›Lehrkörper‹ konnten Anfang der 1970er
ahnen, dass das technik- und kulturgeschichtliche Ende dieses
analogen Wunderwerkzeuges unmittelbar bevorstand und dass
man nur ein wenig hätte abwarten müssen, um sich das Erlernen dieser altehrwürdigen Kulturtechnik zu ersparen. In der
Wirtschaftslehre für Realschulen, die ich 1972/73 in der 9. Klasse
benutzte, heißt es noch stolz: »Für das Rechnen sind viele Hilfsmittel verfügbar. Neben den Rechentabellen« – etwa den Furcht
einflößenden Logarithmentafeln – »und dem Rechenstab gibt
es für jeden Verwendungszweck geeignete Rechenmaschinen.
Neben Saldiermaschinen (Addieren und Subtrahieren), den
Dreispeziesmaschinen (zusätzlich noch Multiplizieren) und den
Vierspeziesmaschinen (auch Dividieren) mit Handantrieb [!]
und elektrischem Antrieb werden heute Rechenmaschinen mit
elektronischen Bauteilen eingesetzt.«

Der Verfasser dieses 1969 in neunter Auflage verbreiteten
Schulwerks hat bei den »Rechenmaschinen mit elektronischen
Bauteilen« gewiss nicht an den elektronischen Taschenrechner gedacht. Der wurde zwar im letzten Drittel der 1960er entwickelt, erreichte jedoch erst in den frühen 70ern die Marktreife. Der allererste Taschenrechner wurde 1967 von Jack Kilby
gebaut und war gar keiner. Es sei denn, man kann eine bibel-
dicke Maschine mit über einem Kilo Gewicht als ›Taschenrech-

ner‹ bezeichnen. Kilby war übrigens auch der Erste, der einen integrierten Schaltkreis montierte, also das, was man heute einen ›Mikrochip‹ nennt. Das war im Sommer 1958.

Seit Mitte der 70er setzte sich der Taschenrechner im westdeutschen Schulunterricht durch (in der DDR konnte sich der Schieber bis in die 80er in den Klassenzimmern halten), wie viele Neuerungen davor und danach von heftigen Pro-und-Kontra-Diskussionen begleitet. Es gab Lehrer, die den Untergang der mathematischen Kultur vorhersagten, falls es den Schülern erlaubt würde, Zahlen in eine digitale Blackbox zu tippen, statt analog einen Stab hin- und herzuschieben. Andere meinten, im Gegenteil könne die dadurch frei gewordene Energie zu einer ungeahnten Blüte der Mathematik führen und jeden viertels begabten Mathe-Schüler zu einem halben Pascal oder Leibniz machen, die selbst Rechenmaschinen erfunden hatten. Oder zu einem Charles Babbage, um neben dem französischen und dem deutschen Philosophen auch jenem englischen Erfinder die Referenz zu erweisen, dessen Rechenmaschine aus dem ersten Drittel des 19. Jahrhunderts als die erste programmierbare gilt. In einem Aufsatz definierte er: »Rechenmaschinen bestehen aus verschiedenen mechanischen Vorrichtungen, die den menschlichen Geist bei der Ausführung arithmetischer Operationen unterstützen.«

In diesem evolutionären Vorfahren der heutigen Computer ratterten die Räder, und nicht die geringste der zu überwindenden Schwierigkeiten bei der Herstellung der Maschine bestand darin, die Zähne dieser Räder mit ausreichender Präzision ins Metall zu schneiden. Seit den Zeiten von Pascal und Leibniz griffen die Rechen- und die Uhrmacherkunst so ineinander wie die Zahnräder in den Rechenmaschinen und Uhrwerken. Damals waren Computer ›Rechenuhren‹, während heute manche Uhr ein Computer ist.

Der von Babbage nie zu Ende gebaute Apparat war annähernd zweieinhalb Meter hoch, gut zwei Meter breit und neunzig Zentimeter tief. Was hätte sein Konstrukteur wohl über meinen »Portable Electronic Calculator« von Commodore gesagt, den ich 1976 für heute unglaubliche dreihundertneunzig Mark anschaffte? Ich musste mich dafür fast so verschulden wie der glücklose Babbage für die Zahnräder seiner Rechenmaschine. Wenigstens war meine schon zusammengebaut. Mit ihr ließen sich mathematische Funktionen ausführen, die über die Grundrechenarten hinausgingen. Auf einer Taste stand zum Beispiel »sin«, auf der daneben »cos«. Doch bin ich trotz des Commodore ein mathematischer Leichtmatrose geblieben. Sinus und Cosinus klingen für mich noch heute Furcht einflößend wie Scylla und Carybdis.

Das Besondere meiner Maschine bestand darin, dass sie sich in zwei getrennten Minispeichern Zwischenergebnisse merken konnte, die sich per Tastendruck abrufen ließen. Zum Vergleich: Der »Adam Riese«, wie ein tatsächlich riesiger Tischrechner von Triumph-Adler in den frühen 1970ern nach dem Rechenmeister aus dem frühen 16. Jahrhundert genannt wurde, hatte nur einen Speicher.

Das Commodore-Display war tief ins Gehäuse gesenkt, um es vor Lichteinfall zu schützen, und maß gut einen Zentimeter in der Höhe und sechs in der Breite. Dahinter schimmerten die Zahlen in jenem heimeligen Rot, in dem schon das Holz in den Höhlenfeuern unserer Vorfahren geglommen hatte. Das sieht hübscher aus als die schwarzen Zahlen auf dem Display des Mini-Rechners, der nun beim Schreiben neben dem Commodore liegt. Das Dingchen kann nahezu genauso viel, obwohl es insgesamt nicht mehr Fläche hat als allein dessen Zahlenfeld, dünner als Scheiblettenkäse ist und seine Energie von Tages- oder Lampenlicht bezieht. Gekostet hat es auch nichts, es war ein Werbegeschenk. Allerdings passen nur acht Ziffern aufs Display.

Die begrenzte Anzeigekapazität machte schon dem Commodore zu schaffen beziehungsweise seinen Benutzern. Zum Ausgleich gab es den »automatischen Underflow« und die »Einblicktaste«. Vor mir liegt der Ratgeber *Blitzrechnen mit dem Elektronik-Taschenrechner,* den ich mir als Schüler zugelegt hatte und der in meiner Bibliothek den ›historischen Wandel‹ überdauert hat, ohne einer der von Zeit zu Zeit stattfindenden Aussonderungen zum Opfer zu fallen, die von der beschränkten Aufnahmekapazität meines Bücherzimmers erzwungen werden. Der Ratgeber erklärt den »automatischen Underflow« folgendermaßen: »Bei der Multiplikation wird die Kapazität des Taschenrechners schnell überschritten. Bei automatischem Underflow werden so viele Nachkommastellen abgeschnitten, daß die wichtigen acht bzw. zwölf linken Stellen angezeigt werden. Erst wenn keine Nachkommastellen mehr abgeschnitten werden können, leuchtet die Anzeige für Kapazitätsüberschreitung auf.« Wie romantisch: eine Anzeige für Kapazitätsüberschreitung. Das gab es bei den frühen Heimcomputern nicht – die Anzeige; die Kapazitätsüberschreitung schon. Ein Ratgeber aus den 80ern empfiehlt: »Sie sollten sich daran gewöhnen, vor Beginn der Arbeit am Computer stets den freien Platz auf der Diskette zu prüfen. Wenn Sie dies vergessen und die Diskette schon fast voll ist, verbleibt möglicherweise nach Abschluss der Arbeit nicht mehr genügend Platz zum Speichern der gesamten Datei.«

Inzwischen ist man zum Überschreiten der Kapazität digital gar nicht mehr in der Lage, nicht als Schriftsteller. Alles, was ich je geschrieben habe und was ich noch schreiben werde, passt auf einen USB-Stick, nicht größer als ein Zwanzigcentstück, nur etwas dicker. Ich kann mein schriftstellerisches Lebenswerk tatsächlich im Münzfach meines Portemonnaies mit mir herumtragen.

Die hübsch klingende »Einblicktaste« hat man (und der Rechner) heute ebenfalls nicht mehr nötig. »Hat das Gerät z. B. 8 Anzeigestellen«, erläutert der Ratgeber *Blitzrechnen,* »und liegt ein 14-ziffriges Ergebnis vor, so erscheinen zunächst seine ersten 8 Ziffern in der Leuchtanzeige und nach Betätigung der Einblicktaste die restlichen Ziffern.«

Auf den letzten Seiten des Ratgebers von 1975 bewirbt das Versandhaus Neckermann, das es seit 2012 nicht mehr gibt*, in einer Anzeige die Taschenrechner der Firma Commodore, die es seit 1994 nicht mehr gibt: »Neckermann macht's Rechnen möglich! Neckermann ist einer der führenden Anbieter für Elektronik-Rechner in Deutschland mit millionenfach bewährten Weltmarken wie z. B. Commodore«. Die Produkte werden in vier Kategorien eingeteilt: 1. »sensationell preiswerte Rechner für Hausfrauen und Schüler. [...] Unentbehrlich für alle, die wieder gern rechnen möchten.« 2. »preisgünstige Qualitäts-Rechner für Kaufleute und Techniker« mit »großer grüner Digitron- oder roter LED-Anzeige«. 3. »leistungsstarke Tischrechner fürs Büro« mit »12 Stellen und Vollspeicher«. 4. »perfekte Rechner für Studierende, Techniker und Wissenschaftler – ein phantastisches Erfolgsprogramm, das kaum einen Wunsch offenläßt.«

In der DDR wurde der Rechenschieber erst Mitte der 80er abgelöst, als der SR 1 (Schul-Rechner 1) in die EOS (Erweiterte Oberschule) vordrang. Da zeichnete sich schon ab, dass die Rechnung für die Planwirtschaft nicht aufgehen würde.

Viele, die damals im Westen jung waren, werden mit dem Markennamen Commodore eher den Amiga** oder ein englisch-amerikanisches Haustier verbinden: PET für »Personal

---

* Neckermann ist seitdem eine Marke des Otto-Versands, ebenso wie die Marke Quelle.
** Eigentlich die amiga, denn es handelt sich um das spanische Wort für ›Freundin‹.

Electronic Transactor«. Die Amiga war in den Jahren um 1990 als Spielmaschine beliebt, den PET hatte Commodore bereits im Jahr 1977 auf den Markt gebracht. Douglas Adams, der Schriftsteller, zu dem einem immer zuerst *Per Anhalter durch die Galaxis* einfällt, hat den PET später so beschrieben: »Er war ein ziemlich großes pyramidenförmiges Ding, an dem oben ein Bildschirm saß, der ungefähr so groß wie eine Tafel Schokolade war.« Geräte dieser Art kamen sogar ganz ohne Monitore aus, weil sie an Fernsehapparate angeschlossen werden konnten. In der DDR warf das insofern besondere Probleme auf, weil die Wartezeiten auf Fernseher zum Fernsehen schon lang genug waren, geschweige denn als Außenbordmonitor für Heimcomputer. Zum Glück gab es Junost: »Der Junost ist ein S/W-Fernseher aus der UdSSR« heißt es in einer Beschreibung der »Rechentechnischen Sammlungen der Fakultät Informatik« der TU Dresden, »der sehr häufig für Heimcomputer eingesetzt wurde, da ein kleiner Farbfernseher 5500 Mark kostete.«

In Ost und West wurde der Fernsehschirm zum Anhängsel des Computers. Heute ist es umgekehrt. Was die Auflösung anging, empfahl ein Frauencomputerbuch von 1988: »Ein hochauflösender Bildschirm ist nicht erforderlich, wenn auf dem Computer hauptsächlich Spiele laufen und keine betrieblichen Grafiken für Geschäftsberichte erstellt werden müssen.« Inzwischen sind die von ›betrieblichen Grafiken‹ gestellten Anforderungen lächerlich verglichen mit denen, die zum Spielen erfüllt sein müssen.

Ich habe mit Spielkonsolen und elektronischen Haustieren keine ›persönlichen‹ Erfahrungen. Als ich 1988 – reichlich spät – meinen ersten Rechner in Betrieb nahm, handelte es sich um einen in einer Kreuzberger Werkstatt zusammengeschraubten IBM-kompatiblen Brummkasten, für den ich annähernd 4000 Mark zu zahlen hatte, weil ich die Festplatte von 40 auf 60 Megabyte nachrüsten ließ, Megabyte, wohlgemerkt, nicht Gigabyte. Außerdem hatte er neben der Festplatte zwei Laufwerke: eines für die biegsamen Floppy-Disks, die beim Lesen im Laufwerk heimelig schnurrten, und eines für die stabilen Dreieinhalbzoller, die kurze Zeit den Eindruck erweckten, als wären sie für lange Zeit zum Archivieren geeignet.

In den späten 70ern und frühen 80ern schrieb ich meine Texte auf der Schreibmaschine – auf der mechanischen. Bei Referaten war dazu besonderer Nachdruck nötig, vor allem, wenn sie für die Vervielfältigung auf Wachsmatritzen zu hämmern waren. Die Gebrauchsanleitung, die einer Schachtel von Schreibschablonen beiliegt, die sich wundersamerweise auf dem Dachboden meines Elternhauses erhalten hat, verlangt ausdrücklich: »Nur gut schreibende Schreibmaschinen mit harter, glatter Walze und einwandfreien Typen verwenden. Farbband ausschalten. Typenschlag etwa so stark wie bei 4 Durchschlägen – breite Buchstaben (M, W, A, E) kräftiger, schmale Buchstaben (i, l, t) und Satzzeichen schwächer.« Die Schablonen kamen von den Geha-Werken Hannover (»Für die einwandfreie Qualität jeder dieser Schablonen übernehmen wir die volle Gewähr«), und so war es nur konsequent, dass gefordert wurde: »Unterstreichungen nicht mit Schreibmaschine, sondern stets mit Geha-Linierrädchen ausführen.« Ich kann mich nicht erinnern, je ein Geha-Linierrädchen benutzt zu haben.

Vielleicht blieben die Wachsschablonen deshalb erhalten, weil mir Karbonmatrizen besser gefielen. Sie waren benutzungsbequemer als die Wachsdinger, und die abgezogenen Kopien rochen inspirierend nach Sprit. Übrigens ist das cc im Adressfeld eines E-Mail-Formulars insofern ein historischer Knicks vor dem alten Verfahren, als die Abkürzung »carbon copy« bedeutet.

Das Fotokopieren als Vervielfältigungsmethode war Anfang der 80er-Jahre ein Luxus und außerdem pädagogisch umstrit-

ten. Ein von der Matrize abgezogener Text musste getippt, ein
fotokopierter nicht einmal gelesen werden. Besonders die
geisteswissenschaftlichen Professoren hatten Angst, die Fotokopie würde zusammen mit dem Textmarker zum Niedergang der hohen Kunst des Exzerpierens und zum Aufstieg des
Häppchendenkens führen. Marker können bunte Verwüstun-
gen auf Buchseiten anrichten, und wie wichtig das Exzerpieren
beim Verstehen schwieriger Texte sein kann, lässt sich leicht im
Selbstversuch herausfinden: ein Kapitel lesen, Buch zuschla-
gen, den Inhalt mit eigenen Worten wiedergeben. Untergegan-
gen ist das Abendland im Copyshop nicht, und wer von einem
komplexen Gedankengang mehr begreifen will, als sich bunt an-
streichen lässt, wird dubiosen Hilfsmitteln ohnehin misstrauen.

In der technischen Entwicklungsgeschichte der Schreibmaschine wurde die mechanische durch die elektrische und
die elektrische durch die elektronische abgelöst. Gemessen am
elektronischen verlangte das mechanische Schreiben körper-
lichen Einsatz. Die Tasten musste nicht etwa gedrückt, sondern
tatsächlich ›angeschlagen‹ werden, wie es zutreffend hieß, um
einen Hebel in Bewegung zu setzen, der wiederum den Buchstaben durch das Farbband auf das über die Walze gespannte
Papier schlug – nicht drückte, ein bloßer Abdruck wäre zu blass
gewesen. Beim Großschreiben war mit dem rechten oder linken
kleinen Finger das ganze Segment mit den Hebeln und Zeichen
tiefer zu drücken und mit dem jeweiligen Finger der jeweiligen
Schreibhand die jeweilige Taste anzuschlagen, die dann den jeweiligen Hebel in Bewegung setzte, auf dessen Spitze über dem
jeweiligen Kleinbuchstaben der entsprechende Großbuchstabe
montiert war, der durch das richtige und vollständige Nieder-
halten des Segments, und nur dadurch, sauber durchs Farbband
aufs Blatt geschlagen wurde. Drückte man unten das Segment
nicht richtig durch, kam oben der Großbuchstabe nur halb aufs

Blatt. Es gab auch Maschinen, in denen beim Großschreiben nicht das Segment tieferzulegen, sondern der Wagen hochzuheben war, mit dem gleichen Erfolg und mit ähnlichen Risiken.

Hatte man eine Zeile geschrieben, klingelte es. In der Gebrauchsanweisungspoesie der damaligen Zeit hörte sich der Vorgang so an: »Und nun guten Mut und frisch ans Werk! Jedesmal, wenn Sie auf eine Taste tippen, erfolgt ein Anschlag, und der Wagen bewegt sich einen Schritt nach links. Acht Anschläge vor Zeilenschluss ertönt ein Glockenzeichen – dann wird es Zeit diese Zeile zu beenden.« Die linke Hand flog von der Tastatur nach oben, schob mit einem Hebel den Wagen nach rechts und drehte dabei zugleich die Walze weiter für die nächste Zeile. Es klapperte beim Beschreiben einer Normseite (bis heute 60 Anschläge in 30 Zeilen) etwa sechzig Mal (das Drücken der Leertaste mitgezählt), dann klingelte es, der Wagen ratschte nach rechts, rumste gegen den Anschlag, dann klapperte es wieder sechzig Mal. Der Lärm war ohrenbetäubend, sobald nicht bloß ein einsamer Schriftsteller mit zwei Fingern Gedichte tippte, sondern ein ›Heer‹ von ›Fräuleins‹ mit zehn Fingern Serienbriefe.

Die Walze war empfindlich gegen den Anschlag der Buchstaben, den sie doch auszuhalten hatte, und so wurde stets ein weiteres Blatt unter dem eigentlich zu beschreibenden in die Maschine gespannt, wiederum per Hand versteht sich, und mit den Fingern so lange hin und her gezupft, bis es gerade in den Führungen lag. Die auf Hebelchen montierten Buchstaben waren auch empfindlich. Mit der Zeit sammelte sich Abrieb vom Farbband an, vor allem in den kleinen Vertiefungen des a und o, des u und e. Das hinterließ Spuren auf dem Blatt, wie man beispielsweise auf Typoskripten von Dichtern bei literarischen Ausstellungen sehen kann. In den Büros ging es ordentlicher zu, die Typen wurden gereinigt, erst mit Bürsten, dann mithilfe von Glasampullen, gefüllt mit einer nach Benzin riechenden Flüssigkeit, ummantelt von einer weichen Kunststoffhülle und vorne mit einer Art kleinem Stoffmop versehen. Zerbrach man die Ampulle innerhalb der Kunststoffhülle, rann die Flüssigkeit in diesen Stoffmop, mit dem man die Buchstaben so säubern konnte, dass man auch an die intimen Innenräume von a und o oder u und e herankam.

Das Einziehen der Blätter war bei den elektrischen Schreibmaschinen deutlich leichter. Man musste das Blatt nur sauber in den Walzenschacht legen und konnte es dann mit einem Hebel, der die Walze in Bewegung setzte, in die Maschine ziehen. Auch das Bewegen der Buchstabentasten wurde elektrisch unterstützt, und wenn die Maschine statt einer Segmentschaltung über den ursprünglich von IBM entwickelten Kugelkopf verfügte, ließen sich deutlich schnellere Ergebnisse erzielen, zumal die Kugel innerhalb des Maschinenraums zurückfuhr und kein aufmontierter Wagen mit Walze per Hand bewegt werden musste. Ausgelöst wurden das Hochschieben des Blattes und die Rückführung des Kugelkopfes an den linken Rand für eine neue Zeile mit der Zeilenvorschubtaste, jener Taste also, die heute ›return‹ oder ›enter‹ heißt und alle möglichen Befehle auslöst.

Das IBM Monopol am Kugelkopf wurde 1974 von Triumph-Adler gebrochen. Diese Firma bezeichnete ihre neu entwickelte Buchstabenkugel als ›Schreibkern‹ und war reklameästhetisch insofern Vorläufer eines heute kultigen Unternehmens, als sie diesen Kern auf Werbeanzeigen inmitten eines aufgeschnittenen Apfels präsentierte. Angebissen war der Apfel aber noch nicht.

Die elektronische Schreibmaschine war elaboriert genug, um so tun zu können, als wäre sie ein Computer – beinahe. Entsprechend bewarb die Firma Olivetti Ende der 80er eines ihrer Produkte: »Die Schreibmaschine, die schreibt, wie ein Computer schreibt.« Die CWP1 ließ sich als »Bildschirmschreibmaschine nutzen, die keine Zeile vergisst, die Sie schreiben« oder »auch als ganz normale Schreibmaschine, mit der man zwischendurch rasch etwas tippen kann.« Zusammengefasst: »Die CWP1 von Olivetti: einfach und preiswert. Sie kostet DM 1885,-.« Anfang der 90er bot Triumph-Adler eine BSM an, eine Bildschirmschreibmaschine: »Einfach einschalten und schreiben wie gewohnt.« Für etwas über 3000 Mark.

Meine erste (und einzige) elektronische war nicht ganz so teuer. Ihr Neupreis lag knapp unter 1000 Mark. Diese Privileg Electronic 5000 hatte kein Display wie ihre Konkurrentinnen von Brother, konnte sich aber für die blaue Korrekturtaste trotzdem eine Zeile merken, eine einzige. Drückte man die Zeilenvorschub-, hoppla: die Return-Taste für die nächste Zeile, dann wurde die gerade erst gemerkte Zeile auf der Stelle vergessen.

Dennoch war die Korrekturtaste insofern hilfreich, als man nicht mehr mit Tipp-Ex-Fläschchen und Pinsel oder mit Tipp-Ex-Blättchen hantieren musste. Man ging einfach an die Fehlerstelle zurück, drückte Blau und der falsche Buchstabe wurde ausgeext – so muss man es wohl nennen, denn auch falsche Buchstaben standen ja richtig und leibhaftig auf dem Blatt. Um das Korrigieren zu ermöglichen, lief neben dem schwarzen Karbonband zwischen zwei Spulen ein weißes Korrekturband mit, eine Art Tipp-Ex mit Zeilen-Gedächtnis.

Auf dieser Maschine schrieb ich vor gut drei Jahrzehnten meine ersten Artikel, bis sie von der IBM-kompatiblen Wuchtbrumme verdrängt wurde. Die wiederum entsorgte ich nach dem Ausmustern, während ich die Privileg aus Anhänglichkeit aufbewahrte. Eine Zeit lang hielt ich sie parallel zum Computer in Dienst. Wenn es darum ging, einen kurzen Brief zu schreiben, war der Brief auf der Privileg schon fertig, bevor der Computer überhaupt hochgefahren war. Auch für lange wichtige

Briefe benutzte ich sie, bis ich den ersten anständigen Drucker anschaffte. Mein ursprünglicher Nadeldrucker konnte auf dem am Rand perforierten Endlospapier ›Konzepte‹ herunterrattern, aber keine ›anständigen‹ Briefe. Der von TA 1994 angebotene Laserdrucker TUTTI COMPLETTI war so ›anständig‹, dass er auf Anzeigen mit einem grinsenden Mafioso beworben wurde, der ein Bündel – offenbar frisch gedruckter – Geldscheine in die Jackentasche schiebt. Und weil Mafiosi bekanntlich Italiener sind, stand obendrüber: »TUTTI COMPLETTI – ALLes paLeTTi.«

Meiner Electronic 5000 habe ich nun, nach vielen Jahren der Untätigkeit wieder die Haube abgenommen. Eine Kassette mit Farbband ist noch eingesetzt, sogar ein Korrekturband läuft über die Spulen. Ich drücke den Netzstecker in die Leiste (ab wann wurden eigentlich wegen der vielen Stecker die Löcher schräg angeordnet?) und taste an der Gehäuseseite nach dem Schalter. Meine Hand trifft ihn mit verblüffender Sicherheit, als hätte sie ihn gestern zum letzten Mal gedrückt. Die Maschine geht tatsächlich an. Die kleinen gelben Lämpchen neben den Tasten für den Zeilenabstand, für den Zeichenabstand und für die Anschlagstärke leuchten auf, und gleichzeitig fährt der Wagen mit der Karbonkassette nach links*. Bereit! Ich lege Papier in den Schacht (zwei Blätter!) und ziehe den Hebel nach vorn, der die Walze in Bewegung setzt. Akkurat werden die Blätter eingezogen. Ich bringe die Finger in Grundstellung und schreibe: »Welcome in the wonderful world of cyberspace.« Getreulich schreibt die Maschine den Satz aufs Blatt, obwohl sie nicht versteht, was ich meine. Dabei hat sie eine Online-Taste. Ich bin irritiert, bis mir einfällt, dass diese Taste zu drücken war, nachdem

---

* Bei der mechanischen Schreibmaschine wird der Wagen mit dem Blatt am Ende einer Zeile nach rechts bewegt, um auf der linken Blattseite neu beginnen zu können. Bei der elektronischen Maschine bleibt das Blatt im Schacht an derselben Stelle, bewegt werden die Kassette und das Typenrad.

man die Maschine mit einem Computer verbunden hatte, um einen dort gespeicherten Text auszudrucken. Sie hätte das auf Normalpapier getan, während andere elektronische Schreibmaschinen mit Thermopapier arbeiteten wie bei bestimmten Faxmodellen, bei denen das Papier ebenfalls von der Rolle kam. Etwa bei meinem ersten hauseigenen Fax, einem TA-Produkt von 1994. Heute wird Thermopapier vor allem für Kassenbons verwendet. Lässt man sie lange im Licht liegen, verschwindet die Schrift und man muss kein schlechtes Gewissen mehr haben, dass man schon wieder so viel Geld ausgegeben hat.

Nachdem mein erster Rechner von dem Techniker, der ihn zusammengebaut hatte, auch installiert worden war, besorgte ich mir ein Frauencomputerbuch. Aus Notwehr. Kein Mann, nicht einmal der eingeschworenste Softie (was ist eigentlich aus denen geworden?*), kaufte sich ein Buch über Technik für Frauen, eher noch eines über Stricken für Männer. Ich hatte allerdings von Bites und Bytes und den Bussen, in denen sie in 8er-Gruppen herumsaßen, dermaßen wenig Ahnung, dass ich den Erklärungsversuchen meines Geschlechtsgenossentechnikers nicht im Ansatz folgen konnte. Was in erster Linie daran lag, dass Männer, die etwas von etwas verstehen, dies anderen Männern nicht so einfach verständlich machen können und wollen. Erst imponieren, dann diskutieren. Irgendwie wird wohl das eigene Können entwertet, wenn man es umstandslos mit anderen teilt. Daran hat nicht einmal die ›share economy‹ etwas geändert. Frauen indessen machen sich vor anderen Frauen nicht so wichtig. Nicht bei technischen Sachen.

* Laut einer bild.de-Ausgabe vom September 2016 bevorzugt »die moderne Frau von heute« den »Alpha-Softie«. Das scheint der Typ zu sein, der früher bei Ritterturnieren die anderen Ritter aus dem Sattel hob, um dann vorm Burgfräulein das Knie zu beugen. Später hockte er mit Waschbrettbauch auf der Waschmaschine und hielt ein Baby in die Luft. So war es Ende der 80er auf Anzeigen der Firma Bauknecht zu sehen.

Schon das allererste Computerhandbuch stammte von einer Frau. Ada Lovelace fügte einer von ihr übersetzten Beschreibung von Babbages Rechenmaschine so viele Anmerkungen und Kommentare hinzu, dass Mann sie als den Menschen ansehen kann, der das erste Computerhandbuch geschrieben und die erste Programmiersprache entwickelt hat.

Die geniale Ada hätte ich sicher nicht verstanden. Ich hielt mich an die Autorin des Frauencomputerbuchs, die von sich berichtete, sie »habe lange gerätselt, was ein Computerprogramm ist. Schließlich kam ich darauf, daß es eigentlich nichts anderes als ein Rezept ist, nach dem der Computer arbeitet. Beim Kochen sind Sie der Computer, und das Rezept ist das Programm. Sie lesen eine Anweisung und handeln danach. Dann lesen Sie die nächste Anweisung und befolgen sie ebenfalls. Nachdem Sie alle Anweisungen befolgt haben, steht das gewünschte Resultat vor Ihnen, zum Beispiel ein Schokoladenkuchen.« Dass Computerarbeit so ähnlich sein sollte wie Kuchenbacken, steigerte meine Ratlosigkeit. Denn Kuchenbacken konnte ich auch nicht. Andererseits muss man den Kuchen nicht backen können, um ihn sich schmecken zu lassen. Ebenso wenig hinderte mich meine technische Unkenntnis, an den Diskussionen teilzunehmen, die über die Vor- und Nachteile des Schreibens mit dem Computer geführt wurden. Es ging beispielsweise um die Frage, ob das leichte Verschieben von Absätzen auf dem Schirm – ohne Papier, Schere und Kleber – möglicherweise zu einem Textbaustein-Journalismus führe. Oder ob ein Text, der aussieht wie gedruckt, mit dem starken Layout über die inneren Schwächen hinwegtäusche. Oder ob der Rückgriff auf einen Thesaurus, auf festplattengestützten Wortschatz, den des Schreibenden verarmen lasse.

Bei einem anderen Thema stimmten die meisten Computerschreiber überein. WYSIWYG. Erinnert sich noch jemand? Das war das Schnellwort für What you see is what you get. Das Versprechen, auf dem Bildschirm zu sehen, was beim Ausdrucken auf dem Blatt erscheint, war in der Inkubationsphase der Privatcomputerisierung unter Textproduzenten ein wichtiges Argument für die unbedingte Notwendigkeit der Anschaffung einer Rechenmaschine mit Schreibprogramm. Heute käme kein Mensch mehr auf die Idee, das eigens hervorzuheben, damals war es sensationell: Man unterstrich ein Wort, auf dem grünlich oder bernsteingelb flimmernden Bildschirm erschien das Wort unterstrichen, und siehe da, es wurde unterstrichen ausgedruckt. Man wählte eine bestimmt Schriftart für das Schreiben vor dem Schirm, und es erschien tatsächlich die gleiche auf dem Blatt. Meistens. »Wenn es keine entsprechenden Schriftarten gibt«, warnte im Kapitel »Problembehebung« ein Microsoft Benutzerhandbuch von 1993, »verwendet Windows eine Schriftart, die der zu benutzenden Druckerschriftart am ähnlichsten ist. Manchmal gibt es keine Schriftart, die ähnlich aussieht.«

Manchmal kommt es zu ganz anderen Katastrophen. Weltberühmte Schriftsteller lassen das Notebook mit ihrem neuesten Roman im Taxi liegen – und haben keine Sicherheitskopie! Oder es gibt einen Stromausfall und der Akku ist leer. Oder man hat Werk und Leben auf Disketten gespeichert und die Computer mit Laufwerken sterben aus.

Die Diskette stellte schon als solche ein Risiko für zerstreute Menschen dar, weil die Diskette als solche sich nichts merken konnte, solange sie unformatiert war. Man schaltete also den Computer an, wartete, bis er hochgefahren war, und wenn auf dem Bildschirm endlich C erschien, hinter dem ein als Prompt bezeichnetes > zu blinken begann, war die Maschine betriebsbereit. Allerdings nicht bei der Gründergeneration der PCs. Der erste Macintosh beispielsweise hatte einen Arbeitsspeicher von 128 Kilobyte, und sämtliche Programme, darunter das Betriebssystem, mussten von Disketten hochgeladen werden. Vor jeder Sitzung! Noch 1995 bestand das Installationspaket für *Office* von Microsoft aus sage und schreibe 32 Disketten. Wenigstens mussten sie nur ein Mal auf die Festplatte geladen werden.

Der blinkende Prompt signalisierte Bereitschaft auf der Ebene des Betriebssystems. Man schob eine Floppy-Disk in den großen oder eine Dreieinhalbzoll-Diskette in den kleinen Schlitz, schrieb format a: beziehungsweise format b: hinter den Prompt und drückte Enter. Die Floppy-Disk begann zu schnarren, die Dreieinhalbzoll zu schnurren. Nach einer Weile waren die Disketten formatiert und konnten beschrieben werden. Neue Disketten wurden durch das Formatieren in Speichersegmente eingeteilt; alte Disketten auch, nur gingen dabei sämtliche Daten verloren. Wehe, man schob statt einer neuen Floppy eine bereits beschriebene ins Laufwerk, tippte format a: hinter den Prompt, ignorierte die Nachfrage des Betriebssystems (»Wollen Sie wirklich ...«) und schickte den Befehl ab: Alles dahin! Um Schreibschutz zu erreichen, musste man die Einbuchtung rechts oben an der Floppy mit Tesafilm* überkleben, aber vorsichtig, damit die darunter laufende Magnetscheibe unbeschädigt blieb. Bei den Dreieinhalbzollern ließ sich der Schreibschutz durch einen kleinen Plastikschieber auf der Rückseite aktivieren.

Zur Sicherheit wurden unentwegt Sicherheitskopien angefertigt, von c nach a, von a nach c, von c nach b. Noch war die elektronische Wolke nicht aufgezogen, in die sich alles hoch- und wieder runterladen lässt, und für das versehentliche Löschen der Festplatte brauchte man nur format c: statt a: oder b: hinter den Prompt zu schreiben und den Befehl abzuschicken.

---

*　Wie in den 70ern und 80ern die Löcher an der Rückseite der Kassetten, denen man zuvor die Lamellen ausgebrochen hatte. Dazu das Kapitel über die Tonträger.

Ich bin sicher nicht der Einzige, in dessen Archiv sich eine Box voller Floppys mit Sicherheitskopien befindet, jede ordentlich mit einem Etikett beklebt, auf dem Hinweise zum Inhalt notiert sind. Die handbeschriebenen Etiketten kann man noch lesen, die computerbeschriebenen Disketten nicht mehr. Notebooks haben heutzutage Schnittstellen, keine Laufwerke, nicht einmal für CDs, geschweige denn für Floppys.

Solange die Disketten noch nicht ins Zeitalter ihrer technischen Unlesbarkeit eingetreten waren, sondern tagtäglich benutzt wurden, blieben sie nicht nur Bedienungsfehlern ausgesetzt, sondern auch einer feindlichen Umwelt, Fernsehgeräten zum Beispiel, deren elektromagnetische Eifersucht die Daten auf einer Floppy beschädigen konnte. Und wenn man die Diskette im Laufwerk vergaß und den Computer ausschaltete, konnte sie sich ihrerseits mit dem Vergessen von Daten für den erlittenen Spannungsschaden rächen. Dafür waren sie hilfreich bei Updates. Was Updaten Mitte der 80er bedeutete, schildert das Frauencomputerbuch: »Bei der derzeitigen Bauweise von Computern lassen sich Updates der Programmsoftware am leichtesten auswechseln [!], wenn sie auf Diskette geliefert werden. Einige tragbare Computer haben ›eingebaute‹ Programme. Bei ihnen sind die Programme auf ROM-Chips gespeichert. Möchte man bei diesen Programmen Updates verwenden, müssen die alten ROM-Chips aus der Schaltplatine entfernt und die neuen Chips eingesetzt werden. Da bei einigen Geräten die Chips festgelötet sind, muss der Computer unter Umständen in ein Fachgeschäft gebracht werden, wo ein Techniker den neuen Chip einbaut.«

Die Floppy ist längst aus dem Alltag verschwunden, nur das amerikanische Verteidigungsministerium konnte sich nicht von ihnen trennen. Erst als 2016 bekannt wurde, dass die Dinger noch im Einsatz waren (nicht bei der Steuerung von Drohneneinsätzen, bloß beim Überwachen der Funktionsfähigkeit der Atomwaffen), kündigte das Pentagon die Ausmusterung bis 2017 an. Vielleicht schmeißen sie dann auch die alten Kassetten weg. Nicht etwa Kassetten, auf denen abgehörte Gespräche gespeichert sind, sondern Dateien. Im Privatgebrauch der Heimcomputer war in den frühen 80ern das Speichern auf normalen Tonkassetten unter Zuhilfenahme der Datasette, einer Art Datenrekorder der Firma Commodore, verbreitet. In der DDR kam die DK, die Digitalkassette, die aussah wie eine gewöhnliche Tonkassette und auch nicht viel mehr war, ab 1980 zum Einsatz. Noch einer der letzten Rechner der Mikroelektronik Gera, der bis 1989 gebaute MC80.33, war mit einem Kassettenlaufwerk ausgestattet. (Das MC stand trotzdem nicht für Musikkassette.)

Professionelle Archive im Westen speicherten lieber auf VHS-Bändern. Wenn 240 Minuten Film draufpassten, reichte ein solches Band für zwei Gigabyte, Mitte der 80er-Jahre ein märchenhaftes Speichervolumen. Auf eine VHS-Kassette hätten demnach ungefähr 480 durchschnittlich dicke Bücher gepasst, für jede Filmminute zwei.

Das war sehr viel und ist sehr wenig. Es hängt eben alles von der Zeit und von der Größenordnung ab. Der amerikanische ENIAC aus der Mitte der 1940er hatte zum Beispiel knapp 18 000 Elektronenröhren, angeordnet auf einer Grundfläche von 140 Quadratmetern bei einem Gesamtgewicht von 27 Tonnen, ungefähr so viel, wie vier Dinosaurier der Sorte T. Rex zusammen wogen. Das österreichische »Mailüfterl«, so können Computer nur in Wien heißen, war nach offizieller Titulatur ein »Volltransistor-Rechenautomat« und tatsächlich vollgestopft mit 3000 Transistoren. Er wurde 1958 in Betrieb genommen. Drei Jahre zuvor hatte der *Spiegel* zum ersten Mal das Wort ›Computer‹ in den Mund beziehungsweise in den Satz genommen: »Die zur Zeit schnellste Rechenmaschine der Welt ist der amerikanische Computer Whirlwind.«

Während der Wiener Volltransistor-Rechenautomat nur noch 500 Kilo wog, bestand der »Blue Gene« von 1999, ein Nachfolger von »Deep Blue«, der zwei Jahre zuvor den Schachweltmeister Gary Kasparow geschlagen hatte, aus 64 mannshohen Türmen (exakte Größe: 1 Meter 80) mit einer Million Prozessoren. Er benötigte rund 200 Quadratmeter Grundfläche, konnte aber dafür pro Sekunde eine Billiarde Rechenoperationen vornehmen. Zum Vergleich: Der revolutionäre IBM-Lochkartenrechner von 1935 führte 60 Multiplikationen durch – in der Minute. »Blue Gene« gilt als erster Petaflop-Computer. Was das ist, weiß ich auch nicht. Obwohl das *ZEITmagazin* bereits 1997 auf seiner Titelseite behauptet hatte: »Computer? Begreift doch jedes Kind!«

Im Sommer 2016 stellte pcwelt.de der Leserschaft einen neuen Supercomputer vor: »Der Sunway TaihuLight besitzt insgesamt 10 649 600 Prozessor-Kerne. Die Performance wird mit 93 014,6 Teraflop pro Sekunde im Linpack-Benchmark angegeben. Das entspricht 93 Petaflop, also 93 Billiarden Gleitkommaoperationen pro Sekunde. Die theoretisch maximale Leistung soll bei 124 436 Teraflop pro Sekunde liegen.« Diese kinderleicht unverständliche Beschreibung bezog sich auf den jüngsten schnellsten Computer der Welt. Er ist durch und durch Chinese. Alle Bestandteile wurden in China entwickelt und gebaut.

Im Alltag kommt es nicht auf Riesenrechner an, sondern auf leichte, kompakte Sprinter mit gutem Gedächtnis. Ich habe seit meinem ersten IBM-kompatiblen ›Turm‹ nie wieder ein Standgerät gekauft, sondern schreibe und surfe auf Notebooks. Es fing mit einem gebrauchten Laptop an, der Mitte der 90er mehr kostete als heute zwei neue. Inzwischen schreibe ich auf – nein, das verrate ich nicht. Ich bleibe routiniert unterhalb der ›Höhe der

Zeit‹ und ihrer technischen Möglichkeiten. Außerdem mögen meine Finger das gewisse Schreibmaschinen-Etwas, das smarten Tastaturen fehlt. Und meine Augen wollen nicht einsehen, warum sie auf Bildschirme blicken sollen, die deutlich breiter als höher sind, wo es doch bei DIN-A-4 Blättern umgekehrt ist.

Alles in allem, zugegeben, bin ich ein Trittbrettfahrer der technischen Entwicklung, keiner, der immerzu die Nase vorn hat und unbedingt schon wieder das allerneueste allerdünnste Notebook besitzen muss. Im Herbst 2016 ist das allerneueste allerdünnste Notebook nicht einmal einen Zentimeter dick – zugeklappt! – und wiegt ein gutes Kilo. Es macht keine Geräusche, weil es offenbar keine Lüftung mehr nötig hat, verfügt über eine Akku-Laufzeit von neun Stunden und über eine Festplatte mit einer Kapazität von 256 GB. Das ist ein bisschen knapp, wenn man bedenkt, dass dickere Dinger 1000 GB im Gehäuse haben. Als ich 1970 meine Realschulausbildung begann, schwärmte einer der Übungstexte zur Vorbereitung auf die Stenoprüfung: »Das phänomenale Gedächtnis (mehr als 250 Millionen Zeichen sind noch keine obere Grenze), die Programmierbarkeit und die Geschwindigkeit sind beste Eigenschaften der Computer.« 250 Millionen Zeichen! Wie niedlich.

Eine Schwundstufe des Notebooks oder Laptops oder Klapprechners, wie ein deutscher Sprachpflegeverein die Maschine umtaufen wollte, ist das Tablet. Seit dem Markterfolg des im Jahr 2010 herausgekommenen iPad gehört das Gerät mit dem Touch-Screen zur elektronischen Heimausstattung. Obwohl sein Leichtgewicht die Unterwegsnutzung nahelegt, wird hauptsächlich zu Hause darauf herumgetatscht. Es eignet sich hervorragend für Bett und Balkon.

Inzwischen gibt es Geräte, auf denen man schreiben kann – mit der Hand. Eine solche Maschine ist Laptop und Tablet in einem, und wenn man es auseinanderklappt, kommen zwei Displays zum Vorschein. Eines davon fungiert wahlweise als Tastatur oder als Schreibfläche. Die Tastatur wird auf glatter Oberfläche simuliert, und wenn man eine Taste drückt, wird das mit kurzer Vibration bestätigt. Die Schreibfläche lässt sich per Knopfdruck aktivieren. Man kann ein Blatt Papier darauflegen, und was man mit einem Spezialstift aufs Blatt schreibt, wird vom Display darunter digitalisiert. Man kann mit dem Spezialstift auch direkt auf dem Display herummalen. Wie einst mit dem Griffel auf der Schiefertafel.

Erinnerung an hilfreiche Mädchen

Meine erste Schreibmaschine war ein gut gebautes Ding und hieß Gabriele. Heute hört sich ›gut gebaut‹ irgendwie ›sexistisch‹ an, und Gleichstellungsbeauftragte legen die Stirn in Sorgenfalten, wenn Wetterhochs Männernamen und die Tiefs Frauennamen verpasst bekommen (»Sturmtief Helga hinterließ eine Spur der Verwüstung«). Aber in jenen vorfeministischen Jahren, als der selbstverständlich männliche Chef noch das »Fräulein zum Diktat« rief, trugen die Schreibmaschinen Namen wie die Mädchen, die auf ihnen herumtippten: Gabriele eben, oder Erika, wobei es sich bei den Erikas sowohl um Büroschreibmaschinen als auch um zierliche Reiseschreibmaschinen handelte. Sie waren allesamt Sozialistinnen, kamen aus dem Hause Robotron, lebten in der DDR und reisten hauptsächlich in die Länder des RGW (»Rat für gegenseitige Wirtschaftshilfe«), wie das planwirtschaftliche Gegenstück zur marktwirtschaftlichen EWG (»Europäische Wirtschaftsgemeinschaft«) genannt wurde*. Die elektrische Erika allerdings bekam eine Ausreisegenehmigung

---

* RWG, 1991 aufgelöst im Zuge der Selbstauflösung der Sowjetunion. EWG, 1993 umbenannt in EG, 2009 aufgelöst im Zuge der Gründung der EU.

(und in der BRD ein neues Typenschild) und wurde als »Privileg Electronic 1400« billig und erfolgreich verkauft.

Gegen die schlanke Reise-Erika war meine Gabriele, obgleich ebenfalls eine Kofferschreibmaschine, recht kompakt. Ihr Nachname Triumph klang nach Büstenhalter, eine Assoziation, die beim Doppelnamen Triumph-Adler nicht mehr aufkommt. Auf der Website der TA Triumph-Adler AG, die heute »Total Output Management« oder was auch immer anbietet, nur keine Schreibmaschinen mehr, heißt es stolz: »Mitte der fünfziger Jahre wurde mit der Schreibmaschine Gabriele ein Mythos geboren. Auf ihr sollten Millionen schreiben, allen voran Bestsellerautor Johannes Mario Simmel. Er hämmerte seine zahlreichen Romane und Drehbücher in die Maschine und verschliss so pro Buch mindestens ein Gerät.«

1968 saß auf einer Gabriele-Reklame eine junge Blondine hinter der Schreibmaschine – dahinter, nicht davor: Die Schreibmaschine stand auf dem Boden, die Tastatur den Betrachtern zugewandt, die Frau saß dahinter ebenfalls auf dem Boden, eines der nackten Beine angewinkelt hochgestellt, verführerisch wie ein Beistellmädchen an der Autokühlerhaube. Im selben Jahr verteilte der Frankfurter »Weiberrat« ein Flugblatt mit einer Parole, die berühmt wurde wie ein Werbeslogan: »BEFREIT DIE SOZIALISTISCHEN EMINENZEN VON IHREN BÜRGERLICHEN SCHWÄNZEN !!!!!!!!!!!!!!!!!!!!!«*

Weniger bekannt ist, dass unter den nahezu klassischen Beschwerden des Weiberrates auch diese zu finden ist: »dann tippen wir«. Die Männer machen den Text und die Frauen die Musik dazu, ob beim Sozialistischen Deutschen Studentenbund oder bei Sarotti: »Tipp, tipp, tipp, ein langer Brief. Tipp, tipp, tipp, ein kurzer Brief. Tipp, tipp, tipp, wer ist dabei? Guten Tag Sarotti

---

* Zitiert wie im originalen Schriftbild, die vielen phallischen und von mir philologisch korrekt nachgezählten Ausrufezeichen inbegriffen.

Mohr*. Hier ein Stückchen, da ein Stückchen, dir ein Stückchen, mir ein Stückchen. Vielen Dank singt man im Chor, vielen Dank Sarotti-Mohr.« Was für die singenden Sekretärinnen in diesem schwarz-weißen Zeichentrickfilm der Sarotti-Kinowerbung aus den 50ern die Schokoladenstückchen waren, das scheint für die Weiber vom Rat das herablassende Lob der Genossen gewesen zu sein. Sie fühlten sich (und wohl zu Recht) nicht ernst genommen.

Die Wertschätzung der Frau durch den Mann, die 1968 beim vorgeblichen Aufbau einer neuen Gesellschaft fehlte, verstand sich 1907 beim tatsächlichen Aufbau eines neuen Vertriebssystems von selbst. Die Firma TA erinnert daran, was damals beim Verkauf der ›männlichen‹ Schreibmaschine Oliver Operator in den USA beachtet wurde: »Meist bestimmt das Mädchen im Büro, welches Modell der Chef kauft. Deshalb werden weibliche Schreibkräfte von Typewriter-Verkäufern ernst genommen.« Von Kühlschrankverkäufern auch: »Bauknecht weiß, was Frauen wünschen.« Mit dem Slogan lag Bauknecht den Männern, die nach allgemeiner Vorstellung die Haushaltsanschaffungen wie das Haushaltsgeld zu erwirtschaften und zu verteilen hatten, rund zwei Jahrzehnte lang in den Ohren, von Mitte der 50er bis in die 70er-Jahre hinein, ab 1963 ergänzt durch das Versprechen: »Mit Bauknecht ist Mutti besser dran.«

Zu den Titelthemen der ersten Ausgabe** von *Emma*, der »Zeitschrift für Frauen von Frauen«, gehörte übrigens: »Hausfrauen und ihre arbeitslosen Männer«. In der Reportage sinniert

---

* 2004 wurde der Sarotti-Mohr durch einen ›Magier‹ ersetzt. Auf der Internetseite der Schokoladenfirma heißt es vorsichtig: »Der Mohr – obwohl bewährt und beliebt – ist nicht mehr zeitgemäß.« Man könnte auch sagen: Der Mohr hat seine Schuldigkeit getan, der Mohr kann gehen. Diese Sentenz wiederum stammt aus dem Schillerdrama *Die Verschwörung des Fiesco zu Genua* und lautet dort so: »Der Mohr hat seine Arbeit gethan, der Mohr kann gehen.« Der dies sagt, ist Muley Hassan, der schwarze Bühnenschurke des Stücks.
** Vom 26. Januar 1977.

eine Frau: »Da macht ein Mann die Erfahrung: Hausarbeit ist Idiotenarbeit.« Weil Frauen tatsächlich oft für – wenn nicht gerade Idiotinnen, dann doch für ›kleine Dummerchen‹ gehalten wurden, brachte Texas Instruments im Jahr 1975 einen eigens für sie konzipierten Taschenrechner auf den Markt, den Lady 1200 in zartem Hellblau und mit simpelsten Eingabefunktionen, damit Frau zwei und zwei zusammenzählen konnte.

»The Lisa« von 1983 indessen war nicht für Frauen gedacht. Dieser Personalcomputer von Apple – im Vorjahr hatte das *Time Magazine* den IBM-PC zum ›Mann des Jahres‹ gekürt – war der unmittelbare Vorläufer, pardon: die unmittelbare Vorläuferin des Apple Macintosh von 1984. Lisa wies eine grafische Benutzeroberfläche auf und ließ sich per Maus steuern. Allerdings kostete sie rund 10 000 Dollar (damals um die 30 000 DM), zu viel für einen Verkaufserfolg in der Breite.

Es wäre noch viel zu erzählen über Frauen und Technik und über Technik und Frauennamen, zum Beispiel von einer Spülmaschine Lady Plus aus den 1990ern, die mit ihren schmalen Maßen (45 Zentimeter Breite) für Single-Küchen konzipiert war, als hilfreiches Mädchen für Junggesellen, wie man früher gesagt hätte. Dass es bei all diesen Produkten nie bloß aufs Funktionieren, sondern nebenher und oft hauptsächlich aufs Renommieren ankam, leuchtet unmittelbar ein und muss nicht erst soziologisch auseinandergesetzt werden. Welche Status-Wörter dabei flottieren, hängt vom ›Zeitgeist‹ ab. Die Status-Bedürfnisse selbst bleiben historisch erstaunlich stabil. Beispielsweise konnte Triumph-Adler über die flachen Portables der 1960er verlautbaren: »Schicke Reiseschreibmaschinen gehören zur Entfaltung der Persönlichkeit.« Man muss lächeln, wenn man das liest. Aber wenn es in der eigenen Hand- oder Hosentasche klingelt, zieht man mit wichtiger Miene das Smartphone heraus, ohne das man sich die sogenannte ›Entfaltung der Persönlichkeit‹ gar nicht mehr vorstellen kann.

»Welcome in the wonderful world of cyberspace.«
Rückblicke auf globale Netze und soziale Medien

Manche wachsen auf dem Land auf, manche in der Stadt, und manche vor dem Fernseher. Die 1986 geborene englische Feministin Laurie Penny sagt von sich: »Ich bin im Internet aufgewachsen.« Vielleicht liegt es an dieser netzmentalen Sozialisation, dass die Cyberfeministin »technische Alternativen zur Schwangerschaft« fordert. Sie bewegt sich damit auf der Höhe der 20er-Jahre, der 1920er. In *Rossum's Universal Robots**, einem 1920 erschienenen Theaterstück des tschechischen Dramatikers Karel Čapek, erklärt eine (männliche) Figur: »Es ist ein großer Fortschritt, maschinell zu gebären.« Auf Čapeks Antiutopie geht der Begriff ›Roboter‹ zurück, abgeleitet vom tschechischen Wort für ›Zwangsarbeit‹: ›robota‹. Als »robots« (in englischer Aussprache) werden außerdem diejenigen Programme der Suchmaschinen bezeichnet, die das Netz unermüdlich selbsttätig nach Inhalten durchsuchen.

Wenn Menschen auf diese Ergebnisse zugreifen, nennen sie das »googeln«. Die Adelung eines Namens durch seine Verwendung als Verb ist überaus selten, viel seltener als die Abwandlung zum Adjektiv wie bei »kafkaesk« oder »marxistisch«. Das »Röntgen« (nach Wilhelm Conrad Röntgen) ist eines dieser seltenen Beispiele, und eben das »Googeln«. Das Wort galt dem Du-

---

* Dies ist der geläufige englische Titel, der Originaltitel lautet *R. U. R. Rossumovi univerzálni roboti*. Die Uraufführung erfolgte im Januar 1921.

den, in den es 2004 aufgenommen wurde, als »rechtschreiblich schwierig«, und um herauszufinden, was dieses komisch klingende Doppel-o zwischen zwei gs bedeutet, musste ich – googeln: Es hat etwas mit Mathe zu tun, mit der Zahl 10 hoch 100 als Symbol für die unüberblickbare Fülle der Informationen im Netz.

Der Firmenname war ein Geniestreich, wohl ein versehentlicher, wie man auf einem der mittlerweile über 40 Millionen Artikel von Wikipedia (gegründet 2001) nachlesen kann. Alltagssprachlich wird selbst dann gegoogelt, wenn man den Suchbegriff bei Yahoo eintippt, so ähnlich, wie man ins Tempo-Taschentuch* schneuzt, unabhängig davon, wie das gerade benutzte Papiertaschentuch gelabelt ist. Yahoo ist schon lange keine Konkurrenz mehr für Google, und von anderen Pionieren der frühen Jahre (also der späten 90er) erinnert man kaum noch die Namen: AltaVista oder HotBot, in dessen Firmenbezeichnung eine Silbe von Čapeks Roboter aufschimmerte.

Ein berühmtes Beispiel für die Integration eines literarischen Kunstwortes in die Alltagssprache ist ›Cyberspace‹. Als Laurie Penny ganz altmodisch von einer Mutter auf die Welt gebracht wurde, war der Begriff zwei Jahre alt. Zu Beginn des 1984 von dem amerikanischen Schriftsteller William Gibson publizierten Science-Fiction-Romans *Newromancer*** träumt der Held vom Cyberspace und sieht »im Schlaf die Matrix«. Gibsons fiebriger Si-Fi-Datenraum wirkt trotz aller genreüblichen Düsternis von heute aus gelesen etwas spielkonsolenhaft.

---

* Wer sich für die ›Produktlinie‹ interessiert, kann sich auf tempo.net kundig machen. Denglisch-Kenntnisse sind Voraussetzung. Und wie üblich fordert das allgegenwärtige kleine f: »Werde jetzt ein Tempo-Fan!«

** Der deutsche Titel *Neuromancer* ist geglückter als der Originaltitel *Newromancer*, weil neben ›Neu‹ das ›Neuro‹ erscheint, Signal für die neuronale Dimension des Romangeschehens mit seinen Nervenmanipulationen und Bio-Implantaten.

Sechs Jahre nach Erfindung des Wortes ›Cyberspace‹ ging es zur Sache. Timothy Berners-Lee entwickelte am europäischen Zentrum für Nuklearforschung CERN in Genf die Regeln, nach denen Daten und Netze miteinander verknüpft werden können: »Hyper text transfer protocol« (http); er entwickelte die dafür nötige Sprache: »Hyper text mark-up language« (html); und er entwickelte ein System elektronischer Gedächtnisorte: »Universal resource locator« (URL). Das Netz der Netze bezeichnete er als »world wide web« (www). Das war im Oktober 1990. Bis der erste Web-Server außerhalb Europas eingerichtet wurde, dauerte es nur ein gutes Jahr, genau gesagt bis zum 12. Dezember 1991, als der Physiker Paul Kunz aus Stanford, der Berners-Lee zuvor in Genf besucht hatte, einen amerikanischen Server installierte. 1992 wurde in den USA ein Web-Browser entwickelt, und die Hyperlinks begannen zu wuchern. Seitdem kann ›geklickt‹ werden. Im April 1993 gab CERN seine Technologie zur kostenlosen Nutzung frei, im Juli 1994 wurde das World Wide Web Consortium* in Boston gegründet, mit der Aufgabe, die Zugänglichkeit des Netzes der Netze zu sichern. Direktor wurde Timothy Berners-Lee.

Die weitere Entwicklung erfolgte explosionsartig, was sich keineswegs von selbst verstand und von vielen tatsächlich nicht verstanden wurde. Bill Gates beispielsweise hielt das Web in dessen Frühzeit für einen ›Hype‹, und der damals sehr trendige Trendforscher Matthias Horx meinte noch 2001: »Das Internet wird kein Massenmedium – weil es in seiner Seele keines ist.« Im selben Jahr sagte er das »Ende der Ausbeutung« im »smarten Kapitalismus« voraus, eine dieser Superprognosen, die kurzzeitig medial erfolgreich und real lange peinlich sind.

Zehn Jahre nach der Bostoner Gründung des Web-Consorti-

---

* Die amerikanische Seite der Organisation: w3.org; die deutsche Seite: w3c.de.

ums schätzte Google das Volumen des www auf sechs Milliarden Seiten, statistisch für jeden Erdbewohner eine. Wie viele es heute sind, weiß kein Mensch. 2004 war auch das Jahr, in dem Google an die Börse ging, und es war das Gründungsjahr von Facebook, auf dem sich inzwischen anderthalb Milliarden Leute registriert haben. Wie viele dort wirklich regelmäßig aktiv sind, weiß ebenfalls kein Mensch, vielleicht mit Ausnahme von Mark Zuckerberg. Auf der *Forbes*-Liste der reichsten Menschen der Welt vom Juli 2016 rangierte Zuckerberg mit einem Vermögen von 44,6 Milliarden Dollar auf Platz 6, unmittelbar nach Jeff Bezos, der 1994 Amazon gegründet hat und heute 65,3 Milliarden Dollar besitzt. Bill Gates gründete 1975 Microsoft und hielt 2016 mit 78,5 Milliarden Dollar Platz 2. Zuckerberg wurde im Gründungsjahr von Facebook zwanzig, Bezos war dreißig, als er Amazon gründete, Gates war zu Beginn der Garagengeschichte von Microsoft erst zwanzig, wie Zuckerberg. Aber heute ist Gates (Jahrgang 1955) und auch Bezos (Jahrgang 1964) ein älterer Herr verglichen mit Mark Zuckerberg (Jahrgang 1984), dessen Unternehmen im 4. Quartal 2015 an der Börse etwas über 300 Milliarden Dollar wert war.

Es hätte auch anders kommen können, etwa so wie bei Myspace. Im Jahr 2005 zahlte Rupert Murdochs News Corporation 580 Millionen Dollar für Myspace, das knapp fünf Jahre später bei der Mitgliederzahl die Hundertmillionenhürde nahm. Aber was sind im globalen Netz schon hundert Millionen? Die hatte Facebook schon im Vorjahr erreicht. Mit Myspace ging es 2010 steil bergab, und im Juni 2011 verkaufte Murdoch den Laden. Er bekam gerade noch 35 Millionen Dollar. Kein Wunder, dass der alte Knabe (Jahrgang 1931) im Jahr 2016 bloß über elf Milliarden Dollar und ein paar ›Zerquetschte‹ (100 Millionen) verfügte.

Myspace war trotz seines Niedergangs besonders wichtig für den Aufstieg des Internets. In den Worten der Online-Journalistin Verena Bogner, die mit und in Myspace pubertiert hat: »Wahrscheinlich trägt Myspace Mitschuld daran, dass wir heute im Internet leben. Vielleicht hätte es ohne Myspace Facebook nie gegeben. Vielleicht bin ich aber auch einfach nur ein bisschen nostalgisch, weil ich mein Myspace-Konto nach Jahren wieder aktiviert und gemerkt habe, dass mein minderjähriges Ich ziemlich peinlich war.«

Abgesehen davon scheint es auch online so zu sein, dass früher alles besser war: »Man konnte auf Myspace aus einer Liste von unzähligen Emotionen auswählen, wie man gerade drauf war, und jeder konnte die Stimmung ganz oben im Profil sehen. Heute ist das Design von Myspace so spacig und verwirrend, dass ich es nicht verstehe und mich fühle wie eine Mama, der man erklären muss, wie man ›was ins Facebook‹ schreibt.«

Das ›Internet‹, in dem Verena Bogner ›lebt‹ und in dem Laurie Penny ›aufgewachsen‹ ist, durchdringt sämtliche Lebensbereiche und alle Lebensalter. So kann eine »Medienberaterin« empfehlen, »Vier- bis Sechsjährige 20 bis 30 Minuten« surfen zu lassen. »Bei Kindern, die am liebsten den ganzen Tag vor dem Computer oder dem Tablet hocken würden, sollte man über ein Zeitmanagement-Tool wie screentimelabs.com nachdenken.« Weil die Eltern kein persönliches Machtwort mehr wagen, wird die Computersucht mit Computerprogrammen bekämpft.

Die Dauerpräsenz des Internets beruht auf der Wucht seiner alltagspraktischen Gewöhnlichkeit, nicht etwa auf seiner außergewöhnlichen Kreativität. Die ›Daily Active User‹, die tagtäglich die eigene Kreativität beim Online-Spielen unter Beweis zu stellen meinen, mögen das anders sehen. Doch hat nicht das Wollen und Können von Künstlern und anderen fantasiebegabten Leuten das Internet zu dem gemacht, was es heute ist, sondern die Überfülle der Waren und die Allgegenwart der Dienste. Ein Beispiel dafür ist der 2016 in Deutschland auf den Markt gebrachte

Dash von Amazon. Damit ist kein Waschmittel gemeint, sondern ein Button mit einem Magneten an der Rück- und einem Druckknopf auf der Vorderseite. Neben dem Knopf klebt ein Markenlogo. Der Button erinnert irgendwie an eine Türklingel mit Namensschild. Hat man einen Dash an der Waschmaschine und das Pulver ist ausgegangen, kann man per Knopfdruck bei Amazon Nachschub bestellen, Ariel zum Beispiel.* Entsprechendes gilt für Badezimmer-, Küchen- und Haushaltsprodukte, wobei jedes Produkt einen eigenen Internetfunk-Bestellknopf benötigt. Man klingelt einmal, und der Postbote bringt Nachschub. Oder eine Zustelldrohne wirft das Paket durch den Schornstein ins Haus. Sachen wie die Dashs sind die hyperbanalen Innovationen der Gegenwart, die kein Zukunftsvisionär der Vergangenheit ›auf dem Schirm‹ hatte.

»Wie funktioniert ein Online-Dienst?«, fragte ein »Computer-Spezial« des *ZEITmagazins* von 1997, und gab zur Antwort: »Ein Online-Dienst bietet die Möglichkeit, vom Computer über das Telephonnetz auf Informationen und Dienstleistungen zurückzugreifen. Wer einen PC besitzt, braucht nur noch ein Modem.« Damit konnten die Leute sich ›einwählen‹, und zwar mehrere gleichzeitig. Man stelle sich vor: Beim größten T-Online-Knoten war das 1997 parallel 1400 Benutzern möglich! Damals ließen sich 100 Gigabyte pro Stunde im Netz bewegen, 2016 waren es 27 000 Gigabyte, im Jahr 2020 werden es 61 000 Gigabyte sein – in der Sekunde.

Die Wolke, die das alles möglich macht, schwebt keineswegs luftig über den Köpfen, sondern resultiert aus der Verschaltung elefantenschwerer Server in riesigen Hallen, verteilt über den ganzen Globus. Der am Datenverkehr gemessen weltweit größte ›Knoten‹ befindet sich heute in Frankfurt am Main, heißt

---

* Wohlstandsbürger waschen gebildet. Ariel ist ein zauberkräftiger Luftgeist in Shakespeares Komödie *Der Sturm*.

DE-CIX (Deutscher Commercial Internet Exchange*) und setzt sich aus rund zwanzig über die Stadt verteilten Rechenzentren zusammen.

Zurück zum Modem. Was war das überhaupt? In jenen fernen Jahren, als ›DFÜ‹ eine geläufige Abkürzung war (Datenfernübertragung), aber ›online‹ einer Erläuterung bedurfte (»Ein Computer ist online, wenn eine Verbindung zum Internet hergestellt ist.«), wurde das Modem folgendermaßen erklärt: Ein Modem »setzt vom Computer stammende digitale Informationen (Einsen und Nullen) in analoge Signale um (›Schwingungen‹ bzw. Frequenzen), die über das Telefonnetz übertragen werden können. Ebenso übersetzt ein Modem empfangene analoge Signale wieder in digitale, also für Ihren Computer geeignete Daten.«

Noch früher, in der Vorwebzeit der 80er, als »Telefonleitungen nicht für die Übertragung der von Computern verwendeten elektrischen Impulse vorgesehen« waren, »musste zur Umwandlung der elektrischen Impulse des Computers ein spezielles Gerät entwickelt werden«. Es »ist mit einer Gabel ausgestatt, in die der Telefonhörer gelegt wird. Die Töne gehen in die Sprechmuschel des Hörers und werden in der gleichen Weise wie Ihre Stimme bei einem Telefongespräch übertragen. Am Zielort befindet sich ein weiteres Modem, das die ankommenden Töne wieder in elektrische Impulse konvertiert.« Was hier als ›Modem‹ bezeichnet wird, war eigentlich ein ›Akustikkoppler‹. Ich habe diese ungeheure Neuerung live miterlebt, wenn auch nur offline, vom Seitenaus des Beobachters. Fasziniert sah ich einem Bekannten zu, wie er den knochenförmigen Hörer seines grünen Wählscheibentelefons (oder hatte er schon eines mit Tasten?) in die Muffen des Akustikkopplers praktizierte, um Daten zu übertragen. »Und wozu braucht man das?«, fragte ich

---

* Nebenbei gesagt ein hübsches, irgendwie treuherziges Beispiel für deutsch-englische Worthybriden.

und bekam zur Antwort: »Wie – ›brauchen‹?« Seid gesegnet, Pioniere. Ohne euch würden wir immer noch auf Urwaldbäumen leben statt in der Savanne des Cyberspace.

»Welcome in the wonderful world of cyberspace.« So begann die erste Mail, die ich erhalten habe – erhalten, nicht empfangen, denn sie wurde mir 1996 vom IT-Spezialisten des Berliner Stadtmagazins, dessen Redaktion ich damals leitete, auf den Schreibtisch gelegt, fein säuberlich ausgedruckt. Warum hätte jemand wie ich, der mit IT eher die Abkürzung für Innentoilette in Wohnungsanzeigen assoziierte, 1996 einen Internetanschluss und eine Mailbox haben sollen? In der Redaktion hatte damals niemand Internetanschluss und Mailbox, nur die Geschäftsleitung und der IT-Spezialist, ebenjener, der mich ein Jahr zuvor als ›Neandertaler‹ bezeichnet hatte, weil ich trotz *Windows 95* von meinem alten Word-Schreibprogramm nicht lassen wollte.

Für mich Berliner Stadtzeitungsredakteur war das ›globale Dorf‹ irgendwo jotwede. Dabei war 1996 schon »der erste Online-Rausch vorbei«. So kann man es tatsächlich nachlesen in der im September dieses Jahres erstmals gedruckt erscheinenden Ausgabe von *telepolis,* einer bis dahin nur online lesbaren »Zeitschrift der Netzkultur«. Seitdem gab es weitere Räusche und viele Kater. Und die Süchte haben sich vermehrt: Internetspielsucht, Surfsucht, Mailsucht, SMS-Zwang, dazu die Verfallenheit an die sozialen Medien mit ihrer »ersatz-intimacy«, wie die Engländer mit einem ihrer deutschen Fremdwörter sagen, die sie nur bei Phänomenen in den Mund nehmen, die sie auf Englisch sprachlos machen. Auch die »german angst« gehört dazu. Die Queen übrigens, fünf Jahre länger auf dem Thron als ich auf der Welt (ihre Inthronisation 1952 stand am Beginn der inzwischen recht langen Reihe globaler Fernsehereignisse), verschickte ihre erste Mail, angeleitet von Militärtechnikern, bereits am 26. März 1976.

Von der ersten Mail, die mir ausgedruckt auf den Redaktionsschreibtisch gelegt wurde, bis zum eigenen Internetanschluss zu Hause dauerte es noch vier Jahre. Kurz vor dem Jahreswechsel 2000, als die alteingesessenen Bewohner des globalen Dorfes schreckliche Angst vor dem Y2K-Problem* hatten, war es so weit: Aufgeregt wählte ich mich ein – über meinen analogen Telefonanschluss – und lauschte auf das Zwitschern beim Herstellen der Verbindung. Dann baute sich langsam, sehr langsam, die Webseite auf.

---

* Der »Millennium-Bug« war dann gar nicht so schlimm, die Welt ging wieder einmal nicht unter. Oder doch, und wir haben es nur nicht gemerkt?

2. Tragbare Töne

Vom Kofferradio zum MP3-Player

Das letzte Radio, das ich gekauft habe, kostete drei Euro und war eine Taschenlampe. Das Dingchen ist nur wenig länger und breiter als ein Zeigefinger, hat vorne ein Lämpchen und an der Seite ein Metallknöpfchen für den automatischen Sendersuchlauf. Zum Hören braucht man Kopfhörer. Die waren im Preis inbegriffen.

Warum ich alter Esel ein Quatschding wie ein Taschenlampenradio oder eine Radiotaschenlampe kaufte, habe ich vergessen. Wenigstens darf ich mich rühmen, als junger Hund ein Quatschding wie den Radioarmreif nicht gekauft zu haben. Der bunte Plastikreifen war in den frühen 70ern eine Zeit lang cool – oder ›klasse‹, wie man damals sagte. Dass mein Kurzzeitgedächtnis der Dinge zu wünschen übrig lässt, während ich mich übergenau an Sachen wie den Radioarmreif erinnere, deren Alltagsgegenwart seit Jahrzehnten vergangen ist, liegt vielleicht an einem Phänomen, das man als historischen Alzheimer bezeichnen könnte. So sehe ich ganz deutlich das magische Auge vor mir, das in meiner frühen Kindheit geheimnisvoll am Röhrenradio glomm. Dieses Röhrenradio stand respektabel im Wohnzimmer, noch unangefochten vom Fernsehgerät. Das Katzenauge, eine spezielle Elektronenröhre, weitete und verengte sich, je nach dem, wie nahe man mit dem Drehregler der exakten Frequenz des gewünschten Senders kam. Es saß an der Frontseite links oder rechts oben über dem Lautsprecher, der mit Strickstoff überzogen war und anfing zu vibrieren, wenn man die Lautstärke aufdrehte.

Vor diesem ehrwürdigen Gerät streifte mich zum ersten Mal
der Mantel der Geschichte, sozusagen. Was für ältere Nach-
kriegskinder der euphorische Tooor-Jubel* des Sportreporters
Herbert Zimmermann beim Endspiel der Fußballweltmeisterschaft 1954 in Bern war, dessen Radioreportage der Schriftsteller Friedrich Christian Delius in seiner Erzählung *Der Sonntag,
an dem ich Weltmeister wurde* ein literarisches Denkmal gesetzt
hat, das waren für mich die niedergeschlagenen Novemberstim-
men, die 1963, wenige Wochen nach meiner Einschulung, die
Ermordung John F. Kennedys kommentierten. Ich begriff nicht,
worum es ging, aber an der Bestürzung meiner Eltern merkte ich,
dass es nichts Gutes war, und verstand, dass ein Radio keine lustige Kiste für Kinder ist. Ein Fernseher, den es bei uns zu Hause
damals noch nicht gab, auch nicht. Der recht radiomäßige, nämlich weniger zeigende als erzählende Bericht Thilo Kochs von
der Beerdigung Kennedys war die erste Live-Schaltung über Satellit im deutschen Fernsehen.

Alte Radiogeräte dürften heutigen Kindern vorkommen wie
lustige Kisten für Erwachsene. Die Firma Grundig** beispielsweise brachte in meinem Geburtsjahr 1957 den »Zauberspie-
gel« auf den Markt, oben Fernseher, unten Radio, und bewarb im selben Jahr mit großer Emphase den ›Musikschrank‹:
»Diese mit allen Feinheiten konstruierten Kleinode fränki-
scher Wertarbeit sind Spitzenerzeugnisse von unübertroffe-
ner Vollendung«. Allerdings war Musikschrank nicht gleich

---

* Wenn es stimmt, dass Außengeräusche prägend wirken können, die durch
  den intrauterinen Organlärm zu dem Wesen vordringen, das in der Frucht-
  blase schwebend auf seine Geburt wartet, nicht ahnend, was alles auf es zu-
  kommt – wenn es wirklich stimmt, dass Geräusche vorgeburtlich prägend
  sind, was hat dann dieser hysterische Tor-, Toor-, Tooor-Schrei (»Deutschland ist Weltmeister!«), der 1954 aus den Radios schallte, bei den deutschen
  Föten ausgelöst?
** Insolvenz 2003. Heute nur noch Markenname für hochpreisige Fernseh-
  geräte.

Musikschrank. Es gab einen Qualitäts-, Renommee- und Preis-
unterschied zwischen der normalen Musiktruhe und der Konzerttruhe, die über einen »Plattenwechsler« und ein Tonbandgerät verfügte. Ausführungen in »Nussbaum natur« kosteten
extra.

Damals bewegten sich nicht die Töne, sondern die Hörer. Sie
mussten vom Sessel aufstehen und ans Gerät treten, um lauter
oder leiser zu drehen oder um die ›Wunschklang‹-Taste zu drücken, wieder eine dieser längst überholten technischen Exklu-
sivitäten, die heute recht kindlich, um nicht zu sagen infantil
wirken, zu ihrer Zeit aber eine sehr ernst genommene Status-
relevanz hatten: Bei dir steht nur ein Radioapparat im Wohnzimmer, ich besitze eine Konzerttruhe mit Wunschklang-Taste. Du
benutzt bloß ein Handy, ich bin User eines iPhones. Eines Tages
wird das kleine Ich-i genauso belustigend wirken wie heute die
Wunschklang-Taste.

Die Taste befand sich bei Edeltruhen an der Vorderseite in der
Mitte zwischen zwei kleineren Tasten auf der linken und auf der
rechten Seite. Die kleinen Tasten rechts waren für »ORCH.« (das
ganze Wort passte nicht drauf) und »JAZZ«, die kleinen Tasten
links waren für »SPRACHE« und »DEZENT«. Eine eigene Taste
für dezent! Die wünscht man sich manchmal bei Freilauftelefo-
nen, egal ob Handy oder Smart-i.

Für gehobene Musiktruhen und für die Konzerttruhen mit
Wunschklang-Taste gab es sogar schon Fernbedienung. Sie
wurde – vielleicht etwas überkultiviert – als ›Fern-Dirigent‹ bezeichnet: »Wenn Sie gemütlich im Sessel sitzen, macht die Be-
dienung des GRUNDIG-Gerätes keine Mühe mehr, denn mit
dem GRUNDIG Fern-Dirigent können Sie von Ihrem Sitzplatz
aus den Musikschrank ein- und ausschalten, die Lautstärke ver-
ändern und Bässe und Höhen ganz nach Ihrem Belieben regeln.
Und all das dirigieren Sie mühelos mit einer Hand. Sie sollten

deshalb nicht zögern, sich dieses reizenden Komforts für behag-
liche Stunden zu bedienen.«

In der DDR bot man der Hörerschaft Ende der 50er einen
»Zauberschalter« an. Entwickelt von einer PGH (Produktions-
genossenschaft des Handwerks) mit Namen Tonfunk* ermöglichte auch er über eine Kabelverbindung eingeschränkte Manipulationen am Radiogerät.

Das Ferndirigieren und Zauberschalten war nicht sehr erfolgreich, zumal die Konsumenten anfingen, die Truhen durch Koffer, die schweren, standfesten Röhrenradios durch leichte, tragbare Transistorradios zu ersetzen. Im Jahr meiner Geburt wurde
für 200 Mark das erste ›Taschenradio‹ mit Transistor auf den
westdeutschen Markt gebracht, und zwar im Auftrag von Sony
durch eine Importfirma, die ausgerechnet in Nürnberg ihren
Standort hatte, wie Grundig mit seinen Schränken und Truhen.
Das Kofferradio kam gut an bei den Konsumenten, und wie immer in solchen Fällen folgte in rascher Folge Modell auf Modell.
1960 konnte die Kundschaft bereits aus mehr als einhundert von
ihnen wählen. Die Preise sanken, und das Gewicht der Apparate
nahm ab. Gleichwohl waren etliche von ihnen mit Schulterrie-
men ausgestattet. Und fast alle orientierten sich im äußeren Erscheinungsbild – oder im Design, wie man auch sagen kann – an
der Handtasche, der Damenhandtasche! Das Handgelenktäsch-
chen für den Herrn stand erst noch bevor.**

Je leichter das Transistorradio, desto stärker seine Orientie-
rung aufs Feminine. Entweder, indem das Gerät durch einen
Produktnamen wie »Lady« als weiblich reklamiert oder durch
abgerundete Ecken selbst ›verweiblicht‹ wurde. Ein trag-

---

* Heute trägt eine Firmengruppe diesen Namen, Sitz ist immer noch im Harz.
** Ich darf mich rühmen, nie eines geschwenkt zu haben. Auch hing mir nie ein
Brustbeutel um den Hals. Und Bauchtaschen habe ich ebenso wenig getra-
gen wie Handyhalfter. Dass Letztere für Radfahrer praktisch sind, gebe ich als
Sonntagsfahrer gern zu.

barer Apparat ließ sich jedoch auch funktionell auf die Frau orientieren und entsprechend bezeichnen. So trug Grundig tapfer einen zwei Kilo schweren »Begleiter für die Dame« zu Markte, während die erwähnte Nürnberger Importfirma den japanischen Sony-Transistor einschleppte. Grundigs Damenbegleiter hieß »Micky-Boy«, hatte außen abgerundete Ecken und innen Röhren. Eine Zeichnung, die Reklame für ihn macht, zeigt einen großen Reisekoffer, daneben eine Hutschachtel, auf die Micky-Boy gestellt ist, und dazwischen eine Dame, das heißt: zwei Damenbeine, denn außer denen ist von der Dame nichts zu sehen. Es ließe sich darüber sinnieren, ob der Kaufappell dieses Stilllebens an Frauen gerichtet war oder doch eher an deren Männer, die in den späten 50ern das Haushaltsgeld zu verteilen sowie die Hüte in und die Micky-Boys auf den Schachteln zu bezahlen hatten. Ein Industriearbeiter verdiente damals etwas unter Zweimarkfünfzig brutto die Stunde. In dieser Schicht dürfte für Reisen, Koffer und Kofferradios wenig übrig geblieben sein.

Den Männern scheint das Kofferradio erst in Verbindung mit dem Auto interessant geworden zu sein.* Bevor das eingebaute Autoradio Standard wurde, ließen sich aus tragbaren Tönen fahrbare machen, wenn man die Geräte mit der Autoantenne und mit der Autobatterie verband. Damit sich das problemlos bewerkstelligen ließ, wurden bei größeren Kofferradios entsprechende Anschlussbuchsen ins Gehäuse montiert. Das Batterie- oder Akkuproblem, das uns heute beim Elektroauto beschäftigt – wie schwer ist der Akku und wie weit fährt das Auto, bis er leer ist? –, war in der Frühzeit des Kofferradios von erheblicher Bedeutung für dessen mobile Praktikabilität: Wie viel

---

* Bis 1988 war das Auto auch der ›Standort‹ des Funktelefons (›Autotelefon‹), ebenso ein Boot oder eine Jacht. Das mobile Telefonieren war Eliteverhalten, kein Massenphänomen.

wiegen die Batterien, wie viele davon müssen eingesetzt werden, wie lange ist die Spielzeit und wie viel kostet das alles? Nachdem der Preis pro Spielstunde von über einer Mark bei den frühen tragbaren Röhrenmodellen auf einige Pfennige bei den Transistorradios gesunken war, lagerte man bei kleinen Modellen die Netzteile aus oder sparte sie ganz ein.

Die Geschichte der Batterie, einschließlich ihrer Größen- und Normverhältnisse, sowie die Entwicklung des Batteriefachs, das dem Nutzer ersparte, bei jedem Wechsel die gesamte Rückwand des Apparats abzuschrauben, könnte als eigene und keineswegs belanglose Shortstory in der allgemeinen Historie der Mobilisierung der Töne erzählt werden.

Trotzdem nehmen wir lieber noch einmal vor der Musiktruhe Platz und greifen nach dem Fern-Dirigenten. Die Anzeigen in den Illustrierten und die Kinoreklame der Zeit gaben ihn stets in die Hand des Mannes, während die Frau das Privileg (und die Pflicht) hatte, sich ›bespielen‹ zu lassen. Wer das Programm bestimmt, hat die Macht. Von daher war es konsequent, den späteren TV-Fernbedienungen den Spitznamen ›Macht‹ zu verpassen. Die Auseinandersetzungen um die Herrschaft über die Knöpfe waren so lange Teil des feierabendlichen ›Machtkampfes‹ in den Familien, bis sämtliche Mitglieder über Separatgeräte verfügten oder an ihre Computer ausweichen konnten, wenn sich der Konflikt zwischen Sportschau und Spielfilm nicht anders lösen ließ.

Der Fern-Dirigent für die Musiktruhe sah unserer Fernbedienung fürs Fernsehen gar nicht so unähnlich, nur musste er per Kabel mit dem Standgerät verbunden sein. Funksteuerung oder gar Bluetoothvernetzung wäre dem fortschrittlichsten Heimkonzerthörer so unglaubwürdig erschienen wie die amüsanten Details aus den Romanen Jules Vernes.

Mit der Kabelfernsteuerung konnte man Regler drehen, aber

keine Tasten drücken, etwa um von Mittelwelle auf UKW um-
zuschalten. Diese Tasten ließen sich nur mit viel Kraftaufwand
bewegen, ganze Zentimeter mussten ins Gehäuse versenkt werden. Später wurde die erzwungene mechanische Kraftmeierei
durch den Kult der Sensortaste überwunden. Die massenhafte
Verbreitung der Sensibelchen erfolgte in den späten 70ern und
frühen 80ern. Es war eben die Zeit der Softies.

Aber es war auch die Zeit von Hip-Hop, Breakdance und dröh-
nenden Gettoblastern. Während im Central Park in Manhattan
Dutzende von Jugendlichen ihre Blaster im Kreis aufstellten,
hockte ich in meinem unterfränkischen Heimatdorf auf dem
Flokati und pendelte die Aufnahmeregler eines tragbaren Kassettenrekorders ein. Es handelte sich um zwei filigrane Zeiger in
getrennten Feldern mit roten Warnbereichen hinter durchsichtigen Plastikkappen. In diese roten Bereiche sollten die Zeiger
allenfalls kurz ausschlagen, um die Übersteuerung von irgend-
etwas damals sehr Wichtigem zu verhindern, das ich vollständig vergessen habe. Regler, Schieber und Zeiger (elektronische
Displays gab es an Kassettenrekordern noch nicht) fungierten
weniger als tontechnische Steuerungs- denn als spieltechnische
Wichtigkeitselemente. Je mehr Regler und Zeiger man am Gerät
zu regeln und zu zeigen hatte, desto moderner durfte man sich
vorkommen. Auch an den Autokonsolen ging (und geht) es zu
wie im Flugzeug-Cockpit.

Das erste Autoradio übrigens, jedenfalls das erste in Europa
entwickelte, wurde 1932 von der »Ideal-Werke AG für drahtlose Telefonie« (!) vorgestellt, einer Vorgängerfirma des Unternehmens Blaupunkt*. Das weltweit erste fahrbare UKW-Radio
kam gleichfalls von Blaupunkt (1952), ebenso das erste UKW-
Autoradio mit Stereoempfang (1969). Später kamen integrierte

---

* Insolvenz im September 2015.

Kassettenrekorder, dann CD-Spieler, dann MP3-Player dazu.
Der erste Auto-Rekorder mit Reverse-Funktion wurde 1975 von
der heute vergessenen Firma Becker auf den Markt gebracht.
Diese Funktion ersparte das Auswerfen, Umdrehen und Wie-
dereinschieben der Kassette (alles während des Fahrens) durch
einen Tastendruck, mit dem das Abspielen der zweiten Tonspur
ausgelöst wurde.

Heute sind Autoradios multimediale Alleskönner, die nicht
nur Musik oder Hörbücher abspielen, automatisch unterbrochen von Verkehrsmeldungen, sondern mit Bluetooth Schnittstellen und Freisprechanlagen für Smartphones versehen sind,
ausgestattet mit »fahrzeugoptimierten Smartphone-Apps«, wie
ein Hersteller* wirbt, mit satellitengestützten Wegweisern (GPS)
und irgendwie sogar mit Einparkhilfen. Alles funktioniert auf
Knopfdruck, auch das Starten. Als Benutzer eines Altwagens,
bei dem man ordinär den Zündschlüssel im Lenkradschloss he-
rumdrehen muss, ist es mir ein Rätsel, wie man neben der Be-
dienung all dieser Funktionselemente selbst noch funktionieren kann beim Fahren.

Künftig werden sich Automobile so fortbewegen, wie 1932 in
Erich Kästners Jugendroman *Der 35. Mai oder Konrad reitet in
die Südsee* beschrieben. In »Elektropolis«, der »automatischen
Stadt«, wundert sich der kleine Konrad: »Denkt euch bloß«, sagt
er zu seinen Reisebegleitern, einem Onkel und einem Pferd auf
Rollschuhen, »die Autos fahren von ganz alleine, ohne Schof-
för und ohne Steuerung. Mir ist das völlig schleierhaft.« Den
Schleier lüftet dann eine Dame im Fond eines der selbstfah-

---

* Jaguar auf seiner Internetseite. Ich war auf der Seite von Jaguar, weil ich zuvor
in einem Auto von Jaguar war. Der Wagen war noch neu, sein Besitzer schon
alt. Mit dem abgeklärten Humor eines Mannes, den nichts mehr aus der Bahn
werfen kann, gab er zu, dass seine Lebenszeit wohl nicht mehr reichen würde,
sämtliche Funktionen seines fahrbaren Computers auch nur kennenzuler-
nen, geschweige denn sie zu bedienen.

renden Wagen: »‹Unsre Wagen werden ferngelenkt‹, erzählt
sie. ›Das Lenkverfahren beruht auf der sinnreichen Koppelung
eines elektromagnetischen Feldes mit einer Radiozentrale.‹«
Übrigens bleibt trotz aller Neuerungen das weibliche Rollenmo-
dell das alte. Die Dame im Fond häkelt Deckchen. Es fiel leichter, sich selbstfahrende Autos vorzustellen als solche, die von
Frauen gesteuert wurden. Und weil bis zum heutigen Tag die
Frauen nicht einparken können, kann das inzwischen vom Auto
übernommen werden, nicht ferngesteuert von einer Radiozentrale, sondern selbstgesteuert durch Kameras und Abstands-
messer, sinnreich gekoppelt mit einem Mechanismus, der die
Räder richtig einschlägt.

Demnächst werden Windschutzscheiben zu Frontaldisplays,
und Kameras filmen, was draußen vor sich geht, damit wir drinnen die Umgebung auf dem Schirm haben. Lenkräder zum ›persönlichen Eingreifen‹ sind nur noch psychologischer Zierrat zur
Beruhigung, ähnlich den lebenden Fahrerattrappen in den Cock-
pits computergesteuerter U-Bahnen. »Blödsinnig einfach«, sagt
der Onkel zu Konrad, »einfach blödsinnig« bestätigt das Pferd.

Im Vergleich zu den überkomplexen Steuerungssystemen
heutiger Gerätschaften war der allererste Kassettenrekorder der
Weltgeschichte ein simples Geschöpf mit »Einknopfbedienung«.
Er wurde zusammen mit einem in einem Plastikgehäuse hin-
und herlaufenden Magnetband, der sogenannten Compact Cassette, von Philips* im Jahr 1963 präsentiert, in jenem Jahr also,
in dem der Putzlappen für die Schiefertafel an meinem Ranzen
schaukelte.

Der Kassettenrekorder hängt nicht nur mit der Geschichte
meiner Generation zusammen, sondern auch mit der Vor-

---

* Philips, das es nach wie vor als Konzern gibt, nicht bloß als Warenzeichen,
macht kein Breitengeschäft mehr mit Unterhaltungselektronik, vermarktet
aber exklusives Smart-TV.

geschichte der Menschheit. Im Jahr 1974 stießen Paläanthropo-
logen in Äthiopen auf einen Haufen fossiler Knochen, die sich
beim Sortieren als zu einem einzigen Skelett gehörend heraus-
stellten. Das von den meisten Forschern als weiblich einge-
stufte Gerippe wird einer Vormenschen-Art zugerechnet, die
vor rund drei Millionen Jahren halb auf den Bäumen, halb auf
dem Boden lebte. Während die Forscher im Basislager mit den
Knochen klapperten, lief auf einem Kassettenrekorder der Bea-
tles-Song *Lucy In The Sky With Diamonds*. Was lag den männlichen Wissenschaftlern näher, als das alte Mädchen auf den
Namen Lucy zu taufen, im Spaß, versteht sich. Doch hat sich
»Lucy« als Vorname der Hominidin durchgesetzt. Hätte im Lager kein Kassettenrekorder Beatles-Songs gespielt, wäre das
arme Ding wahrscheinlich mit ihrer Fundstellennummer* in
die Vorgeschichte der Menschheit eingegangen.

Der Kassettenrekorder meiner eigenen Frühgeschichte
stammte aus dem Hause Philips. Er war ein fabelhaftes Exemplar, aber auch ein fehlerhaftes, vielleicht ein ›Montagsprodukt‹,
wie man damals sagte, als in der Industriearbeiterschaft die
Sehnsucht nach dem blauen Montag der alten Handwerkszeit
noch nicht vergessen war. Die Funktionslaunen des Rekorders
führten dazu, dass ich eine quasi-magische Beziehung zu ihm
aufbaute. Ich drückte etwa an bestimmten Stellen des Gehäuses herum, um ihn in Stimmung zu bringen, wenn er den Kassettenschacht nicht öffnen wollte oder nach dem Bedienen der
Playtaste die Spulen des Rekorders nicht richtig in die Rädchen
der Kassette griffen. Aber eigentlich mochte ich den Apparat im
Unterschied zu Lissy** nur, weil mir nichts anderes übrig blieb.
Ich hatte ihn nun einmal mit sauer verdienter Ferienjobkohle
gekauft und musste jetzt mit ihm auskommen.

* Sie lautet AL 288-1, was irgendwie nach Airbus klingt.
** Dazu die Liebeserklärung weiter unten.

An ein Zurückbringen ins Dorfgeschäft war nicht zu denken, die Garantiezeit war abgelaufen. Ohnehin hätte die Rückabwicklung eines Kaufs, Garantie hin oder her, Auseinandersetzungen mit sich gebracht, die man im Dorf lieber vermied. Die Beziehung zwischen dem Kunden und dem Ladeninhaber war eben keine rein geschäftliche, man hatte auch sonst miteinander zu tun, auf der Straße, beim Bäcker, beim Metzger, im Verein und sonntags nach der Kirche. Man darf nicht außer Acht lassen, dass, gemessen an den Massenumsätzen der heutigen Märkte, jeder Gerätekauf im Einzelhandelsgeschäft tatsächlich als einzelnes und gewissermaßen einzigartiges Geschäft betrachtet wurde. Das klingt nach Kalauer, brachte jedoch in der sozialen Wirklichkeit der Dorf- oder Kleinstadtgemeinde Verbindlichkeiten (und Konflikte) mit sich, die nicht, oder allenfalls in letzter Instanz, nach Allgemeinen Geschäftsbedingungen, dem berüchtigten ›Kleingedruckten‹, zu regeln waren, sondern zwischen den Beteiligten persönlich ausgehandelt werden mussten.

Will man heute ein Gerät zurückgeben, verläuft das normalerweise problemlos, unabhängig vom sozialen Status des Kunden. Das macht die Masse der abgesetzten Produkte möglich, eine Auseinandersetzung im Einzelfall wäre für den Markt kostenintensiver als die umstandslose Rücknahme. Für den Inhaber eines kleinen Ladens in den 70er-Jahren stellte sich die Sache anders dar. Ein glücklich verkaufter Kassettenrekorder, der zurückgebracht werden sollte, wurde zum unglücklich dann doch nicht verkauften Kassettenrekorder, verursachte Kosten, kostete zusätzlich Zeit und ging mit hoher Wahrscheinlichkeit einem Schicksal als Ladenhüter entgegen.

Bei größeren Anschaffungen, und der Kauf des Kassettenrekorders war für mich eine solche, schwang im Hinterkopf eines Käufers, der sich diese Anschaffung gerade so leisten konnte, stets die Sorge mit, übertölpelt zu werden. Das galt nicht

nur beim Kauf eines gebrauchten Autos. Der Gebrauchtwagen-
händler war die Klischeefigur des hinterlistigen Andrehers, der
Nachfahre des Rosstäuschers vergangener Zeiten. Doch war die
Angst, getäuscht zu werden, nicht auf den Autokauf beschränkt,
sondern trieb den Puls der Kunden bei jedem größeren Geschäft
in die Höhe. Nicht nur an der Ladentheke, auch am Gartenzaun.
Die Jahrzehnte des Wirtschaftswunders waren zugleich die he-
roischen Jahrzehnte der Vertreter, die über die Dörfer zogen und
den Hausfrauen am Hoftor Zeitschriftenabonnements und Kobold-Staubsauger aufschwatzten.

In den frühen 90ern bereisten leicht modernisierte Wieder-
gänger der Vertreter aus der westdeutschen Wirtschaftswunderzeit das ›Beitrittsgebiet‹, um den unerfahrenen ›Ossis‹ alles
Mögliche anzudrehen, darunter Kochtopfsortimente, Versiche-
rungen und Zimmerspringbrunnen. Wie im gleichnamigen Roman von Jens Sparschuh (erschienen 1995, verfilmt 2001). In
diesem literarischen und zugleich gesellschaftskritischen Scha-
bernack fungiert der Zimmerspringbrunnen als Sinnbild für
eine Ware, die von niemandem gebraucht, aber von vielen ge-
wollt wird. Und sie ist, in diesem speziellen Vereinigungsfall, der
bizarre Fetisch eines neuen ostdeutschen Wohlstands, obwohl
und gerade weil das Objekt ostalgisch die Erinnerung ans Alte
wachhält.

Nicht nur in diesem Roman über die frühen Vereinigungs-
jahre, auch im wirklichen Leben sprudelt und springt es in den
deutschen Wohnzimmern munter drauflos. Immer noch. Es gibt
Stelenbrunnen, Tischbrunnen, Kugelbrunnen, Katzenbrunnen,
Schieferbrunnen, Stahlbrunnen, Steinzeugbrunnen, Keramik-
brunnen.

Auch Kobold-Staubsauger gibt es immer noch. Nur gehen die
Vertreter heute nicht mehr auf die Kunden zu, sondern stehen in
den Einkaufspassagen der Kleinstädte und hoffen, dass Kunden

zu ihnen kommen und vielleicht einen Handstaubsauger, einen Bodenstaubsauger oder einen Saugroboter kaufen. Der »saugt Ihre Räume wann immer Sie es wünschen«, verspricht die Website der Kobold-Firma Vorwerk, »am besten, wenn Sie nicht zu Hause sind – dank App jetzt auch ferngesteuert«.

Mein Kassettenrekorder hatte keine Fernsteuerung. Ich war froh, wenn das Aufnehmen mit ihm aus der Nähe klappte. Er hatte kein Radio und nur einen Kassettenschacht. Das kann ich ihm nicht vorwerfen, auch nicht im Nachhinein. Die Doppeldecker kamen erst später. Einen davon, wiederum von Philips gelabelt und vermarktet, aber gemacht in China, habe ich aus dem Privatarchiv geholt und für diesen Abschnitt auf den Schreibtisch gestellt. Das Gerät stammt aus der zweiten Hälfte der 90er, verfügt über ein Radio und zwei Kassettenschächte. Das hatte den unschätzbaren Vorteil, Kassetten bequem kopieren zu können. Ohne Überspielkabel. Und in Hochgeschwindigkeit – oder jedenfalls mit »Hi-Speed-Dubbing«. Beim einfachen Dubbing dauerte das Kopieren so lange wie das gewöhnliche Abspielen, beim Hi-Speed-Dubbing ging es deutlich schneller, nur nicht wirklich schnell, nicht nach heutigen Maßstäben. Und auch beim ›Schnellkopieren‹ ratterten die Plastikrädchen, vom Qualitätsverlust beim Ton gar nicht zu reden.

Wollte ich mit dem Kassettenrekorder in den frühen 70ern etwas aufnehmen, kam unweigerlich eines dieser vermaledeiten Überspielkabel zum Einsatz. Es handelte sich um drei- oder fünfpolige Diodenkabel, gemeinhin als DIN-Kabel bezeichnet. Sie hatten Stecker mit drei oder fünf Metallstiften zum Einführen in die Buchsen an den Geräten, oder sie hatten selbst Buchsen, in die man drei beziehungsweise fünf Stifte stecken konnte. Die Buchsen waren ›female‹, die Stecker ›male‹. Manche Kabel waren an beiden Enden drei- oder fünfpolig male oder drei-

oder fünfpolig female, manche an einem Ende dreipolig male, am anderen dreipolig female oder an einem Ende fünfpolig male, am anderen fünfpolig female, wieder andere dreipolig male und fünfpolig female oder fünfpolig male und dreipolig female. Ich bin nicht sicher, ob ich alle möglichen Kombinationen aufgezählt habe, und ebenso wenig, ob es überhaupt Kabel in allen möglichen Kombinationen gab. Außerdem spielten noch Unterschiede in der Anordnung eine Rolle. Die fünf Stifte beispielsweise konnten im Halbkreis angeordnet sein oder wie die Punkte eines Würfels.

Jedenfalls war das Überspielkabel ein unvermeidliches Utensil, ohne das zwei Geräte nicht zu verbinden waren, mithin weder aufgenommen noch kopiert werden konnte. Es sei denn, man hätte ein Mikrofon vor den Lautsprecher des abspielenden Geräts gestellt. Das hätte die Tonqualität auf unterstes Niveau gesenkt, außerdem hatte das Mikrokabel ja ebenfalls einen Stecker (dreipolig oder fünfpolig), der in die Buchse am Gerät (dreipolig oder fünfpolig) passen musste.

Ob die Jungs vom Central Park sich mit ihren Gettoblastern auch so quälten wie ich auf dem Flokati mit meinem Kassettenrekorder? Oder hatten die schon Chinchstecker? Es gab rote Chinchstecker und weiße, und die roten – genug davon.

Wenigstens taten sich die Jungs vom Central Park nicht leichter als ich, wenn es darum ging, einen Song auf der Kassette wiederzufinden. Mein Rekorder hatte ein mechanisches Zählwerk, das beim Spielen und Spulen mitlief, jeweils vor und zurück. Man stellte es per Knopfdruck auf null, drückte die Play-Taste, und wenn ein neues Lied begann, notierte man die entsprechende Zahl hinter dem Songtitel. Oder auch nicht. Meistens lief es eben doch auf elendes Gespule hinaus, wollte man eine bestimmte Stelle finden.

Auch der erste Walkman hatte ein mechanisches Zählwerk.

Er wurde 1979 von Sony in Japan eingeführt und wog an die 400 Gramm. »Walkman« war ursprünglich eine Markenbezeichnung, setzte sich in der Alltagssprache aber rasch als Gattungsname durch, vergleichbar mit dem schon einmal erwähnten »Tempo«. Es gab auch Titulaturen wie »körpergebundene Kleinanlage für die Wiedergabe von Hör-Ereignissen«. So bezeichnete der deutsche Erfinder Andreas Pavel ein tragbares Abspielgerät, das er zwei Jahre vor Sonys Präsentation des Walkman zum Patent angemeldet hatte. Rechtsstreitigkeiten zwischen Pavel und Sony zogen sich über ein Vierteljahrhundert hin, bis Sony 2004 Pavel mit einer Geldzahlung von weiteren Klagen abhielt. Wie viel Geld David letztendlich aus Goliath herausholen konnte, ist öffentlich nicht bekannt, obwohl gelegentlich von einem achtstelligen Betrag gesprochen wird.

Der Walkman wurde zu einem ungeheuren kommerziellen Erfolg. Zehn Jahre nach seiner Einführung verdrängte er den Kassettenrekorder aus dem Warenkorb, in dem das Statistische Bundesamt die wichtigsten Bedarfsgüter zusammenfasst. Weitere fünf Jahre später konkurrierten 900 verschiedene Modelle auf dem Markt. Dabei war er gemessen an den Gettoblastern und selbst im Vergleich mit gewöhnlichen Kassettenrekordern technisch kein Fort-, sondern ein Rückschritt. Nicht einmal das Aufnehmen war möglich. Er gehört zu den seltenen Fällen in der Evolutionsgeschichte der Dinge, in denen durch konsequentes Reduzieren gewohnter Funktionen ein völlig neues Verhalten der Nutzer erzeugt wurde. »Der Sony Walkman«, schrieb Douglas Adams, »hat zum Kassettenrekorder nichts Wesentliches hinzugefügt, sondern einfach Verstärker und Lautsprecher weggelassen und so ei3ne ganz neue Art, Musik zu hören, geschaffen«.

Die Klangqualität spielte dabei eine nachgeordnete Rolle und wurde von den Zeitschriften für die Hi-Fi-Fans entsprechend

herablassend behandelt. Die Jugendillustrierte *Bravo** sah – das
heißt hörte – das 1980 anders:»Ihr werdet abschnallen, wenn
Ihr den Sound dieses taschenbuch-kleinen Geräts hört.« Abgesehen vom ›abschnallen‹ aus dem Jugendwörterbuch der heutigen Großelterngeneration fällt der Vergleich mit dem Taschenbuch auf. Inzwischen käme kein Werbetexter und kein
journalistischer Berufsjugendlicher mehr auf die Idee, etwas
hip Elektronisches in Verbindung mit etwas Altmodischem wie
einem Taschenbuch zu bringen.

Der Walkman wurde aus Gründen zum Kultobjekt, die weder
etwas mit den bis dahin herrschenden Hörgewohnheiten noch
mit den bis dahin gültigen Gepflogenheiten beim Verhalten in
der Öffentlichkeit zu tun hatten. Es ging um akustische Mobi-
lität oder in den Worten von Lou Ottens, Mitentwickler der Tonkassette:»Tragbarkeit, das ist wichtig für die Konsumenten.«
Und:»Der Walkman war die Anwendung überhaupt für die Au-
diokassette.« Die Kassette ermöglichte zum ersten Mal so etwas wie mobile Musik – wenn man von der Marschkapelle ab-
sieht. Auch für die Langspielplatte gab es tragbare Geräte. Aber
sie wurden beim Picknick auf die Decke gestellt und konnten die
Platten erst dann in Bewegung setzen, wenn sie selbst in Ruhe
gelassen wurden.

Mein erster Walkman, erworben Anfang der 80er, war mit
der legendären orangefarbenen Talkline-Taste ausgestattet. Das
Drücken dieser Taste senkte die Lautstärke in den Kopfhörern

---

*   Im August 2016 wurde das Jugendmagazin 60. Die Auflage ist altersmatt, aber
auf Schwundstufe noch vorhanden. Und Sexualberater »Dr. Sommer«, der
schon mir das Onanieren erlaubte, ist sowieso ein Zombie. Inzwischen werden unter dem Label auch Videos ins Web gestellt. Eines davon heißt: »Erstes Date – und jetzt?« Auf dem Klickbildchen sind zwei junge Leute zu sehen.
Er trägt Kopfhörer! Nicht die für den Walkman einst typischen Ohrstöpsel,
sondern richtig fette Dinger, und er trägt sie um den Hals. Was heute cool ist,
wäre in der Frühzeit des Walkman total spießig gewesen, wie Papas Kopfhörer für die Stereoanlage zu Hause.

ab und schaltete zugleich ein ins Gehäuse gebautes Mikrofon frei, um der akustischen Außenwelt über die Kopfhörer Zugang ins Ohr zu gewähren. Auf diese Weise wurde in einer Art Hörspieleffekt die unmittelbare Geräuschwelt um einen herum in ein distanziertes Klangerlebnis verwandelt, dessen Mittelpunkt man selber war. War die Talkline-Taste ausgeschaltet, ließ sich die Umwelt wie ein Musikvideo erleben, das sich um einen selbst drehte. Als Peter Glaser im Juni 1988 in der Zeitschrift *Tempo* dem Walkman eine »Festschrift zu seinem zehnten Geburtstag« widmete, griff er – nicht ganz auf der Höhe der Zeit – statt des Vergleichs mit einem Videoclip auf die Kinometapher zurück und beschrieb, wie er mit dem 1. Klavierkonzert von Tschaikowsky durch den Hamburger Hauptbahnhof ›walkte‹: »Alles war Kino, klar. Die Musik der Soundtrack zu einem Film ohne Handlung, und ich der Held: das Walkman-Gefühl.«

Ich kann mir nicht vorstellen, dass heutzutage hippe Jugendliche sich unter schicken Kopfhörern mit b-Logo auf den Muscheln ausgerechnet mit Tschaikowskys Klavierkonzert den Ego-Flow verschaffen. Aber auf die Art der Musik kommt es gar nicht an, nur auf die Intensität des Gefühls. Während Glaser mit Tschaikowskys Klavierkonzert auf den Ohren durch den Hauptbahnhof in Hamburg ›walkte‹, fuhr ich mit ebendiesem Konzert im Taxi durch die Frankfurter Innenstadt. Ich war der Fahrer, nicht der Kunde. Während ich, den ganzen Körper umhüllt von der Musik aus den Autolautsprechern, mit gemäßigter Geschwindigkeit durch die Straßen glitt, hoffte ich, dass keiner am Straßenrand winkte und der Dispatcher der Funkzentrale nicht in mein interesselos dahingleitendes Daseinsglück quatschte. Doch der Mensch muss Umsatz machen. Also zwang ich mich meistens nach dem ersten Satz, die Lautstärke herunter- und meine Aufmerksamkeit für potenzielle Fahrgäste hochzupegeln.

Während ich diese Passage schreibe, lasse ich mir Tschaikowskys Klavierstück erneut um die Ohren hauen, diesmal von Lang
Lang, einem der Popstars unter den Pianisten. Mein Kopfhörer
ist mit dem Notebook verbunden und das Notebook mit Youtube. Die Erinnerung an meine musikalischen Eskapaden als
studentischer Sonntagstaxifahrer wird allerdings verdorben
durch eine Bemerkung Adornos, an die ich mich überdeutlich
erinnere, auch wenn ich deren Quelle nicht anzugeben weiß.
Adornos posthume Autorität hatte sich in den frühen Walkman-
Jahren noch nicht verflüchtigt, jedenfalls nicht in Frankfurt am
Main, wo ich damals studierte. Der ästhetische Rigorist und Pre-
diger des ›strukturellen Hörens‹ pflegte Tschaikowsky als einen
»großen kleinen Komponisten« zu bezeichnen und fertigte dessen Musik als Limonade ab. Das war gemein, aber gekonnt. Was
man von den täppischen Beschimpfungen des Walkman und
seiner Nutzer während der Anfangsjahre des mobilen Kopfhö-
rens nicht sagen kann: Vom »Nasenring der Dummheit« war die
Rede*, vom »Prickeln unter der tragbaren Musikdusche«, vom
Hörer als »wahrnehmungsloser Monade« und von einer »sich
zuspitzenden Fortsetzung der Tonband- und Rekordersucht«.
Auch wurde zum zehnjährigen Jubiläum der Krachschachtel
»die Vertreibung der Stille« beklagt, als hätte in den autogerech-
ten Städten vor 1978 Waldeinsamkeit geherrscht, nur unterbrochen vom Gesang der Vögelein.

Der Walkman wurde rasend schnell zum Kult und ist es geblieben. Nicht nur als nostalgisches Objekt, behaftet mit den
Jugenderinnerungen der Grauköpfe und -köpfinnen von heute,
sondern auch als Renommiergegenstand wie beim Sony NW-
WM1Z, eingeführt zur Internationalen Funkausstellung 2016
zum »unverbindlichen Verkaufspreis« von 3299 Euro. Ohne

---

* Aus Nachsicht seien die jeweiligen Urheber verschwiegen.

Kopfhörer, die kosten noch einmal 2000 Euro. Beim Taschenlampenradio für drei Euro waren die Kopfhörer dabei. Dafür
steckt hier die Technik (u. a. 256 GB Speicher) im Goldrahmen,
der Ton hat »High Resolution Klangqualität«, und das Display
zeigt zwei Anzeigefelder mit zitternden Nadeln wie einst bei
meinem Kassettenrekorder, eine für »LEFT«, eine für »RIGHT«.
Eine Kassette lässt sich in diesen Walkman natürlich nicht ein-
legen. Er ist ein Herunterlader. Dass er dennoch fast ein Pfund
wiegt, liegt vielleicht am Kupfer unter dem Goldüberzug.

Der legitime Erbe und unmittelbare Nachfolger des Walkman
war der Discman, obwohl er nie den Kultstatus seines simpleren
Vorgängers erreicht hat. Zugleich blieb er weit hinter dem Tech-
nik-Appeal seines Nachfolgers, des MP3-Players, zurück. Der
Discman war ein Produkt des Übergangs von der analogen zur
digitalen Klangwelt. Eingeführt im Oktober 1984 von Sony in Japan und auf der Internationalen Funkausstellung des Folgejahres in Berlin groß präsentiert, bot er mit seinen Kopfhörerchen
eine (damals) überraschende Klangqualität für einen (damals)
ebenfalls überraschend niedrigen Preis von rund 1000 DM.

Ich habe meinen letzten Discman erst Ende 2016 gekauft. Er
kostete nicht einmal 50 Euro. Die Anschaffung hatte halb pri-
vate Gründe (ein Krankenhausaufenthalt), halb berufliche (aus-
gedehnte Lesereisen), und da ich mich mit Herunterladen, Ab-
speichern und Inventarisieren nicht belasten, sondern einfach
vorhandene CDs aus dem Regal nehmen und in die Reiseta-
sche packen wollte, entschied ich mich gegen einen MP3-Player,
den ich – integriert in den Discman – gleichwohl mitkaufen
musste. Ich ging in einen dieser Märkte für Unterhaltungselektronik, wunderte mich über die geringe Auswahl und über das
Nichtvorhandensein hochwertiger Geräte. Über die freundlich
herablassende Beratung des jungen Mannes wunderte ich mich
nicht. Bestimmt dachte er, der alte Knabe vor ihm sei als junger

Bursche noch mit einem Kassettenwalkman durch die Gegend getigert. Genauso war es gewesen.

Mein neuer Discman wirkt recht klapprig und erfüllt seine Aufgabe auf eine Weise, mit der man ganz knapp gerade noch nicht unzufrieden ist. Die Lautstärkebegrenzung ist lästig, besonders bei den leisen Stellen im klassischen Repertoire. Der Verkäufer hatte mir erklärt, das sei von der EU vorgeschrieben. Ich weiß nicht, ob das stimmt. Die EU ist mit ihren Verordnungen an allem Möglichen schuld: dass Bananen nicht mehr krumm und die Gurken viel zu gerade sind und dass auf den Zigarettenschachteln seit 20. Mai 2016 Abschreckungsfotos gezeigt werden müssen. Und so heißt es eben in der Gebrauchsanweisung meines Discman im europäischen Vorschriftendeutsch: »Die Hörschäden können weit reichend und nicht heilbar sein.« – »Wenden Sie sich bei Hörproblemen bitte unverzüglich an Ihren Hausarzt.«

Die Typenbezeichnung des Gerätes lautet CD9110. Ich frage mich, ob das an den nahezu klassischen Porsche 911 denken lassen soll oder ob es mit dem zu tun hat, was das Statistische Bundesamt in seinem Warenkorb als »Güterklasse« bezeichnet. In der Güterklasse 0911 sind »Rundfunk-, Fernseh-, Videogerät u. Ä.« zusammengefasst. Zur Unterabteilung »und Ähnliches« gehört der MP3-Player. Der Discman wird in der aktuellen Liste gar nicht mehr extra geführt. Er hält sich vermutlich in der Unterunterabteilung der MP3-Player versteckt, die amtlich korrekt lautet: »MP3-Player oder Ähnliches«.

Insgesamt hat sich der Anteil der Unterhaltungselektronik am Haushaltsbudget der Leute seit 1991 nahezu halbiert. Eine Mitarbeiterin des Amtes war so freundlich, mir das in einer Mail zu erklären: »Aus dem Wägungsschema 1991 ist ersichtlich, dass der Walkman damals explizit im Warenkorb enthalten war. Interessant ist auch der Vergleich der Wägungsanteile für die Güterklasse 0911, also das, was deutsche Haushalte im Durchschnitt für Unterhaltungselektronik ausgeben. Dieser Ausgabenanteil ist im Zeitablauf von 1991 (10,02 Promille) bis 2010 (5,5 Promille) deutlich gesunken. Das hat natürlich viel mit den deutlich gesunkenen Preisen für Unterhaltungselektronik zu tun.«

Der MP3-Player, der im Alltagsleben und in der amtlichen Statistik den Walk- und den Discman verdrängt hat, ist eine deutsche Entwicklung. Sie war möglich, weil wir keine Hunde sind. Wir können beispielsweise die Hundepfeife nicht hören. Auch sonst können (oder müssen) wir viele Töne unserer Klangumwelt nicht wahrnehmen. Warum also nicht gleich weglassen, wofür unsere Ohren verschlossen sind? Die Antwort auf diese Frage ist MP3: »Motion Picture Experts Group – Audio Layer III«. Es handelt sich um ein Verfahren, mittels Kompression von Audiodaten Speicherplatz zu sparen. Wie das funktioniert, kann ich beim besten Willen nicht erklären. Es ist wahnsinnig kompliziert. Um das alles zu verstehen, müsste man sich bei Karlheinz Brandenburg zu einem Studium der Elektronischen Medientechnik immatrikulieren. Er gehörte zu einer Gruppe von Leuten, die seit Anfang der 1980er-Jahre am Fraunhofer-Institut das Problem bearbeiteten – und lösten.

Der Name der Lösung, eben MP3, wurde im Sommer 1995 festgelegt. Zu diesem Zeitpunkt gab es im Fraunhofer-Institut bereits den Prototyp eines Players, so groß wie eine Zigarettenschachtel. Auf den Markt kamen die ersten tragbaren Player 1998. Nun war jeder in der Lage, zum Überprüfen der Behauptung, man würde den Unterschied zwischen einer MP3-Datei und einer CD nicht (oder kaum) hören, die Probe aufs Exempel zu machen. Dieses Exempel war Suzanne Vegas Song *Tom's Diner* über ein New Yorker Lokal. Das 1987 ursprünglich in einer A-cappella-Version veröffentlichte Lied ist das erste, das im MP3-Format gespeichert wurde. Denn daran hatten Brandenburg und sein Team herumprobiert und herumkomprimiert, bis endlich eine Datei erstellt war, der man das Fehlen akustischer Signale nicht mehr anhörte*.

Inzwischen gibt es MP3 auch ohne Player. Die Chips sind in Ohrhörer integriert, die zugleich den Puls messen und Schritte zählen können. Obwohl sie ein wenig aussehen wie spacige Hörgeräte – Hörgeräte sind immer uncool, spacig oder nicht –, macht die Technik sie zu attraktiven ›Wearables‹ für Jogger und sogar für Schwimmer. Eines der Produkte ist wasserdicht bis zu einem Meter Tiefe. Die maximale Speicherkapazität liegt bei tausend Songs.

Die Verbreitung der MP3-Technik war ein Segen – und wurde zum Fluch. Es gab Leute, die davon schwärmten, den kompletten Ring von Wagner in einem kleinen Schächtelchen mit sich führen und jederzeit hören zu können, sogar am Strand. Die Schwärmerei ist verständlich, selbst wenn man an einem Südseestrand nicht unbedingt *Rheingold* hören möchte. Gleichwohl klingt es verführerisch, die komplette hauseigene Diskothek immer bei sich zu haben, jederzeit zugriffsbereit und nahezu gewichtslos. »Sich Musik reinzuziehen aus dem streichholzschachtelgroßen MP3-Player, das ist der letzte Schrei«, konstatierte *Der Spiegel* halb verwundert, halb belustigt im Frühjahr 2001, noch vor der Präsentation des iPods im Herbst durch Steve Jobs: »What is iPod? iPod is a MP3 music player, has CD quality and it plays all of the popular open formats of digital music«, aber, fügte er hinzu, »the biggest thing about iPod is that it holds a 1000 songs.«

Die Minifestplatte mit stetig maximierter Speicherkapazität war die tontechnische Grundlage für den Kulterfolg der iPods

---

*   Davon erzählt Brandenburg auf einem MP3-podcast, in dem auch Vega zu Wort kommt: haemmerleinsmuehle.de/fileadmin/podcast/GG-023_SuzanneVegaMuttervon.mp3

über mehrere, schnell einander ablösende Produktgenerationen, bis 2007 der Alleskönner iPhone die Hände und Ohren der Menschen eroberte, einschließlich dessen, was zwischen den Ohren liegt.

Die Überfülle stürzte jedoch in Ratlosigkeit. Sammeln durch Speichern heißt noch lange nicht Kenntnis durch Hören, so wenig wie das Fotokopieren eines Textes heißt, dass er auch gelesen und verstanden ist. Die Allmacht des Zugriffs zieht mitunter die Ohnmacht des Zugreifenden nach sich. Miriam Meckel rechnete in ihrem 2007 erschienenen Buch *Das Glück der Unerreichbarkeit* vor: »Ich habe 1168 Titel auf meinem MP3-Player gespeichert und könnte damit 83,3 Stunden [...] Musik hören, ohne dass sich ein einziger Titel wiederholte.« Die umtriebige Publizistin ging damit über ihre Möglichkeiten. Und blieb unter denen des Geräts.

Das Buch vom »Glück der Unerreichbarkeit« erschien ausgerechnet in jenem Jahr, in dem mit der Unerreichbarkeit ein für alle Mal Schluss gemacht wurde. 2007 begann die Ära der iPhones. Heute kann man mit Mobiltelefonen filmen, fotografieren, fernsehgucken und radiohören, »aber das Streamen zieht viel Akku«. So formulierte es Mirko Borsche, Creative Director des *ZEITmagazins* in einer Kolumne, und schwärmte vom Monkey Radio, das irgendwie an den Radioarmreif erinnert: »Seine Antenne ist ein biegsamer Metallstrang, den man überall drumschlingen kann – ums Handgelenk« beispielsweise.

Liebeserklärung an Lissy

Ich lernte Lissy Anfang der 70er-Jahre im Radio- und Fernsehfachgeschäft meines Geburtsortes kennen. Solche Geschäfte blühten damals in den Dörfern. Mittlerweile sind sie selbst in den Städten eingegangen. Es handelte sich nicht um Kettenfilialen, sondern um Familienbetriebe, deren Inhaber die Apparate auf- und einstellten und die Antennen aufs Dach montierten.

Lissy stand im Schaufenster eines solchen Fachgeschäfts, sah jung und modern aus und roch aufregend nach Plastik. Inzwischen geht sie auf die fünfzig zu, das Gehäuse ist ramponiert, die Spitze ihrer Teleskop-Antenne abgebrochen. Aber wir sind immer noch zusammen. Auch mit meiner Frau kommt sie gut aus. Jeden Morgen erzählt uns Lissy, was los ist in der Welt. Allerdings versinkt sie hin und wieder in brütendes Schweigen. Zu behaupten, sie hätte einen Wackelkontakt, wäre vulgär. Ich würde es eher eine Altersdepression nennen. Jahrzehnt um Jahrzehnt berichtet man über weltweiten Mord und Totschlag, immer in der Hoffnung, dass die Menschen eines Tages zur Vernunft kommen. Aber es geht immer so weiter. Alles ändert sich, einschließlich der Berichterstattung über Mord und Totschlag, nur der Mord und Totschlag selbst nicht.

Doch vielleicht hat Lissys gelegentliches Verstummen rein persönliche Gründe, vielleicht spürt die alte Lady, dass sie gemocht, aber nicht mehr gebraucht wird, nicht wirklich. Heute spielt die Musik in der Küche auf diese Weise: »Sofort spielfertiges Mini-Streaming-System für Millionen Songs auf Knopfdruck. Direktwahltasten am Gerät für Ihren Lieblingsstream, Radiosender oder Playlist. Spielt Spotify, WiMP, Napster, simfy, TuneIn, MTV Music, Internetradio. Android-, iOS-, Netzwerkund USB-Streaming, DLNA- & UPnP-kompatibel. Gummierte, hydrophobe Tasten für Nutzung in Feuchträumen.«

Lissy stammt aus gutem Hause und reißt sich zusammen, wenn man sie rüttelt und schüttelt. Sie ist eine Loewe Opta. Die Geschichte der Familie und des Unternehmens ist wechselhaft und kompliziert. Sie reicht zurück bis ins Jahr 1923, in dem von Berlin aus die ersten Unterhaltungssendungen des deutschen

Hörfunks ausgestrahlt wurden. Die Familiengeschichte der jüdischen Loewes ist verbunden mit der Geschichte der ›Arisierungen‹ und des Holocaust, die Unternehmensgeschichte mit der Geschichte des Fernsehens. Beispielsweise brachte Loewe 1981 den ersten europäischen Fernseher mit Stereoton auf den Markt. Loewin Lissy spielt und spricht natürlich mono. Heute werden unter dem Label Loewe Opta Fernseher verkauft, die größer sind als die Fenster der Räume, in denen sie stehen oder an der Wand hängen. Die Produktion von Radios indessen wurde bereits 1978 eingestellt.

Als Jugendlicher habe ich viel Zeit mit Lissy im Bett verbracht, an ihrem Stationsrädchen gespielt und mein Ohr auf die Plastiklamellen über dem handtellergroßen Lautsprecher gedrückt. In der ersten Phase unserer Freundschaft hatte ich noch keine Kopfhörer. Wenn ich nach dem Schlafengehen heimlich Radio hörte, war das nur ganz leise möglich, um meine Eltern nicht auf den Plan zu rufen. Ich drückte das Gehäuse ins Kopfkissen und mein Ohr aufs Gehäuse. Ein Netzteil fehlte. Es war nicht inbegriffen im Kaufpreis von 139 Mark, die ich mit Ferienarbeit (drei Mark die Stunde) verdient hatte.

Ein paar Sommerferien und Sommerferienjobs später ersetzte ich Lissy durch das, was ich großspurig eine ›Anlage‹ nannte und was in Wahrheit ein Plattenspieler mit eingebautem Radio war. Die Verdrängung der beweglichen Lissy durch den fest stehenden Radioplattenspieler war eigentlich eine Gemeinheit, denn sie hatte mir tapfer beigestanden, als ich mit der schlimmsten Arbeit meines Lebens das Geld für diesen Radioplattenspieler verdiente.

Der Ferienjob bestand darin, in den riesigen Kühlturm eines Kraftwerks zu steigen, um die Kühllamellen zu reinigen. Diese Lamellen waren in Abständen von fünf bis zehn Zentimetern nebeneinander angeordnet und drei, vier Meter tief. Aus ihnen

bestand der letzte Abschnitt des Kühlprozesses. Das Wasser
rann an den Lamellen nach unten und sammelte sich in einem
Becken, während oben aus dem Turm in gewaltigen Wolken der
Dampf stieg. Im Lauf der Jahre hatten sich die schmalen Spalten zwischen den Lamellen mit Schlamm zugesetzt, der nun beseitigt werden sollte.

Im Inneren des Turms war es dämmrig, feucht und kühl. Es
wurden Feuerwehrschläuche verlegt, an deren Enden statt der
Spritzen speziell angefertigte Doppeldüsen befestigt waren, mit
denen das Wasser links und rechts neben den Lamellen mit hohem Druck in die Spalten gepresst wurde. Der Wasserdruck war
so stark, dass die Düsen nur mithilfe speziell angefertigter, etwa
hüfthoher Haltegriffe in den Abständen zwischen den Lamellen
entlanggeführt werden konnten. Die rauwandigen Schläuche
wurden steif und vibrierten, wenn das Wasser kam. Die Griffe
mussten mit beiden Händen gepackt werden, um dem Rückstoß des durch die Schläuche schießenden Wassers standzuhalten. Ein nachlässiger Moment genügte, damit sich ein Schlauch
samt Düsen und Griff aus den Händen wand und mit aberwitziger Gewalt durchs Innere des Turmes schnellte, an die Betonwände knallte, sich in den metallenen Wasserzerstäubern an
den Zwischendecken verhakte, sich losriss und wieder durchs
Halbdunkel schoss. ›Einfangen‹ ließ sich eine solche ›Schlange‹
nicht. Man konnte sich nur in Sicherheit bringen und warten,
bis der Vorarbeiter das Wasser abgestellt hatte.

Diese Situationen waren gefährlich, aber nicht das Schlimmste
bei der Arbeit. Das Schlimmste war, dass sonst nichts passierte.
Die Arbeitseinheiten bestanden aus jeweils zwei Mann, einem
Spüler und einem Schlauchhalter. Beide trugen Schutzhelme,
Gummijacken, Gummihosen, Gummistiefel und Gummihandschuhe. Der Spüler drückte die Düsen in die Spalten und wartete, der Mann am Schlauch hielt die vibrierende Schlange in

den Händen und wartete. Spüler und Schlauchhalter tauschten stündlich die Plätze. Die Arbeit an der Düse fiel leichter, weil sie schwerer war. Man musste kräftig und umsichtig sein und darauf achten, dass einem die Düse nicht entglitt. Man musste entscheiden, wann es so weit war, die Düse ein paar Zentimeter weiterzuschieben, und aufpassen, dass sie sich dabei nicht zwischen den Lamellen verkantete. Am Schlauch konnte man nichts tun. Man musste den Schlauch halten und warten. Ich war erst fünfzehn und für die Düse nicht kräftig genug. Ich hielt den Schlauch, zehn Stunden täglich, drei Wochen lang. Das Wasser schoss mit lautem Rauschen durch die Düsen nach unten. Es rauschte durch den Schlauch in meinen Händen, es rauschte durch die Düsen unter dem Haltegriff des Spülers. Es rauschte durch unsere Körper und spülte die Seelen leer. Der Vordermann schob die Düse ein paar Zentimeter weiter, wir warteten. Wieder ein paar Zentimeter weiter, wieder warten. Warten, warten, warten. Das Wasser rauschte. Man zählte die Zeit, zu Beginn des Arbeitstages die vollen Stunden, dann die halben, und schließlich, ab zwei Uhr Nachmittags, die Viertelstunden. Arbeitsbeginn war um sechs Uhr morgens, Feierabend um 16 Uhr.

Lissy hat mich davor bewahrt, im Turm verrückt zu werden. Ich packte sie wasserdicht in Zellophantüten, stellte die Lautstärke auf Maximum und schob sie mit den Füßen neben mir her, Zentimeter um Zentimeter. Sie war dem Wasserrauschen um mich herum kaum gewachsen, aber sie gab ihr Bestes, um mir zu helfen beim Aushalten der Stunden, in denen sich jede Sekunde zur Minute dehnte und der Tag zur Ewigkeit. Die tapfere kleine Lissy verhinderte, dass der pubertierende Kühlturmreiniger beim Verdienen seines Radioplattenspielers ›ausflippte‹, wie es im damaligen Jugenddeutsch hieß.

Eine Zeit lang koexistierte die tapfere kleine Lissy mit dem Radioplattenspieler. Aber als ich mir die erste ›richtige‹ Anlage

leisten konnte, mit Preceiver, integriertem Radio, externem Kassettendeck, Plattenspieler und zwei Boxen, wurde sie in die Küche verbannt, wo sie heute noch steht. »Das große Glück kam in
die kleine Küche«, dichtete einst Wolfgang Neuss übers Röhrenradio der 50er. Ich stelle mir vor, wie Lissy diese alte neussische
Hörfunk-Schmonzette vom Küchenschrank kräht: »Ich weiß es
noch wie heut / ich putzte gerade Möhren / da tönt es aus den
Röhren: / Hört hört nur liebe Leut / Das große Glück kam in die
kleine Küche«.

Meine Frau, die ihrerseits mit Sternradios aufgewachsen ist
(darunter seit 1959 das Sternchen, das erste Transistortaschenradio der DDR), trägt Lissy öfter von der Küche ins Wohnzimmer. Ihr ist die Anlage (natürlich nicht mehr die mit dem ›Preceiver‹) wegen der vielen Knöpfe und Regler zu umständlich.
Lissy hat lediglich einen Schalter auf dem Rücken und zwei
Rädchen an der Seite. Das Stern Elite deluxe hatte drei Regler
auf der Oberseite, von denen noch 2017 ein Dresdener Magazin
schwärmt: »Die Drehknöpfe für die Frequenzbänder sind angenehm griffig.«

Mit Lissys Rückenschalter wählt man zwischen Ultrakurzwelle, Mittelwelle und Kurzwelle, mit dem Rädchen dreht man
sie erst an und dann auf. Beim Andrehen macht es leise Klick,
dann geht es los. Das andere Rädchen bewegt ein rotes Stäbchen,
das hinter dreimal längs geteilter Scheibe zeigt, wo es langgeht:
Oben der schmale UKW-Bereich mit den Angaben in Megahertz, unten der genauso schmale für die Kurzwelle mit 49-Meter-Band, dazwischen das breitere Mittelwellenfenster mit Platz
für die Namen der Sendestationen: DLF für Deutschlandfunk,
BBC für British Broadcasting Corporation, AFN für den Sender der amerikanischen Armee und RIAS für den Rundfunk im
amerikanischen Sektor. Ach Lissy, als ich nachts mein Ohr an
deine Lamellen schmiegte, hätte ich mir nicht träumen lassen,

dass ich eines Tages für diesen RIAS*, von dem ich nicht einmal wusste, was es bedeutet, meine ersten Radiostücke schreiben würde und dass es diesen Westberliner Sektorensender irgendwann nicht mehr geben würde, genauso wenig wie den Sender Freies Berlin, dessen SFB ebenfalls ein Eckchen auf deiner Fensterscheibe hat. Aber Westberlin gibt es ja auch nicht mehr. Und das ist gut so.

---

*   Der RIAS wurde 1994 zu Deutschlandradio umfirmiert, das Deutschlandradio 2017 zu Deutschlandfunk Kultur. Der SFB fusionierte 2003 mit dem ORB (Ostdeutscher Rundfunk Brandenburg) zum RBB (Rundfunk Berlin-Brandenburg). Der US-amerikanische Militärsender AFN (American Forces Network) war eine Kriegsgeburt. Die beliebte Berliner Station des westeuropäischen Sendernetzes stellte 1994 den Betrieb ein.

3. Tonträger

Von der LP zum Streaming

Jede Epoche hat ihre spezifischen Abkürzungen. Was eine Internet-Flat mit 50 Mbit/s ist, weiß heute jedes Kind (nicht jeder Erwachsene), aber was waren UpM? Die Schwierigkeiten der Entzifferung fangen schon damit an, dass man erst einmal darauf kommen muss: Hier werden deutsche Wörter abgekürzt. Fällt einem dann eine schwarze Scheibe mit Rillen und einem Loch in der Mitte ein, liegt die Lösung auf dem Plattenteller: Umdrehungen pro Minute. Die Scheibe heißt Langspielplatte (LP), hat 30 Zentimeter Durchmesser und beherbergt auf einer Seite etwa 25 Minuten Musik. ›Beherbergen‹ ist insofern ein Ausdruck von berechtigter Heimeligkeit, als es zu knistern begann, wenn man die Nadel in die Rille setzte, ein fernes Echo des Knisterns jenes Feuers, um das die Menschen vor Urzeiten hockten. Vielleicht gilt deshalb der Schallplattenklang als ›warm‹, während die CD im Vergleich dazu als ›kalt‹ empfunden wird.

Zu meinen Lieblingsschallplatten gehörte das 1968 herausgekommene *Weiße Album* der Beatles mit den halbierten Äpfeln auf dem Etikett in der Plattenmitte. Das längste Stück hieß *Revolution Number 9* und bestand aus einer bestimmt sehr absichtlich nicht ganz neun Minuten dauernden Klangcollage. Die Beatles waren die Braven, die Bösen waren die Rolling Stones, und so sollte man bei ›Revolution‹ weniger an die deutsch ausgesprochene Revolution denken, die von ›den 68ern‹ dann doch nicht gemacht wurde, als an die englischen Umdrehungen: RpM – revolutions per minute, entsprechend unserem UpM. Es gab unendliche (und unendlich spitzfindige) Diskussionen darüber, ob

Revolution Number 9 eine geheime Botschaft enthalte, die sich offenbaren würde, wenn man das Stück rückwärts höre oder stark verlangsamt oder mit mehr Umdrehungen. Das war direkt von der Schallplatte nicht möglich. Man konnte die LP allenfalls mit der höheren Umdrehungszahl einer Single abspielen, solange die Nadel nicht aus der Rille hüpfte.

Die Wiedergabe-Medien mögen sich ändern, das Bedürfnis nach dem Geheimnisvollen bleibt. Ziemlich zu Anfang der Collage heißt es »Satan look at me«, und ein Youtube-Kommentar von 2009 erklärt: »Secret Satanic message revealed when played backward« – beim Rückwärtsspielen enthüllt sich eine geheime satanische Botschaft.

Historisch interessanter ist die Tatsache, dass die moderne LP mit ihren 33 (und ein Drittel) UpM im Jahr 1968 noch sehr jung war: zwanzig, jünger noch als die meisten 68er. »Trau keinem über 30« war eine der Grünschnabelparolen, die auf die Leute zurückfielen, lange bevor sie grau wurden. Die Schallplatte, wie wir sie kennen, geht nunmehr auf die 70 zu und erfährt einen Vertrauenszuwachs, den ihr nach der Verdrängung durch die CD kein Trendforscher zugetraut hätte. Selten gewordene Stücke erzielen Liebhaberpreise, aber auch neue Pressungen werden hergestellt. Lange nicht in den Stückzahlen wie bis zur Einführung der CD Mitte der 80er-Jahre, aber doch deutlich über den 200 000 Stück, die in Deutschland im Jahr 2003 verkauft wurden, dem schlechtesten des epochalen Niedergangs. 1978 gingen 112 Millionen LPs über den Ladentisch, zehn Jahre später nur noch die Hälfte, 1990 knapp 45 Millionen. Nach dem absoluten Tiefpunkt 2003 sollen es inzwischen wieder um die zwei Millionen sein. 2016 wurde der Jahresumsatz vom Bundesverband Musikindustrie mit 70 Millionen Euro beziffert.

Parallel zur Rehabilitierung der Vinyl-Scheibe kam es zu

einer Nischenrenaissance des Plattenspielers. Der Charme der Nostalgie befreite die Geräte von der üblichen Verachtung außer Gebrauch geratener Gebrauchsgegenstände, rehabilitierte sie als Vorführapparate der Kenner und rückte sie bei (männlichen) Musikliebhabern ins Zentrum kultischer Verrichtungen: Man holt die Platte aus dem Cover, lässt sie aus dem Papierkuvert gleiten, und bevor sie andächtig auf den Teller gelegt wird, erhebt man sie wie einen Kelch. Dabei ist sie nur eine Kunststoffscheibe mit Loch. Aber eine, die Erinnerungen auslöst: »Die erste Platte ist so unvergesslich wie der erste Kuss. Was sich von der ersten MP3-Datei nicht unbedingt sagen lässt.« So formulierte es der Journalist Frank Junghänel. Bei der lebensgeschichtlichen Konfrontation zwischen Datei und Scheibe hat die Datei naturgemäß keine Chance. Man kann sie eben nicht anfassen.

Was mich betrifft, so muss ich zugeben, dass ich meine erste Platte vergessen habe. Meine erste selbst bespielte Kassette nicht: Heintje! Ich schäme mich. Ich war doch schon fünfzehn (und nicht mehr ungeküsst). Heintje war nur zwei Jahre älter. Sein inzestuöser Brunstschrei *Mama* war 1968, ein paar Jahre vor meiner Kassettenaufnahme, die meistverkaufte Single in Deutschland. Ebenfalls sehr erfolgreich war im gleichen Jahr »Heidschi bumbeidschi bum bum«. Ein altes Volkslied, ein Kinderlied zum Einschlafen. Das war eben ›68‹: »Ho-Ho-Ho-Chi-Min« und »Heidschi bumbeidschi bum bum«*.

Meinen ersten Kuss habe ich ebenfalls vergessen. Er muss im Kindergarten ›gefallen‹ sein, wenn ich das so ausdrücken darf, aufs Bäckchen meiner Kindergartenfreundin. Junghänel meinte

---

* Um dem vom Schlager geschlagenen ›Volksgut‹ Gerechtigkeit widerfahren zu lassen, sei vermerkt, dass in diesem Wiegenlied ein von seiner Mutter verlassenes Kind in den Schlaf gesungen wird. Der »Heidschi bumbeidschi« stellt sich als der Tod heraus.

vielleicht mit »Kuss« etwas anderes. Aber auch da würde ich
eine Wette wagen: Weiß wirklich jede und jeder, welche Musik
bei diesem ›anderen‹ zum ersten Mal spielte?

Die Erinnerung geht an Krücken, und die Krücken sind aus
Dingen gemacht. In der Mnemotechnik der antiken Gedächt-
niskunst war die Erinnerung eine Art Palast, in dem man an
bestimmten Plätzen seine Erlebnisse niederlegte, um sie bei
Bedarf wiederfinden zu können. Allerdings musste man schon
jemand sein, um überhaupt Erlebnisse haben zu können. Aus
der Perspektive der Herren mit Landsitz und Stimmrecht
in der Polis galt das weder für Frauen noch für Bauern. Und
schon gar nicht für Sklaven. Der römische Vielschreiber Varro
unterschied in seinen drei Büchern über die Landwirtschaft
stumme Werkzeuge (Gegenstände und Instrumente), Werkzeuge mit Stimme (Arbeits- und Lasttiere) und Werkzeuge mit
Sprache: die Sklaven. Diese Leutesachen kamen auf die Welt,
arbeiteten und starben. Was sollte da groß der Erinnerung
wert sein?

Inzwischen haben sich die Demokratien demokratisiert –
und die Dinge mit ihnen. Außerdem haben die Dinge angefangen zu reden. Und hören nicht mehr damit auf. Viele Menschen
wissen heute vor lauter Erleben nicht mehr, wo sie die ganzen
Erinnerungen hintun sollen. Nicht einmal Paläste bieten dafür
ausreichend Platz, wohl aber Dateien auf Festplatten, Chips und
Sticks und auf den Schaubühnen der Selbstdarstellung in den
neuen sozialen Medien. Sie sind die gegenwärtigen Paläste der
Erinnerung.

Die Körper selbst haben ebenfalls Gedächtnis. Die Hände
merken sich, wie man eine Platte vom Teller nimmt, umdreht
und wieder über den Nippel in der Mitte drückt; oder wie man
den Tonarm in die erste Rille setzt beziehungsweise mit einem
Hebelchen sanft heruntersinken lässt. Dann knistert es herzer-

wärmend, und Farinelli fängt an zu singen, zum Beispiel. Aber nur der Filmfarinelli. Der historische ist schon zu lange tot.*

Einen der letzten Kastraten der europäischen Musikgeschichte, Alessandro Moreschi, kann man tatsächlich singen hören. Man braucht dafür nicht einmal einen Plattenspieler, nur Youtube. Der Plattenspieler würde gar nichts helfen, nicht, wenn er jünger ist als Baujahr 1980. Bis dahin konnten die meisten Geräte noch auf die Drehzahl umgestellt werden, die man für Schellackplatten brauchte, und die dafür notwendigen Nadeln ließen sich ebenfalls noch einsetzen. Die Schellack-Aufnahme von Moreschi erfolgte im Jahr 1904 und wurde erstellt von der britischen Gramophone Company, einem Unternehmen des Grammophonerfinders Emil Berliner. Die berühmte Deutsche Grammophon war ein 1898 in Berliners Geburtsstadt Hannover gegründetes Tochterunternehmen der britischen Firma. In diesem Jahr wurden etwas über 700 000 Schellackplatten abgesetzt. Sie waren nur einseitig berillt und blieben trotz ihres Durchmessers von 30 Zentimetern unter vier Minuten Spieldauer. Die erste doppelseitige Platte wurde 1904 präsentiert, im selben Jahr, in dem Moreschi die Scheibe besang. Seine Stimme klingt schrill und schrecklich aus den Lautsprechern meines Notebooks, fast so, als würde Moreschi gerade kastriert.

Die industrielle Vervielfältigung von Musik auf dem recht sprunghaften Schellack lief in der Bundesrepublik 1958 aus. Wie gesagt kann heute ein ›normales‹ Gerät diese Platten nicht mehr abspielen. Youtube schon, Youtube kann alles. Nur nass nicht.

Das Nassabspielen gehörte zu jenen Glaubens- und Grundsatzfragen, über die sich Musikliebhaber und Technikfreaks

---

* Man mag einwenden, dass dieses Beispiel insofern schlecht gewählt ist, als der Farinelli-Film in CD-Zeiten erschien, der Soundtrack mithin nicht als Platte, sondern eben als CD. Nebenbei gesagt: Der historische Farinelli des 18. Jahrhunderts durchlebte als Kastrat keinen Stimmbruch, mit dem der arme Heintje seine ›reine‹ Kinderstimme und mit ihr den Erfolg verlor.

stundenlang ereifern können. In einem Hi-Fi-Forum im Internet fragte im September 2003, der Verkauf von Schallplatten
war gerade auf dem niedrigsten Stand angekommen, ein verun-
sicherter Vinyl-Frischling: »Dieses Thema wurde wahrscheinlich schon so viel mal durchgekaut, aber da ich Anfänger auf
dem Schallplattensektor bin, würde mich interessieren: Was ist
besser??? Die Platten nass oder trocken abzuspielen. Was meint
ihr? Ich hab gehört, wenn man die Platte einmal nass abgespielt
hat, muss man sie immer nass abspielen, stimmt das?« Natürlich stimmt das. Es stimmte in den 70ern, als die Nassmethode
modisch wurde, und es stimmt immer noch. So wurde dem
Mann mit den vielen Fragezeichen von einem anderen Nutzer
»aus physikalischer Sicht« denn auch beschieden, »das Nassabspielen ist nach wie vor nur zu empfehlen. Reibungsverringerung und Kühlung sind zwei Vorteile des Nassabspielens, insbe-
sondere bei Drehtonarmen wird die Skatingproblematik durch
Reibungsverringerung als Nebeneffekt ebenfalls reduziert.«
Drehtonarm, Skatingproblematik, Reibungsverringerung, Nebeneffekt – und alles in einem Satz. Auch analog kann imponie-
rend technisch sein.

In einem weiteren Forum erklärte ein Nutzer im März 2011:
Vinyl »hat die physikalische Eigenschaft, sich statisch aufladen
zu können und dann Staubpartikel aus der Luft oder von der
durchsichtigen PVC-Plastikhülle* im Platten-Umschlag ›ma-
gisch‹ anzusaugen. Auch Fettfinger tragen dazu bei, daß sich
Staub in nicht mehr zu vernachlässigenden Mengen ansammelt
und so in die Rille gelangt.« Eben dagegen hilft das Nassabspielen mit einer speziellen Flüssigkeit, die aus einem Bürstchen,
das vor der Abtastnadel über die Rillen gleitet, auf die Platte
läuft. Da diese Flüssigkeit wiederum Rückstände bildet, emp-

* Die waren eher die Ausnahme. Die meisten inneren Schutzhüllen bestanden
aus Papier.

fiehlt es sich, die Platte gelegentlich einer Grundreinigung zu unterziehen. Das ist freilich gar nicht so einfach. Man kann sie ja schlecht unter den Wasserhahn halten. Und spülmaschinenfest sind Platten auch nicht.

In meiner eigenen, wenig geglückten Nassspielphase habe ich zum Reinigen eine spezielle Flüssigkeit aus einer Schwammtube benutzt. Man verteilte sie vorsichtig kreisend auf der Platte und wartete, bis sie getrocknet war. Im Idealfall bildete die getrocknete Flüssigkeit eine geschlossene Foliendecke, die sich rückstandslos abziehen ließ und dabei den Schmutz in den Rillen mit sich nahm. Im Realfall riss die Folie stets irgendwo ein und ließ Rückstände zurück, die sich nur durch Wasser auflösen ließen, was wiederum ein elendes Gefummel mit nassen Pinseln nach sich zog. Oder man hielt die Platte in analoger Verzweiflung eben doch unter den Hahn.

Heutige Nassspieler haben diese Probleme nicht. Die erledigen das mit Holzleim. Wie das funktioniert, kann ich nicht erklären, obwohl ich auf Youtube gesehen habe, wie es geht. Es kursieren etliche Heimwerkervideos von Hi-Fi-Fans, die vorführen, wie man mit Holzleim eine Platte säubert. Allerdings scheint bei diesem Verfahren die elektrostatische Aufladung der Platte während des Ablösens des getrockneten Leimfilms besonders stark zu sein. Wenn man den Teufel mit dem Beelzebub austreibt, zeigt sich stets ein Bocksfuß.

Im laufenden Betrieb lässt sich gegen die Aufladung immerhin etwas tun. Unter der braunen Plastikhaube meines antiken Dual-Plattenspielers (die Renaissance-Menschen der Schallplatte hingegen verachten Plastikhauben) habe ich auf dem Plattenteller einen »HiFi Microreiniger« wiedergefunden. Die zahllosen Härchen haben ihre Elastizität eingebüßt und würden, noch so vorsichtig auf eine kreisende Platte gesetzt, wohl eher alles schlimmer machen. Mir ist jedoch aufgefallen, dass man das Ding vielleicht zum Entstauben des Notebook-Displays verwenden könnte. Bei Lichteinfall von der Seite erschrecke ich immer darüber, was für eine schmutzige Angelegenheit das Schreiben eigentlich ist.

Nasspielbrühe, Holzleim, Antistatikbürstchen – das Abspielen einer Schallplatte ist eine komplizierte Kulturtechnik, so kompliziert, dass das Abgespielte hinter das Abspielen zurück- und die Technik vor die Kultur tritt. Welch einfache Sache war dagegen die Tonkassette. So einfach, dass sie sich bei der ersten Mondfahrt an Bord der Apollo befand. Ich stelle mir vor, wie Neil Armstrong vor lauter Heimweh *Mama* von Heintje hört, während am Bullauge der Apollo langsam Mutter Erde vorüberzieht.

Als ich meinen ersten Rekorder in Betrieb nahm und Heintje hörte, wurden in der Bundesrepublik etwa vier Millionen bespielte Tapes und noch einmal doppelt so viele Leerkassetten verkauft. Mitte der 8oer lagen Schätzungen zufolge 400 Millionen selbst bespielte Kassetten in den westdeutschen Haushalten herum. Kein Wunder, schleppten die Leute die Leerkassetten doch zehnerpackweise aus den Läden.

Gegenstände, die herumliegen, wenn sie nicht gebraucht werden, bringen andere Gegenstände hervor, deren Gebrauch darin besteht, die Dinge aufzubewahren, die gerade nicht gebraucht werden. Folgerichtig kamen kunstvoll ineinander verschachtelte, drehbare Kuben aus Plastik auf den Markt, in deren Schächte man die Kassetten (mit Gehäuse) schieben konnte. Ähnliches wiederholte sich später bei den CDs. Es wurden stelenartige Designgebilde aus edlem Holz oder gebürstetem Stahl angeboten, deren Schächte um eine imaginäre innere Achse in die Höhe wuchsen wie Wendeltreppen.

Die Zahl der vorbespielten Kassetten stieg ebenfalls: von 43,5 Millionen zu Beginn der 8oer auf fast 75 Millionen an deren

Ende. Der Höhepunkt wurde 1991 erreicht, mit gut 78 Millionen. Auf jeden wiedervereinigten Deutschen kam eine industriell bespielte Kassette. Hörten wir alle Benjamin Blümchen oder Bibi Blocksberg? Dann müssten wir auch alle wissen, wie Bibis Hexenbesen heißt.*

Vermutlich hatten Bibis und Benjamins Erfolge viel mit dem Auto zu tun. Die größte Hexerei der kleinen Hexe bestand (und besteht) nämlich darin, Kinder auf den Rücksitzen ruhigzustellen, für gestresste Eltern auf langen Autofahrten überlebenswichtig. Die uralte Sinnfrage »Sind wir bald daaa?« bleibt für die Dauer einer Episode ungestellt.

Bei der Markteinführung der Kassette zusammen mit dem Kassettenrekorder durch Philips auf der Berliner Funkausstellung von 1963 war der unerhörte Erfolg hörbespielter Kassetten nicht absehbar. Die in einer Plastikschale auf Spulen gerollten Magnetbänder mit 30 Minuten Laufzeit auf jeder Seite sollten akustische Notizen speichern, gesprochene Worte wie beim Diktiergerät, aber auch Töne und Geräusche, denen die Liebhaber der akustischen Jägerei bis dahin mit schweren, unhandlichen Tonbandgeräten auflauerten. Den Vogelstimmensammlern, unter ihnen der französische Komponist Olivier Messiaen, kam die handliche Kassette ebenfalls entgegen. Später keimte in der Graswurzelphase der Gegenöffentlichkeit sogar die Hoffnung, die Tonkassette könne dabei helfen, wenig beachteten Stimmen Gehör zu verschaffen. Die *Network Medien-Cooperative* suchte dafür ein Forum zu schaffen. In der Nullnummer ihres *Medien-*

---

* Kartoffelbrei. So heißt er nun mal, der Besen. Die journalistische Kollegin übrigens, die sowohl in Blümchen- als auch in Blocksberg-Episoden vorkommt, heißt Karla Kolumna. Sie grüßt mit »Hallöchen«, findet alles »sensationell« und ist insofern eine präfaktische Vertreterin des Postfaktischen, als sie mit der Wahrheit recht alternativ umgeht, wenn das ihren Schlagzeilen Nachdruck verleiht. Aber wenn sie ihr Bestes gibt, meint sie es immer nur gut (und das sind die Schlimmsten, möchte man hinzufügen).

Magazins hieß es 1980: »Ton-Cassetten sind ein einfaches, relativ billiges, leicht handhabbares und weltweit standardisiertes Medium. Durch diese Eigenschaften enthält es die Potenz zur demokratischen Nutzung.« Etwa durch »Selbstdarstellungen, Betroffenenberichte, atmosphärische und lebensnahe Dokumentationen«. Daraus ist nicht viel geworden, die ›Betroffenenberichte‹ kämpften sich nicht mithilfe der Kassetten zum Publikum durch, sondern durch sogenannte offene Kanäle und vor allem durch jene alternative Medien, zu denen die – inzwischen längst etablierte – *taz* genauso gehörte wie – inzwischen längst vergessen – *Die Neue**.

Die Tonjägerei indessen findet heute, wie kann es anders sein, im Internet statt. Es gibt zum Beispiel einen »Weltklang Navigator«**, bei dem man auf einer Weltkarte Orte anklicken kann, von denen akustische Dokumente vorliegen: Regen auf einem Blechdach in Kamerun zum Beispiel, einen Akkordeonspieler an der East Side Gallery in Berlin, die mehrsprachige Ansage der Einfahrt eines Zuges nach Mailand in den Bahnhof von Bern, ein Glockenspiel in Zürich, Stimmengewirr in einer Wiener Starbucksfiliale (nicht aus einem klassischen Kaffeehaus) oder Hufgetrappel von einem (immer noch klassischen) Fiakergespann. Und aus meiner unterfränkischen Herkunftsregion kann ich Mundart (Volkssprachkunst) vom Aschaffenburger Wochenmarkt hören.

Die Kassette kam zu ihrer Verbreitung nicht wegen der von ihr ausgelösten basisdemokratischen Illusionen, sondern als industriell hergestellte und geschäftsmäßig vertriebene Mas-

---

*   Die erste *taz* erschien am 27. September 1978 (mit dem Datum 22. September). Die erste tägliche Ausgabe erschien am 16. April des Folgejahres. *Die Neue* brachte einzelne kostenlose Nullnummern 1978 und die ›offizielle‹ erste Ausgabe am 3. Februar 1979. Seit Anfang 1982 kam sie als Wochenzeitung heraus und wurde Ende Oktober desselben Jahres ganz eingestellt.
** audiyou.de/weltklang-navigator.html

senware. Als MC, als Musikkassette, hatte sie bis Ende der 60er-Jahre mit immerhin rund tausend Titeln einen umsatzrelevanten Platz im Unterhaltungsgeschäft erobert. Zu hören waren anfangs Rumtata, Schlager und Popmusik, eben alles, was ohne Unterbrechung Krach macht. Der Rauschfaktor war einfach zu groß, um klassische Musik in leisen und langsamen Passagen erträglich wiedergeben zu können. Außerdem waren die 60er noch Mono-Zeit, obwohl die erste Stereoplatte schon 1957 erschienen war (in den USA, mit Eisenbahngeräuschen auf der einen und Jazz-Musik auf der anderen Seite) und die ersten Stereoanlagen (auch in Deutschland) seit Anfang der 60er verkauft wurden.

Die ersten Stereokassetten wurden 1970 von Agfa und Memorex auf den Markt gebracht. Ein Jahr später präsentierte der Chemie-Riese BASF ein komplettes Sortiment, wieder einmal auf der Internationalen Funkausstellung in Berlin. Das Zauberwort war »Chromdioxid«. Die Chromdioxidkassette bot stereo und kam auch den anderen Hi-Fi-Standards hörbar näher. Geruchlich blieben die Unterschiede bestehen, jedenfalls für Christoph Schwennicke, denn der Journalist war nach eigenem Bekunden »in der Lage, Chromdioxidbänder von TDK, Maxell und BASF am Geruch der Plastikchassis zu unterscheiden, an guten Tagen sogar die BASF Chromdioxid II von der BASF Chromdioxid Super II.« Ob er wohl auch einen Riecher für die in der DDR produzierten ORWO-Kassetten hatte?

Zusammen mit den von Ray Dolby entwickelten Rauschunterdrückungssystemen (Dolby B seit 1968) erreichten die Chromdioxidkassetten eine Klangqualität, die auch klassische Musik vom Schachtelband erträglich machte. Die »erste Dolby Einheit war in einem Nakamichi-Cassettendeck zu finden«, renommierte die japanische Firma in der Zeitschrift *Trans Atlantik* und brüstete sich: »Die Spitze an Hi-Fi-Perfektion ist in der

audiophilen Welt heute mit dem Namen Nakamichi auf eine
kurze Formel zu bringen.« Das war im November 1980, in der
zweiten Nummer der von Hans Magnus Enzensberger gegründeten Zeitschrift zu lesen, und zwar in einer Annonce innerhalb
der Rubrik »Journal des Luxus und der Moden«. Dieser Rubri-
kentitel war geborgt vom Titel einer Zeitschrift des umtriebigen
Weimarer Geschäftsmanns Friedrich Justin Bertuch, die Ende
des 18./Anfang des 19. Jahrhunderts insgesamt vier Jahrzehnte
lang erschien. Enzensberger hielt es bei und mit der *Trans Atlantik* nur zwei Jahre aus.

Das Nakamichi-Deck hätte Bertuch gefallen, der an allem
Neuen Gefallen fand, besonders wenn es ›geschmackvoll‹ war
und sich gut verkaufen ließ. Die Nakamichi-Annonce in der
Trans Atlantik passte insofern gut zu »Luxus« und »Moden«,
als diese Firma ein Kult-Kassettendeck mit Namen Dragon in
seiner Produktpalette hatte, das sagenhafte viereinhalb Tausend Mark kostete. Besonders beeindruckend – damals, heute
wirkt es eher albern – ist das Umdrehen der Kassetten, nicht
etwas des Bandes wie bei der gewöhnlichen Auto-Reverse
Funktion. Die ganze Kassette wird auf einer Art Schlitten aus
dem Schacht geschoben, umgedreht und wieder eingesetzt.
Wer es genauer wissen will, kann es sich – schon wieder – auf
Youtube ansehen.

Bei gewöhnlichen Kassettendecks und -rekordern schab-
ten die Plastikspulen beim Drehen weiter vor sich hin, und die
Schrecknisse des Bandsalats wurden nie überwunden. Besonders die C 120 mit zweimal einer Stunde Spieldauer erwies sich
als anfällig. Ich habe, wie vermutlich die meisten in jenen Jahren, die C 90 bevorzugt, etwas robuster als die C 120 und in ihrer
Spieldauer nicht ganz so knapp bemessen wie die Doppelhalb-
stunden der C 60. Außerdem riefen die zweimal 45 Minuten – jedenfalls bei Jungs – vertraute Halbzeitgefühle hervor.

Vor dem Aufnehmen drehte man mit dem Zeigefinger oder einem Stift die Spule, bis das transparente, nicht bespielbare Anfangsstück des Bandes aufgewickelt war und das braune Magnetband sichtbar wurde. Am Ende musste man aufpassen: Die Kassette lag im Schacht, es war nicht zu erkennen, wann das Aufzeichnungsband in das Transparentband überging, bevor der Rekorder ganz am Schluss des Bandes das Laufwerk stoppte. Man tat gut daran, ein Stück Band unbespielt zu lassen, obwohl das den Nachteil hatte, dass man nach dem Umdrehen erst wieder zurückspulen musste, um zum Bandanfang zu gelangen.

Wollte man ein selbst bespieltes Band vor versehentlichem Überspielen schützen, brauchte man nur die beiden Lamellen auf der hinteren Schmalseite auszubrechen. Der Mensch, noch dazu der junge, ist ein wankelmütiges Geschöpf – Gott sei Dank. Sonst müsste ich heute noch Heintje hören. Die verschiedenen aufeinanderfolgenden Geschmacksphasen sind Teil der musikalischen Selbsterziehung, sogar dann, wenn sie nicht zur Weiter- und Höherentwicklung führt. Fiel die Musik auf einer Kassette in Ungnade, obwohl man ihr vor Kurzem noch Ewigkeitswert zugemessen und die Lamellen ausgebrochen hatte, musste man sich behelfen, um die Kassette wieder bespielbar zu machen. Vorsichtig überklebte man die leeren Schächte auf der Hinterseite mit Tesafilm, und siehe da, die gerade erst unlöschbar gemachte Musik ließ sich problemlos mit neuer überspielen.

Solche analogen Umständlichkeiten sind digital sozialisierten jungen Leuten kaum zu erklären. Wenn man in der Prägezeit seines Lebens nie mit Kassetten hantiert hat, kann man den Nimbus dieser Dinger schwer begreifen, selbst wenn man den eigenen Zeigefinger ins Rädchen steckt und zu drehen anfängt. Und wer nie ein Mixtape zusammengestellt hat, der hat auch nie geliebt.

Das ist übertrieben, ich weiß, aber die von verknallten Teen-

agern kompilierten Kassetten gehören eben zum Erinnerungs-
repertoire von fast allen, die in den 70ern und 80ern puber-
tierten. Noch heute schwärmen die zu Großeltern gewordenen
jungen Leute von vorgestern auf Partys von ihren Mixtapes. Ko-
mischerweise habe ich nie jemanden getroffen, der noch eines
davon besitzt. Haben alle nur welche hergestellt und verschenkt,
und niemand hörte sie an und hob sie auf? Man male sich die
Erschütterungen einer fünfzehnjährigen Seele aus, wenn bei
einem Verehrungsbesuch zufällig die kleinen Tesa-Streifen über
den Schächten des Mixtapes entdeckt wurden, die vom Verlieb-
ten vorm Verschenken ausgebrochen worden waren.

Mixtapes blieben Kult, und die Erinnerung daran erfüllt
einen mit wärmender Wehmut. Früher war wirklich nicht alles schlechter. Nur die Musikindustrie fand das Selbstkopie-
ren nicht gut. Weder das Zusammenrauben von Mixtapes noch
überhaupt das Kopieren auf Kassetten. 1980 startete ein britischer Verband die Kampagne »Home Taping Is Killing Music«.
Trotz Totenkopf und gekreuzten Knochen auf dem Anti-Pira-
ten-Logo wurde weiter kopiert und kopiert und kopiert. Und
die Musikindustrie lebte und lebte und war nicht totzukriegen.
Zwanzig Jahre später begann die deutsche Phonoindustrie mit
ihrer Kampagne »Copy kills Music«. Die Kassette war inzwischen als musikalischer Geschäftsträger tot und erledigt und
durch selbst gebrannte CDs und heruntergeladene Dateien ersetzt. 1999 begann der Hype der Internet-Tauschbörse Napster.
Ein zentraler Server ermöglichte das Hoch- und Herunterladen,
de facto also das Kopieren von MP3-Musikdateien. Auf juristi-
schen Druck der Musikindustrie wurde der Napster-Server zwei
Jahre später vom Netz genommen. Der heute unter dem Logo
Napster betriebene Streaming-Dienst hat mit den kostenlosen
Downloads der Tauschbörse nichts mehr zu tun. In jüngster Vergangenheit wurden Leute, die illegal für den Hausgebrauch he-

runterladen, dermaßen gewerbsmäßig abgemahnt, dass der Gesetzgeber einschreiten musste.

Unterdessen drohten die analogen Beweisstücke der eigenen Erlebnisse dem ›Zahn der Zeit‹ zum Opfer zu fallen, um die Selbstauflösung altertümlicher Magnetbänder mit einer noch altertümlicheren Metapher zu beschreiben. Dabei ist es problemlos möglich, die eigene Vergangenheit für die Zukunft fit zu machen: »Weltempfänger mit Aufnahmefunktion kopieren die Musik von Kassetten auf den USB-Stick«, wirbt eine Anzeige für ein Kassettenradio in »nostalgischer Holzoptik«. Es gibt sogar »USB-Musikcenter« mit Doppel-Kassettendecks, mit denen man nicht nur Kassetten digitalisieren, sondern auch Kassetten auf Kassetten kopieren kann. Ein Kassetten-Digitalisierer in Walkman-Outfit erlaubt »die Übertragung von Musik- und Hörspiel-Kassetten als MP3 auf den PC«.

Die Analogkassette hatte einen direkten digitalen Nachfolger, das »Digital Audio Tape«. Die DAT-Kassette konnte sich allerdings nie recht durchsetzen, obwohl Radioprofis ihre O-Töne eine Zeit lang mit ihr einsammelten. Doch wurde sie selbst in der Profi-Anwendung rasch wieder verdrängt, und zwar von der 1992 eingeführten Mini Disc, die selbst wiederum seit Ende der 90er der bespielbaren CD und schließlich der Speicherung im MP3-Format weichen musste.

Die eigentliche Erbin der LP als Gegenstand war die bespielte CD. Man konnte sie anfassen, sammeln, ordnen oder herumliegen lassen. Sie musste vor Kratzern geschützt werden und hatte sogar ein Loch in der Mitte. Trotz ihrer digitalen Wesenszüge ist sie im äußeren Erscheinungsbild analog geblieben. Allerdings ist sie doch von kleinem Format, im wortwörtlichen wie im übertragenen Sinn. Ästhetisch ist eine CD-Box kaum mit einem Plattenalbum vergleichbar. Mag das Booklet noch so dick sein, die Buchstaben sind winzig, die Bilderchen unansehnlich, und weil alles dreimal drinsteht (Englisch, Französisch, Deutsch), steht auch dreimal weniger drin, als es von außen wirkt. Die Gestaltung des CD-Covers hinter dem Plastikfenster ist selten der Rede wert, im Unterschied zum Plattencover, das mitunter so kultig werden konnte wie die Platte selbst. Wenn ein Käfer über einen Zebrastreifen fährt, ist das keine große Sache, wenn vier Käfer über einen Zebrastreifen laufen, schon. Das Foto davon kann zur Ikone werden wie jenes auf dem Cover der Beatlesplatte *Abbey Road* von 1969. Beim *Weißen Album* aus dem Jahr zuvor war nicht einmal ein Foto nötig, um es zum Kultgegenstand zu machen.

Die CD ist nun einmal kein Sockelobjekt. In großer Zahl im Regal mag sie imponieren, aufs Podest gestellt wirkt sie mickrig. Ihrer Beliebtheit bei Sammlern und Aufnahmevergleichern hat das nicht geschadet, zumal die Plastikbox deutlich weniger Platz beansprucht als das Plattenalbum mit seinen gut 30 mal 30 Zentimetern.

Entwickelt wurde die Compact Disc Ende der 70er parallel, aber schon bald in wechselseitiger Übereinkunft von Sony und Philips. Lou Ottens, der erfahrene Kassettenentwickler, gehörte zum Philips-Team. Die öffentliche Präsentation erfolgte 1981 auf der Funkausstellung in Berlin, eine weitere auf der hifivideo 82 in Düsseldorf. Die *Tagesschau* sprach in ihrem Bericht darüber von einer »bierdeckelgroßen blitzenden Schallplatte« und gab den Preis mit 40 DM an. Das »Abspielgerät« koste 2000 DM.

Zu den ersten CD-Alben, die ebenfalls 1982 herauskamen, zählte eines der schwedischen Popgruppe ABBA, die übrigens im selben Jahr mit der Selbstauflösung ihr Waterloo erlebte.*

---

* Acht Jahre zuvor hatten die vier mit dem Song *Waterloo* den internationalen Durchbruch. Meine (sprachlichen) Lieblingstitel: *I do, I do, I do, I do, I do* (1975) *Chiquitita* (1979), *Super Trouper* (1980), *Gimme! Gimme! Gimme!* (1986).

ABBA, das waren Agnetha und Björn und Benny und Anni-Frid, das waren oben enge, unten ausgestellte Schlaghosen bei den Herrn und weithin sichtbare Unterhosen über kniehohen Stiefeln bei den Damen, das war hinreißender musikalischer Kitsch mit dermaßen penetranter Ohrwurmqualität, dass man die Melodien nie wieder loswurde, hatte man sie nur ein einziges Mal gehört.

Mit der CD wurde der Track zur elementaren Hörnutzereinheit. Der unmittelbare Zugriff auf die einzelnen Songs oder Arien oder Konzertsätze überwand die zählwerkgestützten Suchläufe durchs Kassettenband und ermöglichte das rasche Durchhören einer Neupublikation ohne die elende Vor- und Rückspulerei bei der Kassette beziehungsweise ohne das Herumhebeln mit dem Tonarm beim Plattenspieler.

Außerdem ließ sich eine Zufallswiedergabe einstellen. Man war nicht mehr an die vorgegebene Abfolge der Tracks gebunden und musste sich dennoch nicht mit Eigenentscheidungen über die Spielreihe quälen. Alles blieb dem Zufall überlassen. Aber nur, wenn der Zufall mitspielte. Was programmiertechnisch gar nicht so einfach ist. Im Juni 2009 erkundigte sich auf hifi-forum.de ein ratloser Nutzer:»Hallo allerseits, kleine Bitte: ich teste gerade die Random-Funktion meines Onkyo DX-7355, die mir nicht allzu zufällig vorkommt. Schaltet man den Onkyo frisch ein, spielt der Random-Modus bei einer CD mit 10 Titeln immer zuerst den vierten Titel ab. Wäre nett, wenn das mal jemand mit dem selben Player überprüfen könnte. Klar ist mir generell, dass echter Zufall keine einfache Sache ist, nur das erscheint mir arg erschütternd.« Ein anderes Forummitglied erbarmte sich und erklärte: Das»ist keine Seltenheit. Bei vielen MP3-Playern ist es genauso. Es scheint nicht so trivial zu sein, korrekt funktionierende Zufallsgeneratoren zu programmieren.« Ein weiterer Nutzer schrieb:»mp3-player, handy, windows

media player, winamp – die können das alle nicht wirklich. es
gab lieder, die liefen alle 2 tage, während andere nie abgespielt
wurden. auf dauer eher nervig, kann man auch gleich selbst aussuchen, was man hören will.« Selbst aussuchen? Wie anstren-
gend.

Die flutartige – manche sagten sintflutartige – Verbreitung der
CD war eines dieser Konsumwunder – manche sagten Konsum-
katastrophen –, denen man schlechterdings nicht widerstehen
kann. Man mag sie als Mainstreamware verachten, man kommt
doch nicht aus dem großen Strom heraus. Oder kennt jemand
jemanden, der nie eine CD in der Hand und im Haus hatte?

Die Erfolgsgeschichte der Silberscheibe hängt insofern mit
meiner Heimatgeschichte zusammen, als in Kahl am Main,
ganz in der Nähe der schrecklichen Kühltürme, in denen Lissy
mich vor dem Verrücktwerden bewahrte*, die Firma Singulus
ihren Sitz hat. Das Maschinenbau-Unternehmen entwickelte
und fertigte Anlagen zur Herstellung von CDs und DVDs. Der
Aktienkurs lag im Februar 2013 bei 293 Euro. Im März 2017
schwankte er um die sieben Euro. Zehn Jahre zuvor hatte der
Kurs zeitweise bei über 1500 Euro gelegen. Wehe dem, der zur
Altersvorsorge seine Ersparnisse in Maschinen zur Herstellung
von Maschinen zur Herstellung von Ton- und Bildträgern in-
vestierte. Hätte er bloß stattdessen Aktien von Apple oder Facebook gekauft. Der Kurs der Apple-Aktie pendelte im März 2017
um die 141 Dollar (ca. 130 Euro). 2007 waren sie für 20 Dollar zu
haben. Facebook ging am 18. Mai 2012 an die Börse. Der Ausga-
bekurs lag bei 38 Dollar. Drei Wochen später hatte die Aktie ein
Drittel an Wert verloren, aber im Sommer 2017 kostete sie mehr
als dreimal so viel.

Das Jahr 2007 ist ein bedeutendes Jahr in der Geschichte

---

* Siehe die »Liebeserklärung an Lissy« im vorhergehenden Kapitel.

meiner unmittelbaren Heimatregion und in der Geschichte der
Dinge. In diesem Jahr wurde der 53 Meter hohe Kamin des Ver-
suchsatomkraftwerks Kahl abgebrochen. Kamine und Kraft-
werke und Atome gehören zwar nicht in das Sortiment, um das
es mir hier zu tun ist, gleichwohl will ich die Abschweifung nicht
unterdrücken. Das Versuchsatomkraftwerk Kahl stand in Wahrheit in Großwelzheim, das heute zusammen mit Dettingen zur
Gemeinde Karlstein gehört. In Dettingen ›spielt‹ übrigens Hän-
dels *Dettinger Te Deum,* aber das ist nun wirklich eine andere
Geschichte.

Das Kraftwerk mit dem ersten kommerziell betriebenen Re-
aktor der Bundesrepublik wurde statt nach Großwelzheim nach
Kahl benannt, weil Großwelzheim zu lang klingt und gleichzeitig zu klein und abgelegen. Es war tatsächlich so klein und
abgelegen, dass es nicht einmal einen Bahnhof hatte – Kahl aber
schon.

Ich war erst ein paar Monate auf der Welt, als mit dem Bau des
AKW begonnen wurde*. Sorgen machten sich die Leute damals
nicht. Meine Eltern bauten gerade ihr Haus, mochten die in der
nächsten Ortschaft ihr Kraftwerk bauen. Das eine wie das andere gehörte zum Wirtschaftswunder, so wie der Bau von Fabriken, Autos, Autofabriken und Autobahnen. In den 70ern begannen die Motoren zu stottern, um in der Metapher zu bleiben.
1973 kam es zur ersten Ölkrise mit den Sonntagsfahrverboten im
November. Ein Jahr später veröffentlichte Kraftwerk aus Düsseldorf das Album *Autobahn,* gefolgt von dem Album *Radio-Akti-
vität,* das zur Unterstreichung der Doppeldeutigkeit mit einem
nahezu photorealistisch gemalten Volksempfänger und dem
gelben Strahlenzeichen geschmückt war. In der Schule gingen

---

* Im Oktober 1957 ging in Garching bei München der erste bundesdeutsche
Forschungsreaktor in Betrieb, im Dezember folgte in Rossendorf bei Dresden
der erste Atomreaktor der DDR.

wir unseren Lehrern, die wie unsere Eltern Häuser bauten und
andere nicht am Bau von Kraftwerken, Fabriken, Autos, Autofabriken und Autobahnen hindern wollten, mit Referaten über
›Konsumterror‹ auf die Nerven. Diese Referate, das meine eingeschlossen, waren schrecklich altklug, aber heute wieder gelesen
vorausschauender, als selbst wir jungen Leute von damals es für
möglich gehalten hätten.

Die Stilllegung des Kraftwerks in Kahl wurde 1985 beschlos-
sen, im Jahr vor der Katastrophe in Tschernobyl am 26. April 1986. Der Beschluss hatte nichts mit ›Energiewende‹ zu tun,
für die musste gewartet werden bis zur Katastrophe von Fukushima ziemlich genau 25 Jahre später (11. März 2011). Wie der
Betrieb des Kraftwerks Kahl war auch die Stilllegung ein Versuch, wiederum ein Erstversuch. Bau und Betrieb des ersten Re-
aktors sollten gekrönt werden, falls man das so sagen möchte,
durch den ersten vollständigen Rückbau eines Atomkraftwerks
in Deutschland. 2005 wurde die wahrzeichenhafte gelbe Kup-
pel eingerissen (gelb wie die Warnschilder vor Strahlenschäden
und gelb wie die Atom-Kraft-Nein-Danke-Aufkleber), 2007 der
Kamin abgetragen und bis 2010 der Rest. Mithin war das Kraftwerk nicht wesentlich länger in Betrieb, als sein Rückbau gedau-
ert hat. Bei den radioaktiven Abfällen ist das Verhältnis noch
schlechter: eine Generation Betrieb, 30 000 Generationen Endlagerung.

Ob es nach dem Ende der Endlagerung Apple immer noch geben wird? Bestimmt. Und die Aktien werden noch hundertmil-
lionenmal wertvoller sein. Und von den 20 oder 200 Milliarden
Menschen auf der Erde werden 90 oder 199 Milliarden einen
implantierten Sendeempfänger im – nein, nicht im Kopf, das ist
zu naheliegend – unter der Achsel tragen. Und die Nostalgiker
der Zukunft 20.0 werden sich von den guten alten Zeiten, darunter die unsrige, die witzigsten und aberwitzigsten Vorstel-

lungen machen und dabei vieles durcheinanderbringen. Vielleicht setzen sie die ausgegrabenen Tonarme auf ausgegrabene CDs und wundern sich, dass nichts passiert. Und die Euphoriker der Zukunft 20.0 werden schimpfen: »In Erinnerungen schwelgen, in allen Ehren. Aber Nostalgie zu einem elementaren Bestandteil unserer Kultur zu machen, ist gefährlich: Statt uns darum zu kümmern, wie wir nach vorne blicken und gehen können, leben wir in der vermeintlich guten, alten Zeit ...« Das Zitat stammt von 2017 (Zitate aus der Zukunft sind derzeit noch nicht möglich) und geht folgendermaßen weiter: »... und sehnen uns nach Discman und Nintendo 64 zurück.« Oder nach Walkman und Game Boy. Oder nach Plattenspieler und Mensch-ärgere-Dich-nicht.

Schon gestern war das Morgen zum Greifen nah. *Die Woche*** sagte 1994 voraus: »Die virtuellen Platten der Zukunft lädt man sich direkt aus einem Datennetz in den Computer.« Inzwischen ist das ›Herunterladen‹ selbst schon dabei, zur aussterbenden Kulturtechnik zu werden, jedenfalls das Herunterladen von gekaufter Musik.

Das Herunterladen von eigener Musik aus der Cloud, in die man sie vorher hochgeladen hat, bleibt wie das Herunterladen von eigenen Bildern und eigenen Texten bis auf Weiteres in Gebrauch. Die große Wolke zieht erst auf und wird sich, jedenfalls den Wetterfröschen der Trendforschung zufolge, als wichtigste elektronische Zukunftstechnologie der nächsten Jahre erweisen. Was nach der Cloud kommt, kann man sich so wenig vorstellen, wie sie selbst vor einer Generation vorstellbar gewesen wäre.

Wie sehr beim Kauf von Musik aus dem Netz das Streaming zugenommen hat, meldete die französische Nachrichten-

---

* Die 1993 gegründete Zeitschrift *Die Woche* gibt es seit 2002 nicht mehr.

agentur AFP bereits 2015: »Beim Musikhören greifen vier von
zehn Internetnutzern in Deutschland einer Umfrage zufolge
auf Streaming-Dienste wie Spotify, Deezer oder Soundcloud zu.
Dies entspreche 20 Millionen Menschen, erklärte der Branchen-
verband Bitkom am Freitag in Berlin. Vor allem bei jüngeren Internetnutzern sei Audio-Streaming beliebt, 53 Prozent der 14-
bis 29-Jährigen hörten auf diese Weise Musik. Von den 30- bis
49-Jährigen nutzen demnach 39 Prozent Streaming-Dienste, bei
den 50- bis 64-Jährigen sind es 28 Prozent. Von den über 64-Jäh-
rigen hören laut Bitkom 15 Prozent auf diese Weise Musik.«

Der Musikstreamer Deezer, am Markt seit 2007, generierte
in zehn Jahren weltweit zehn Millionen zahlende Nutzer, denen über 40 Millionen Musiktitel zur Verfügung stehen, außerdem Zehntausende von Filmen und Serien. Sie bieten auch Pod-
casts an und »snackable content«, wie sie es ohne jede Scheu vor
Häppchen-Information nennen. Der seit Oktober 2006 aktive
schwedische Musikstreamer Spotify erreichte 2017 nach einer
Selbstauskunft 50 Millionen zahlende Abonnenten. Der Dienst
lässt sich nicht nur am PC, Tablet oder Smartphone nutzen, sondern auch an Fernsehgeräten, die über eine vorinstallierte App
verfügen oder nachträglich mit einem Streaming-Gerät ausgestattet wurden.

Streaming-Weltmeister ist inzwischen Apple Music, trotz
seines Spätstarts im Juni 2015. Der späte Einstieg hatte damit
zu tun, dass Steve Jobs nicht ans Streaming glaubte, jedenfalls
nicht daran, dass sich damit Geld verdienen ließe – was in der
Tat gar nicht so leicht ist. Als er 2011 starb, machte Spotify zwar
viel Umsatz, aber auch viel Verlust. Filme könne man streamen,
meinte Jobs, die sieht man sich einmal, höchstens zwei- oder
dreimal an. Songs, die man liebt, wolle man ein Leben lang hören und deshalb nicht mieten, sondern in irgendeiner Form besitzen, als CD etwa oder als MP3-Datei. Ein Abo mit Zugriffs-

recht, aber ohne die Möglichkeit der persönlichen Speicherung, Verwendung und Weitergabe der Musik sei so unattraktiv für Kunden, dass nicht einmal Jesus es verkaufen könne. Dagegen hörte der Zukunftsguru Gerd Leonhard das Gras wachsen und das Wasser plätschern: »Musik wird künftig eine Dienstleistung sein. Man wird angeschlossen an die Versorgung der Musik wie an eine Wasserleitung. [...] Man wird nichts mehr aufnehmen, weil man den permanenten Zugriff hat. Dieses Sammlerverhalten ist einfach nicht mehr notwendig«.

Heute ist das Streaming-Geschäft so bodenständig geworden, dass man dafür weder wie Jesus übers Wasser laufen noch wie Leonhard den Hahn aufdrehen muss. Der Streaming-Anteil am Gesamtumsatz war 2016 mit gut 24 Prozent doppelt so hoch wie der Anteil der Downloads. Übrigens dominierte die CD trotz der Verkaufsrückgänge noch immer mit 54 Prozent des Umsatzes den Markt. Das ist, genau wie der nostalgische Hype um die Vinylplatte, hauptsächlich auf Käufer über 40 zurückzuführen.

Bei jungen Leuten haben sich die Hörgewohnheiten in einer Weise geändert, die ältere Leute nicht für möglich gehalten hätten. Die Präsenz ist vor den Besitz getreten und die jeweils aktuelle Gegenwart vor die potenziellen Erinnerungen in der Zukunft. Mit dem Streaming löst sich auf, was man, den ›Datenträgern‹ von gestern nachhängend, die Gegenständlichkeit gespeicherter Musik nennen könnte. Es bleibt nicht einmal eine Datei übrig. Aber die permanente virtuelle Verfügbarkeit trocknet die Vorfreude aus. Man muss sich die Wunsch-CD nicht mehr zu Weihnachten wünschen oder ihren Kaufpreis vom Taschengeld absparen, verliert dafür jedoch das beschwingende Hinfiebern auf den Tag der Erfüllung.

Was all das für die einzelnen Hörerlebnisse bedeutet, ist umstritten. Bei diesem Streit ist es nicht immer einfach, zwischen tatsächlichem Hören und mystischem Erleben zu unterscheiden. Zu sehr fließen und schießen in den menschlichen Wahrnehmungsraum Vorgefühle und Vorurteile ein. Aber das macht nichts. Zur Not ließe sich der Tugend angeblicher ›Authentizität‹ mit Blindtests auf den Grund gehen. Kann man wirklich eine CD von einer MP3-Datei und die MP3-Datei von gestreamter Musik unterscheiden? Wenn ein Drehorgelmann unten im Hinterhof steht und die Kurbel dreht, schaut man zum Fenster hinaus und sieht, dass nicht gestreamt wird. Und wenn die Langspielplatte knistert, knistert eben die Langspielplatte. Dieses tautologische Glück hat seinen Charme, aber der Flow der Zukunft kommt aus dem Netz.

Eine Generationskontroverse

Onkel Willi aus Hannover liebt CDs und hat das in einer Kundenrezension mit Punkt, aber ohne Kommas die Welt wissen lassen: »Ich bin der Meinung in der schnell lebigen PC Welt ist es noch was Tolles einen Tonträger in der Hand zu haben und keine billigen Chips mit 200 000 schlechtem Geklimpere, das man ja wohl nicht mehr Musik nennen kann. Ich komme auch noch aus der Generation wo es die Schallplatte und die Tonbänder sowie Mitte der 80er-Jahre die Compact Disc gab. Ich habe mich dann für die CD entschieden und das Sammeln von CDs. Erzählen Sie das mal dieser Bic [!] Mäc Generation das sind doch Fremdwörter für die.«

Jemand aus der geschmähten Generation wollte das nicht auf sich sitzen lassen und kommentierte: »Die CD ist – im Gegensatz zur Schallplatte übrigens – ein schnell aussterbendes Medium. CDs gehen schnell kaputt, sind daher als Sammlerstück eher ungeeignet und außerdem einfach viel umständlicher als eine mp3-Datenbank. Schallplatten halten vergleichsweise fast ewig, wenn man sie gut lagert und vorsichtig behandelt, allein deshalb werden sie die CDs überleben. Die jüngere Generation als ›Bic Mäc Generation‹ (nicht mal richtig geschrieben) zu generalisieren und zu beleidigen ist mal echt armselig. Es gibt genügend jüngere Leute, die Schallplatten sammeln und sogar klassische Musik hören. Und es gibt in ›meiner‹ Generation viel mehr Vegetarier/Veganer als in ›Ihrer‹. Also schimpfen sie nicht grundlos auf die ›Jugend von heute‹«.

Das naive (oder hinterhältige?) Ignorieren dessen, was Onkel Willi im übertragenen Sinn mit »Bic Mäc Generation« meinte, ist wegen seiner Treuherzigkeit sympathisch (oder wegen seiner Hinterhältigkeit beeindruckend). Wir, die alten Leute, wollte Willi sagen, genießen noch konzentriert Musikstücke, während die Jungen mit ihren mobilen Geräten nur oberflächlich schnelle Häppchen konsumieren. Dabei hat womöglich auch die Jugend Klassik im Ohr. Das in die Selbstverteidigung hineingeschlüpfte ›sogar‹ lässt allerdings aufhorchen. Wenn zum Beispiel ein junger Mensch versichert, er lese »sogar« Bücher, kann man sich ausmalen, was er sonst so liest.

Im Übrigen halten sich die Alten, die auch einmal jung waren, ohnehin für bessere Bescheidwisser als die Jungen, die erst einmal die Eierschalen abstreifen und alt werden müssen. Der irritierte Blick auf die ›Jugend von heute‹ scheint seit jeher zum Älterwerden zu gehören*. Da vergeht sogar den Hühnern das Lachen, wie in einem Gedicht von Mascha Kaléko: »Gesträubten Hauptes spricht Frau Henne/ Zum Gatten auf der Hühnerleiter:/ ›Die Brut macht mir viel Kummer, Männe!/ Das jüngste Ei dünkt sich gescheiter/ als die Mama. – Zu meiner Zeit ...‹/ Na, undsoweiter, undsoweiter.«

Die Überschätzung der Reife läuft darauf hinaus, dass man

---

*   Dazu das Motto von Douglas Adams zu Beginn dieses Buches.

das Leben gelebt haben muss, um es zu verstehen. Leider ist es dann zu spät. Inzwischen sind die älteren Generationen mit der historisch eher jungen Erfahrung konfrontiert, ganze Gebiete der eigenen Gegenwart als fremdes Terrain erkunden zu müssen. Heißt das, »wir werden immer ein wenig zu alt sein, um von der technologischen Welt zu erzählen, in der wir leben«, wie der italienische Schriftsteller Paolo Giordano schreibt? Der 1982 geborene Autor meint das künstlerisch-literarisch, nicht lebensgeschichtlich: »Unsere Zeit umfassend zu interpretieren und in harmonischer Gestalt wiederzugeben ist etwas, auf das wir noch warten müssen. Aber nach uns wird jemand kommen: ein James Joyce 2.0, der genau weiß, wie man das macht.« An dieser hübschen Passage ist nahezu alles fragwürdig, von der überholten ›harmonischen Gestalt‹ über das altmodische ›wiedergeben‹ bis zum ›Joyce 2.0‹, der irgendwie ahnen lässt, dass es eher auf Joyce 20.0 ankäme.

Joyce und seine Zeitgenossen lebten in einer Epoche, die längst klassisch, mithin museal geworden ist: die ›klassische Moderne‹ eben, wie Kunsthistoriker diesen Abschnitt der Vergangenheit kalibrieren. Paolo Giordano und seine Zeitgenossen, uns eingeschlossen, leben dagegen in einer Technikwelt, die man nicht mehr nach etwas Langwierigem wie Epochen, sondern nach Updates gliedern muss, will man halbwegs den Überblick behalten über die vielen Produktgenerationen im Laufe einer einzigen Menschengeneration.

In einer solchen Situation bleibt der Rückgriff auf gewonnene Erfahrungen leicht in einer Verlusterfahrung stecken. Nacherziehende Hilfsangebote können darüber hinwegtrösten, aber nicht hinwegtäuschen, wenn beispielsweise Volkshochschulen ihre Computerkurse für Senioren mit der Ermunterung bewerben, was Enkel können – könnten Großeltern schon lange. Derlei Schutzbehauptungen hatten frühere Generationen wegen ih-

rer tatsächlichen Erfahrungsüberlegenheit nicht nötig. Obwohl
auch früher Alter nicht vor Torheit schützte, war die vorwit-
zige Schlauheit der Grünschnäbel eher halbstarkes Großmaul-
tum als realitätsnahes Tatsachenwissen. In der binären Welt indessen überwiegt der Sozialisationsvorteil die Lebenserfahrung.
Kinder saugen das jeweils neueste Bedienungswissen sozusagen
mit der Muttermilch ein, während die Mutter selbst sich beim
bewussten Erlernen mächtig Mühe geben und sich womöglich
vom Nachwuchs helfen lassen muss.

Dennoch hat alles in allem das Zanken der Generationen weniger mit Wissen als mit Anerkennung zu tun. Gelingt wech-
selseitiges Anerkennen, erübrigen sich Hader und Streit. Dann
kann man gelassen über kindische Altersmarotten wie altkluge
Jugendsünden hinwegsehen und zum Wesentlichen übergehen.
Schließlich wird auch in der digitalen Welt noch analog ge– aber
das soll auf Englisch gesagt werden, mit einem Youtube-Kommentar zu dem von Vangelis komponierten Soundtrack von
Blade Runner aus dem Jahr 1982. Dessen erste Szene spielte in
der damaligen Zukunft, im November 2019. Der Musikkommen-
tar ist von 2016 und lobt die Komposition von Vangelis: »There
was no software. You had to do it analog. Manually. And that's
why it's so beautiful. Just remember that kids. Shit had to be
done ANALOG.«

Der Kommentator irrte. Im September 2017 wurde das
iPhone X mit einer optimierten Selfie-Funktion präsentiert. Die
Optimierung besteht darin, dass die eigenen Gesichtsausdrü-
cke auf Emojis übertragen werden können. Eines dieser grimas-
sierenden Emojis ist – na ja: ein Scheißhaufen. Im *Stern* hieß es
dazu, Apple wolle »gezielt junge Leute ansprechen, die solche
Bilder in Unmengen über soziale Kanäle verbreiten. Als Marke-
ting-Idee ist das schlicht genial. Die Nutzer werden sehr schnell
merken, welche Effekte es nur mit dem iPhone X gibt. Das weckt

Begehrlichkeiten. Das sich bewegende Kot-Emoji wird so ganz schnell zum Statussymbol.«

Was das Jahr 1982 angeht, sei daran erinnert, dass neben *Blade Runner* auch *ET* in die Kinos kam. Steven Spielbergs niedlicher Familienstreifen war deutlich erfolgreicher als Ridley Scotts düstere Zukunftsvision darüber, wer ein Mensch ist, was eine Biomaschine und wie man eines vom anderen unterscheiden kann – oder auch nicht. Des Weiteren sei daran erinnert, dass zwischen den Replikanten im Film und dem Klonen in der Wirklichkeit anderthalb Jahrzehnte lagen. Klonschaf Dolly kam 1996 zur Welt. 1982 war außerdem das Jahr, in dem *Koyaanisqatsi* mit der Musik von Philip Glass über die Leinwände durch Augen und Ohren in die Köpfe rauschte. Ruft man bei Youtube das Glass-Album auf, knistert es erst anheimelig nach Schallplatte, bevor der Sänger mit »Koyaanisqatsi« einsetzt. Das Wort der Hopi-Indianer bedeutet so viel wie »verrücktes Leben«.

4. Laufende Bilder

Vom Möbel zum Medium

Bevor die Bilder laufen lernten, kamen sie geflogen. Jedenfalls war das bei der *Tagesschau* bis weit in die 50er-Jahre so. Es handelte sich um das gleiche Filmmaterial, das die Wochenschauen in den Kinos zeigten. Die Zelluloidstreifen aus Kriegs- und Katastrophengebieten wurden nach dem Dreh an den Orten des Krisengeschehens zu den Flughäfen gebracht und in die Abnehmerländer geflogen. Erst die Speicherung auf Magnetbändern ermöglichte die Übermittlung von Bildern durch Kabel oder Funk. Nur unter dieser technischen Voraussetzung konnte sich die Fernsehberichterstattung von der Kinowochenschau emanzipieren.

In den Anfangsjahren kam es für das Guckkastenfernsehen darauf an, sich vom Kino zu unterscheiden, heute kann das TV gar nicht kinoähnlich genug sein mit seinen großflächigen Bildschirmen und dem einhüllenden Rundum-Sound. Steht doch noch ein Übrigbleiber in der Gegend herum, ist eine Entschuldigung fällig. Auf einer alten Röhrenkiste in einem Hotel der neuen Bundesländer fand ich ein Faltblatt mit dem Versprechen: »Schlankheitskur 2017. Mich gibt es bald in groß & dünn. Manche Vorhaben brauchen etwas Zeit, aber meine Traummaße sind in Sicht. Bis dahin freue ich mich, wenn Sie mich mit meinen ›Rundungen‹ so mögen wie ich bin. Danke für Ihre Geduld und Unterstützung! Ihre Rarität – der Röhrenfernseher.«

Die Röhre konnte sich während der Ausbreitung der LCD-Schirme erstaunlich lange halten. Im ehemaligen Werk für Fernsehelektronik in Berlin-Oberschöneweide, dem einzigen Röhren-

bauer der DDR, wurden sie, seit 1993 unter der Regie von Samsung,
bis 2005 hergestellt. LCD ist nicht gleich LED, aber LED immer zugleich LCD. Samsung erklärt das so: »Jeder moderne LED-Fern-
seher ist auch ein LCD-Fernseher. Bei LCD geht es nämlich darum,
dass der Bildschirm aus Flüssig-Kristallen aufgebaut ist – im Englischen Liquid Crystal Display. Und das hat nun mal fast jeder fla-
che Bildschirm heutzutage. Bei vielen Samsung-Geräten stecken
sogar Nano-Kristalle im Schirm und das ist schon eine Liga für
sich. Vor allem, wenn man auf irre schöne Farben und tolle Bilder steht. Dieses tolle Bild bekommt man aber nur bei der richtigen Beleuchtung, und hier sind wir bei den Licht-Emittierenden-
Dioden oder auch ›sehr kleinen, hellen Lichtern‹. Früher war es
so, dass ein oder zwei große Lampen an der Rückwand des Geräts
angebracht waren, und die strahlten den Schirm an. Das ist aber
eher so, als wolle man einen kleinen Nagel mit einem Backblech
in die Wand hämmern – effektiv und sinnvoll ist anders. Besser ist
es, viele kleine LED-Lämpchen zu verwenden, die man möglichst
einzeln oder in kleinen Grüppchen anschalten, ausschalten und
dimmen kann. Dann bekommen nicht alle Teile des Bildschirms
gleichzeitig Licht, und Schwarzes darf auch schwarz bleiben und
ist nicht braun oder grau.«

In den 50ern und 60ern stand das Fernsehen auf einem speziellen Tisch in der Zimmerecke, heute hängt es als Medium
smart an der Wand. Oder es ist die Wand. So zeigte es 1966
Francois Truffauts *Fahrenheit 451*. Die Ehefrau des Helden (ein
Feuerwehrmann, dessen Aufgabe darin besteht, Bücher zu verbrennen) verbringt ihre Tage mit den überlebensgroßen Perso-
nen auf einem Fernsehschirm, der eine ganze Wand ihres ›Ei-
genheims‹ einnimmt.

Dabei waren 1966 die Figürchen auf den Schirmchen in
Wahrheit lächerlich klein. Über die Illusion en miniature bemerkte der Philosoph Theodor W. Adorno nach seiner Rück-

kehr aus dem amerikanischen Exil schon Anfang der 50er:
»Diese Kleinheit [der Bilder] wird vom amerikanischen Publikum bemängelt: man sucht die Bildfläche zu vergrößern, aber
es scheint fraglich, ob in mit Möbeln ausstaffierten Privatwoh-
nungen wie im Kino die Illusion der Lebensgröße erreicht werden kann.« Adorno benennt »das Mißverhältnis zwischen den
einigermaßen natürlich wiedergegebenen Stimmen und den
verkleinerten Gestalten« und höhnt: »Die da mit Menschenstimmen reden, sind Zwerge.«

Inzwischen sind die Minifiguren mit Menschenstimmen mobil geworden und treiben sich auf Smartphone-Displays herum,
noch kleiner als die Fernsehbildschirme vor 60, 70 Jahren. Andererseits wachsen uns die Zwerge über den Kopf. Fernsehen ist
wie seit jeher die Kunst: ›bigger than life‹. Uns geht es wie der
Frau des Feuerwehrmanns, der Bücher verbrennt: Das Zeigen
schlägt uns in Bann allein durchs äußere Format, unabhängig
vom Gezeigten. 2017 wurde ein Dünnschirm mit 2,57 Millime-
tern (nicht Zentimentern) Stärke und einer Diagonale von nahezu zwei Metern angekündigt: »Der LG SIGNATURE OLED TV
W verschmilzt perfekt mit der Wand – und das, ohne die Spur
eines Schattens zu hinterlassen. Er passt sich dem Raum an
wie ein Fenster, das in eine andere Welt führt.« Der Riesenbild-
schirm, dünn wie die Tapete der Wand, an der er hängt, kostet
20 000 Euro.

Zu den Motiven, mit denen auf der Website der Firma gelockt
wird, gehört der Wald. Überwältigt staunt eine Frau in eine Lich-
tung hinein, als wäre sie im Begriff, sie gerade zu betreten. Der
Bildschirmwald sieht beinahe so aus wie der Wald auf der Fo-
totapete, die ich 1982 an der Längswand meiner ersten Berliner
Mietwohnung vorfand. Akkurat in der Mitte eines Baumstamms
befand sich eine der beiden Steckdosen des Zimmers. Sie wirkte
wie eingepasst. Die Wohnung lag im Wedding und verfügte über

IT* und KBH. Wenn in der Nacht die S-Bahnen auf der Ostber-
liner Seite der Mauer entlangratterten, erschallten manchmal
Warnsignale. Ich fand das romantisch, wie Schiffstuten im Ha-
fen. Den Fototapetenwald konnte ich nach zwei Monaten nicht
mehr sehen und überklebte ihn mit Raufaser.

An der Baumsteckdose hing bis dahin ein Fernseher, ein billiger, tragbarer südkoreanischer GoldStar. Wenn ich dessen Te-
leskopantenne aus dem klapprigen Gehäuse zog, um eine Weile
den kleinen, immerhin farbigen Figürchen zuzuschauen, wäre
mir nie in den Sinn gekommen, dass aus GoldStar einst ein Unternehmen namens LG hervorgehen würde – mit Bildschirmen
dünn wie der Fotowald, den ich übertapeziert hatte. Und natürlich konnte ich nicht ahnen, dass sich in Amerika ein Mann,
der nur zwei Jahre älter war als ich, bereits aufgemacht hatte,
zum reichsten Menschen der Welt zu werden**. 1995, passend zum Launch von Windows 95, veröffentlichte Bill Gates
sein Buch *Der Weg nach vorn*. Es ging darin um die »Zukunft
der Informationsgesellschaft«. Mit einer ans Infantile grenzen-
den Zuversicht beschrieb Gates unter anderem das zukünftige
Wohnen und schwärmte dabei von Bildschirmtapeten, auf denen in wechselnder Folge Gemälde der Meister zu sehen sein
würden.

Die Epoche des Tapetenwalds mit Baumsteckdose war die
einzige in meinem Leben, in der ich mich im Alleinbesitz eines
Autos befand, eines knallroten VW 1300, den mir mein Vater für
einen symbolischen Preis überlassen hatte, als er seinen ers-

---

* IT war in Wohnungsanzeigen die Abkürzung für Innentoilette, KBH bedeutete Kohlebeistellherd.
** Ende Juli 2017 wurde er vorübergehend von Amazon-Gründer Jeff Bezos
überholt, der im Vorjahr noch auf Platz 5 gelistet wurde. Gates war 2016 vorübergehend auf den zweiten Platz zurückgefallen. Diese Schwankungen im
Reichsten-Ranking erklären sich durch die Schwankungen der Aktienkurse
der von ihnen gegründeten Unternehmen.

ten Golf kaufte*. Der Berliner Wedding war damals arm (er ist es immer noch), und ich fand stets einen Parkplatz (das ist nicht mehr so). Wenn ich mit meinem Käfer über die Stadtautobahn nach Dahlem zur Rostlaube fuhr, um Seminare zu besuchen, beispielsweise über Adornos Kritik des Fernsehens oder Brechts Radiotheorie, achtete ich mit viel Bedacht auf den Sicherheitsabstand zum Vorderfahrzeug, gewissenhaft der Faustregel aus der Fahrschule folgend: Geschwindigkeit in Stundenkilometern geteilt durch zwei ergibt den einzuhaltenden Abstand in Metern. Ich hoffe, dass die künftig selbstfahrenden Autos sich ebenfalls daran halten. Schon heute kann man den gewünschten Abstand zum Vorderfahrzeug eingeben, der Bordcomputer reguliert dann entsprechend die Geschwindigkeit.

Im Wohnzimmer gilt diese Abstandsregel: Bildschirmdiagonale mal drei gleich Zuschauerabstand zum Schirm. Unter Einhaltung dieser Regel hätte in meine Weddinger IT-Wohnung gar kein Gerät gepasst deutlich größer als der GoldStar. Den LG hätte ich kaum an die Wand hängen können, von der Einhaltung des Mindestabstands gar nicht zu reden.

Als die televisionäre Evolution begann, in deren Verlauf aus Adornos Zwergen riesige Gestalten wurden, zählten Fernsehgeräte nach Tausenden. Bis 1952 dürfte ihre Anzahl in der BRD sogar nur dreistellig gewesen sein. 1957 waren es dann bereits 700 000 Geräte, im Jahr des Mauerbaus 1961 über viereinhalb Millionen.

In der DDR wiederum lag 1955 der »Ausstattungsgrad«, wie es in einer staatlichen Broschüre von 1977 hieß, bei 1,2 Apparaten auf hundert Haushalte. Dafür hatten die Schwarz-Weiß-Geräte der deutschen demokratischen Fernsehfrühzeit farbenprächtige Namen: Rubens, Rembrandt und Dürer. Der Rubens kostete 1350 Mark, der Dürer 1850 Mark, der Rembrandt mit seiner Bild-

---

* In meiner Herkunftsschicht waren die ›Generation Golf‹ nicht die Jungen, sondern die Eltern.

schirmgröße von 18 auf 24 Zentimetern muss irgendwo dazwischen gelegen haben.

Was in der DDR Rubens, Rembrandt, Dürer waren, das war ›im Westen‹ der Panorama von Nordmende*. Der 36 Zentimeter Bildschirm dieses etwas über 1000 DM, zwei Durchschnittsmonatslöhne, kostenden Seriengeräts konnte damals beim Publikum als ›Panorama‹ durchgehen, blieb aber, von heute aus betrachtet, ein Schirmchen.

In der DDR gab es vor den malerischen Modellen mit Schemen auf den Schirmen statt Bildern auf Leinwänden – und vor dem offiziellen Start des DDR-Fernsehens am 3. Januar 1956 – noch das Modell Leningrad T2. Es handelte sich um ein in der Sowjetunion entwickeltes Modell, von dem in der DDR als Teil der Reparationsleistungen an die UdSSR 65 000 Stück gefertigt wurden. Das sichtbare Bild hatte ein Format von 13,5 mal 18 Zentimetern. Mit dem Apparat ließ sich auch Radio hören – nur Radio. Dafür konnte man die Bildröhre hinter einer stoffbespannten Schiebetür verbergen, damit sich das anheimelnde Musiktruhengefühl einstellte.

T2 – natürlich ohne Leningrad – war übrigens auch die Typenbezeichnung eines Fahrzeugs aus Hannover. Das dortige Volkswagen-Werk lieferte von 1967 bis 1979 gut zweieinhalb Millionen Exemplare des Kleintransporters aus. Firmenintern bezeichnete man den Käfer als T1**, und so bekam die

---

* Nach sehr wechselvoller Geschichte und Insolvenz in den späten 1980ern heute nur noch als Markenname präsent. TechniSat hält inzwischen die Markenrechte für Deutschland und präsentierte auf der Internationalen Funkausstellung 2017 Fernsehgeräte und Digitalradios.

** Das millionste Exemplar wurde 1955 ausgeliefert. Bis zur generellen Produktionseinstellung 2003 (letzter Standort in Mexiko, die Produktion in Deutschland wurde bereits 1978 eingestellt) sollten es 21,5 Millionen werden. Zum Vergleich: Die Produktion des Trabants begann 1957 in Zwickau. Bis 1991 wurden gut 3 Millionen Fahrzeuge verschiedener Typen hergestellt. Von der Ente, dem 2CV von Citroën, wurden von 1949 bis 1990 knapp 4 Millionen hergestellt, vom R4 von Renault von 1961 bis 1992 gut 8 Millionen.

zweite zivile Baureihe der Typenzählung gemäß die Abkürzung T2.

Während ich auf dem Flokati meines Jugendzimmers am Kassettenrekorder hantierte*, kurvte ein knallbunt bemalter VW-Bus durch die Dorfstraßen, gesteuert von einem Langhaarigen und voll besetzt mit jungen Leuten in Jeans, die von manchen im Dorf als »Hippies« beschimpft wurden. Der Bus galt entsprechend als »Hippie-Bus«. Und weil Steve, Jahrgang 1955, ein Hippie war, besaß er auch einen VW-Bus. Den verkaufte er, um Startkapital für seine erste Firma zu haben. In der nun leeren Garage begann Jobs, denn um diesen Steve handelt es sich, mit der Herstellung von Computern in Heimarbeit. Der Vollständigkeit halber sei noch erwähnt, dass VW-Transporter damals auch als graue Pritschenwagen, schwarze Leichenwagen und gelbe Postwagen unterwegs waren. Welche Farbe derjenige von Steve Jobs hatte, konnte ich nicht herausfinden.

In Hannover lief die Herstellung des Fahrzeugs 1979 aus, im brasilianischen São Bernardo erst 2013. *Spiegel online* behauptete nach der Einstellung der Produktion in Brasilien: »Der VW Bulli vom Typ T2 ist technisch ähnlich schlicht wie ein Kartoffelschäler, optisch ein Gruß aus der Hippie-Ära und grundsätzlich ein Kultauto mit großer Fangemeinde«, ein Kultauto, das sich über die Jahre zum fahrbaren Sparschwein entwickelte. Der ursprüngliche Listenpreis lag bei rund 9000 DM, heute werden für ein gut erhaltenes Exemplar an die 50 000 Euro verlangt. Dabei sind die Bullis in Deutschland gar nicht mehr zulassungsfähig, so schlecht sind ihre Abgaswerte. Und über eine die Werte fälschende Schadstoffsoftware verfügen die VW-Busse aus Brasilien nicht.

In den 70er-Jahren, der Hauptepoche der Bulli-Verbreitung in

---

* Dazu der entsprechende Abschnitt im Kapitel über tragbare Töne.

Deutschland, versammelten sie sich herdenweise auf Camping-
plätzen, viele mit Gardinen an den Fenstern, die sich zuziehen
ließen, wenn man schlafen ging. Oder wenn man vom kollektiven Lagerfeuer draußen genug hatte und sich zum individuellen nach drinnen zurückzog und den Fernseher anschaltete. Es
hätte etwa der 1963 von Loewe entwickelte Optaport sein können, der erste volltransistorisierte tragbare Apparat. Er hatte
eine Bildschirmdiagonale von 25 Zentimetern und wie der Leningrad T2 einen Radioempfänger, der sich auch nachträglich
einbauen ließ. Das Gerät war schwer und entsprechend massiv
der mittig an der Oberseite des Gehäuses verschraubte Griff. Der
Originalpreis betrug 1348 DM. »Sie wollen sich nicht binden?«,
fragte eine Loewe-Reklame. »Dann ist OPTAPORT 305, die Fern-
seh-Rundfunk-Kombination zum Mitnehmen, für Sie einfach
ideal«, weil das Gerät »über die Steckdose, die Auto- oder die
eingebaute Batterie empfangsbereit ist.« Besonders hervorzuheben: »Trotz des großen [!] 25-cm-Bildschirms ist OPTAPORT
305 äußerst handlich und wohlproportioniert.« Allerdings hat
er keine Rundungen wie das verschämte Röhrenpummelchen
im Hotelzimmer, sondern männliche Ecken und Kanten. Auf
dem Begleitfoto zum Reklametext wird er von einer jungen Frau
getragen. Seitlich hinter ihr und nur halb zu sehen läuft der Ehe-
mann mit einem Gepäckstück in der Hand. Oder ist es der Kof-
ferträger des Hotels? Die Raffinesse dieser Reklame bestand darin, die Leichtigkeit des Optaport im Vorübergehen zu zeigen.
Der Koffer ist der Frau zu schwer, den Fernseher kann sie be-
schwingt selber tragen.

   Der Kuba-Imperial-Astronaut nahm ebenfalls eine Pole-Posi-
tion in Anspruch. Auf einem Werbeplakat der frühen 60er heißt
es, er sei »der erste 36-cm-Fernsehvolltransistor der Welt für
alle Programme«. Mithin gilt der Kuba-Porta-Color von 1967 als
erstes tragbares Farbfernsehgerät.

Der Name ›Kuba‹ hatte nichts mit Fidel Castros kommunistischer Insel zu tun, sondern leitete sich von dem kapitalistischen Unternehmer Gerhard Kubetschek in Braunschweig ab. Der findige Firmengründer war wie Max Grundig in Nürnberg eine jener Wirtschaftswunderfiguren, die in der Erinnerungsfantasie späterer Generationen umso mehr über sich und ihre tatsächliche historische Leistung hinauswuchsen, je mehr die Geschichte zur Legende verklärt und damit in Wahrheit verunklart wurde. Auch die Legende von der ›Stunde null‹, in der alle mit 40 Mark und gleichen Chancen von vorn angefangen hätten, gehört in diesen Zusammenhang. Als wäre das Leben ein Monopoly-Spiel*, bei dem zu Beginn alle brav ihre Figürchen auf ›Los‹ setzen.

Kubetschek kam in der zweiten Hälfte der 40er auf die Idee, eine hübsche Kiste schreinern zu lassen und in diese Kiste Radiogeräte einzubauen. Oder später Radiogeräte und Plattenspieler. Oder noch später Radiogeräte und Plattenspieler und Fernsehgeräte. In einem Tonmöbel (bei Grundig sprach man von Musiktruhen) ließ sich allerhand unterbringen, wenn dieses Möbel nur groß genug war. Sehr groß geriet in den 60ern die Fernsehtruhe Komet, in der sich ebenfalls ein Radio und ein Plattenspieler aufhielten, dazu kamen ein Tonbandgerät und zusätzliche Lautsprecher. In dem zur Seite kometenhaft spitz ausladenden Prunkstück mit einem Gesamtgewicht von fast vier Zentnern wirkte die eingebaute Mattscheibe eher mickrig, jedenfalls von heute aus betrachtet.

In den 50ern war es wichtig, mit einem Fernsehgerät Radio hören zu können. Das Fernsehen musste sich erst noch durch-

* Die erste deutsche Ausgabe des amerikanischen Spiels kam 1936 heraus und wurde prompt verboten. Die erste Nachkriegsauflage erfolgte 1953. Anders als im wirklichen Leben gab es keine Währungsreform. Die Umstellung des Spielgeldes von Reichsmark auf DM erfolgte eins zu eins. In der DDR wurde das Spiel nicht vertrieben und durfte auch nicht eingeführt werden.

setzen, während sich das Radio als Massenmedium längst etab-
liert hatte, auch wegen seiner Volksempfängervergangenheit,
wie nicht zu vergessen ist. Mit einem Fernsehgerät konnte (und
kann) man Radio hören, mit einem Radioapparat aber nicht fernsehen. Oder allenfalls in der Phantasie, die auf Deutsch seltsam
visuell verkürzt ›Einbildungkraft‹ heißt. Ich wurde vor Kurzem
Ohrenzeuge, wie ein jüngerer Radioredakteur auf einer Party erklärte, beim Hören müssten Bilder im Kopf entstehen. Vielleicht
hat er das von der schon älteren Carmen Thomas gehört, die als
Ü-Wagen-Veteranin und Sportstudio-Pionierin das Radio und
das Fernsehen mit Bezug aufs Kino zu vergleichen pflegt: Das
eine sei »Kino im Kopf«, das andere »Kino im Kasten«. Die Idee,
ein wesentlicher Vorteil des Radios könnte darin bestehen, statt
der Bilder Gedanken im Kopf entstehen zu lassen, kommt dabei
gar nicht erst auf.

In der deutschen Frühzeit des Fernsehens behalf man sich
mit einem Rückgriff aufs Radio, um den Leuten das Zuschauen
beizubringen. Entsprechend kündigte die *Berliner Zeitung* den
Start des Versuchsprogramms des DDR-Fernsehens an: »Radio –
nun auch für die Augen.« Weiter hieß es: »Was seit einiger Zeit
über die Bildflächen der in Betrieben und HO-Geschäften aufgestellten Fernsehempfänger huscht, ist ein inoffizielles Programm, das nur technischen Zwecken dient: der Erprobung von
Sender und Empfänger.« So stand es am 29. November 1952 in
der Zeitung. Die Geschäfte der Handelsorganisation boten Ge-
brauchsgüter an, aber auch Lebensmittel ohne Lebensmittel-
marken, die bis 1958 in Umlauf waren. Nach dem 74. Geburtstag Stalins am 18. Dezember 1952 ging es richtig los, probeweise:
»Am 21. Dezember 1952, zu Ehren des Geburtstages von J. W. Stalin, beginnt das ›Offizielle Versuchsprogramm‹. Die Leitung des
Fernsehzentrums in Berlin-Adlershof macht absichtlich noch
solche Einschränkungen bei der Bezeichnung ihrer Arbeit, denn

Fernsehen ist, künstlerisch wie funktechnisch betrachtet, vorerst noch Neuland. Eroberer von Neuland müssen anfangs bescheiden sein.«

Das Neuland, von dem die *Berliner Zeitung* sprach, wurde langsam erobert. Als der offizielle Fernsehversuchsbetrieb am 3. Januar 1956 zum offiziellen Fernsehnormalbetrieb überging, flimmerten in der ganzen Republik etwa 13 000 Geräte, die meisten wiederum nicht in privaten Wohnzimmern, sondern in Betriebskantinen, HO-Gaststätten und Freizeitheimen der Nationalen Front*. Stalin war inzwischen gestorben (am 5. März 1953), der Aufstand der Bauarbeiter der Stalinallee vom 17. Juni 1953 niedergeschlagen und die Allee selbst nach Karl Marx umgetauft. Die Ungarnrevolte vom Oktober 1956 indessen stand noch bevor, als der regelmäßige Sendebetrieb aufgenommen wurde. Viel zu sehen aus Ungarn bekamen die Zuschauer dann aber nicht, sehr im Unterschied zum 27. Juni 1989, als der ungarische Außenminister Gyula Horn zusammen mit dem österreichischen Außenminister Alois Mock in einer wohlkalkulierten politischen PR-Aktion mit Drahtschere in der Hand am Eisernen Vorhang posierte. Die Szene wurde zu einer Ikone der Foto- und Fernsehberichterstattung, auch wenn man heute weiß, was man an diesem Tag auf Fotos und im Fernsehen gerade nicht sehen konnte: Die tatsächliche Öffnung der Grenze zwischen Österreich und Ungarn erfolgte am 11. September.

Im Vergleich zu dem Fernsehstelldichein zweier Minister hatten die Fernsehbilder von den Mauermassen des 9. November eine geradezu epische Dimension. Dieses Datum ist in dreifacher Hinsicht ein fernsehhistorisches: Erstens brachte die

---

* Zusammenschluss aus der SED, den Massenorganisationen (Gewerkschaften, Kulturbund, Frauenbund, Volkssolidarität) und den sogenannten Blockparteien (CDU, Bauernpartei, Liberal-Demokratische Partei, Nationaldemokratische Partei). Auch die Kleingärtner und der Schriftstellerverband gehörten zur Nationalen Front.

Berichterstattung über die Ereignisse dieses Tages Bilder hervor, die altmodische Feuilletonisten als ›Sternstunden des Mediums‹ bezeichneten. Zweitens verankerten sich die Fernsehbilder von den Ereignissen in dem, was Feuilletonisten (ob alt- oder neumodisch) das ›kollektive Gedächtnis‹ nennen, und ersetzten in diesem kollektiven Gedächtnis die Ereignisse durch die Bilder, die man von ihnen wieder und wieder gesehen hat und auch künftig bei jedem Jahrestag erneut gezeigt bekommen wird. Auch meine Erinnerung vergegenwärtigt spontan zuerst die Bilder jener Ereignisse, die ich durch ›das Auge‹ der Fernsehkameras, und erst nach bewusster Anstrengung die Bilder derjenigen Ereignisse, die ich mit eigenen Augen gesehen habe. Dabei war ich in jener Nacht ans andere Ende der Sonnenallee gefahren, um am Grenzübergang auf Trabidächer zu klopfen.

Die dritte fernsehhistorische Dimension der Ereignisse bestand darin, dass sie ohne das Fernsehen vermutlich gar nicht stattgefunden hätten. Ohne das Rübersendenkönnen (von West nach Ost) hätte das Rübermachenwollen (von Ost nach West) den Deckel nicht vom Topf gesprengt. Die feierabendlichen Republikfluchten beim Schwarzsehen bereiteten die mentalen und schließlich die realen Republikfluchten vor. Hätte es die Mauer der DDR nicht gegeben, wäre der Staat dahinter schon früher durch deutsch-deutsche Binnenmigration ausgeblutet. Hätte es das Fernsehen der BRD nicht gegeben, wäre der ganze Staat ein ›Tal der Ahnungslosen‹* und eine Weile länger funktionsfähig geblieben, wenn auch keine 100 Jahre mehr, wie sein langjähriger Chef Erich Honecker noch im Januar 1989 verlautbart und sicher selbst geglaubt hat. Die legendäre, vom Fernsehen direkt übertragene Pressekonferenz, während der das über-

---

* Als ›Tal der Ahnungslosen‹ bezeichneten die schwarzsehenden Fernsehmigranten der DDR jene Regionen der Republik, die um Dresden zum Beispiel, in denen ›Westempfang‹ nicht möglich war.

forderte Politbüromitglied Günter Schabowski am 9. November 1989 kurz vor 19 Uhr eine neue Ausreiseregelung bekannt gab, die durch massenhaftes Missverstehen zum Kollaps der innerdeutschen Grenze führte – dieses konkrete Fernsehereignis ist gewissermaßen das anekdotische Ausrufezeichen zur Bedeutung des Fernsehens für den gesamten historischen Prozess der deutschen Vereinigung.

Als Honecker 1971 Generalsekretär des Zentralkomitees der Sozialistischen Einheitspartei Deutschlands wurde, verfügten in der DDR etwa 75 Haushalte von 100 über ein Fernsehgerät, in der BRD waren es schon beinahe 90 von 100. Ein Schwarz-Weiß-Gerät mit 61- oder 62-Zentimeter-Bildröhre kostete im Schnitt knapp 600 DM beziehungsweise knapp 2000 Mark in der DDR. Die Preise für Fernsehgeräte blieben in der DDR bis zur Implosion der Staatswirtschaft überaus hoch. Das lag an der Subventionierung von Grundnahrungsmitteln, zu der jeder Käufer eines Fernsehers gezwungen war. In den Worten von Manfred Flegel, nach der Wende von 89 für wenige Monate Minister für Handel und Versorgung in der vorletzten DDR-Regierung: »Bei einem [hochwertigen] Fernsehapparat, der 6700 Mark gekostet hat, waren immerhin 2000 Mark produktgebundene Abgaben enthalten, also Abgaben, die an den [Staats-]Haushalt abgeführt wurden und die zur teilweisen Abdeckung der Subventionen gedient haben.«

Die Farbära begann in Westdeutschland am 25. August 1967. Benno Ohnesorg lag am 2. Juni 1967 noch schwarz-weiß auf dem Straßenpflaster. Überhaupt blieben viele Sendungen weiterhin farblos, die *Tagesschau* beispielsweise bis 1970. In diesem Jahr stand in jedem fünften Haushalt ein farbfähiges Gerät. Die teuersten von ihnen kosteten über 2500 DM. Damit hätte man einen halben VW Käfer kaufen können. Anfangs wurden vier Farbstunden geboten – in der Woche. Aber auch nach der

annähernd vollständigen Durchfärbung des Programms gab es
Rückfälle in Schwarz-Weiß, geschuldet den Wiederholungen
von Sendungen aus der alten Ära.

Den symbolischen Startknopf am 25. August 1967 drückte
Willy Brandt, damals noch nicht Bundes-, sondern Vizekanzler und Außenminister, auf der Funkausstellung in Berlin. Von
dort wurde live und nun erstmals in Farbe die Show *Der Goldene
Schuss* gesendet. Der Höhepunkt der Show bestand darin, dass
mit einer Armbrust auf eine Zielscheibe geschossen wurde. Die
Armbrust befand sich auf einem Stativ und war beweglich. Eine
hinter der Armbrust montierte Kamera simulierte für die Fernsehzuschauer den Blick durch Kimme und Korn aufs Ziel. Über
Telefon konnten Zuschauer die Armbrust vor dem Schuss einstellen: nach links, nach rechts, höher und tiefer. Die telefoni-
schen Anweisungen wurden im Showstudio von einem Kamera-
mann mit verbundenen Augen mit einer Art Joystick ausgeführt.
Wurde das schwarze Zentrum der Scheibe getroffen, verkündete die Assistentin: »Der Kandidat hat hundert Punkte.«

In der DDR wurde der Startknopf zum Farbfernsehen zwei
Jahre später von Walter Ulbricht gedrückt. 1961 hatte er versichert, niemand habe die Absicht, eine Mauer zu bauen, die dann
Honecker zufolge in 100 Jahren noch stehen sollte. Der eine log,
der andere irrte ›bloß‹. Fragt sich, was historisch schlimmer ist.
Das Fernsehen jedenfalls bohrte Gucklöcher in diese Mauer,
durch die man nach Westen sehen konnte.

Die Konkurrenz der politischen Systeme setzte sich fort bei
den technischen Systemen des Farbfernsehens: PAL oder SE-
CAM? PAL ist die Abkürzung für »phase alternating line«
(»Wechselnde Phasenlage«). SECAM steht für »séquentiel cou-
leur à mémoire« (»sequenzielle Farbspeicherung«). Was das jeweils technisch bedeutet, weiß ich auch nicht.

PAL kam im Westen zum Einsatz, SECAM im Osten, zu dem

in diesem Fall auch Frankreich gehört, wo die Norm entwickelt wurde. Allerdings war (und ist) PAL nicht gleich PAL und SE-CAM nicht gleich SECAM. Um die Details zu verstehen, müsste man eine Lehre als Fernsehtechniker machen. Das heißt, weil es den Beruf des Radio- und Fernsehtechnikers gar nicht mehr gibt, eine Lehre als Informationselektroniker oder Multimedia-elektroniker.

Die bunten 70er mit Farbfernsehern und gelben Krawatten auf grünen Hemden beziehungsweise grünen Krawatten auf gelben Hemden lassen sich auch ohne Detailkenntnisse über PAL und SECAM verstehen. Nur die Dackelohrkragen waren, sind und bleiben unverständlich. Wie konnte man nur so herumlaufen? Während der Ölkrise 1974 ging ich zur Tanzschule in hellbeige ausgestellter Hose, dunkelbraunem Jackett, grünem Hemd und gelber Krawatte mit Doppelknoten. Das Hemd hatte Dackel-ohrkragen. Ich war 17. Im selben Jahr schlenderte Chris Roberts durch die Zuschauerreihen in dem Studio, in dem die Sendung *disco* produziert wurde und in dem ein halbes Dutzend aufge-ständerter Fernsehapparate herumstand, weil das irgendwie modern wirkte. Er trug Dackelohrkragen und sang »Du kannst nicht immer siebzehn sein«. Gott sei Dank, dachte ich damals. Dann sang Chris Roberts: »Einmal, da wirst du siebzig sein«. Um Himmels willen, denke ich heute.

Lassen wir es dabei. Die quietschig beginnenden und bleiern endenden 70er wurden in den folgenden Jahrzehnten oft beschrieben und noch öfter verspottet. Beim Sport indessen hörte der Spaß auf. Der Sieg bei der Fußballweltmeisterschaft 1974* gegen Holland ist (in Deutschland) legendär wie der von 1954

---

* Vorher im Turnier hatten die Schwarz-Weiß-Deutschen gegen die Mann-schaft der DDR 1:0 verloren. Fast anderthalb Jahrzehnte später, im Januar 1988, blieb der Torschütze Jürgen Sparwasser, nun in der Altherrenmann-schaft des 1. FC Magdeburg, bei einem Saarbrücken-Besuch dieser Mann-schaft in der Bundesrepublik.

gegen Ungarn. Die WM 54 war die erste im Fernsehen übertragene. Damals war das, was heute ›Public Viewing‹ heißt, eine Notwendigkeit. Viele Wohnzimmer waren noch fernsehfrei, und die Leute, das heißt: die Männer, liefen scharenweise in die Wirtshäuser, um auf schwarz-weißen Bildschirmen den deutschen Nationalspielern in schwarz-weißen Trikots zuzusehen. Bei der WM 74 wurden die Schwarz-Weiß-Trikots in Farbe gezeigt. Die Holländer liefen natürlich in Orange über den grünen Rasen, perfekt zugleich in ihre Oranje-Geschichte und in die Farbkombinatorik der 70er eingepasst.

Was waren das für Jungs, die da über den Platz rannten? Pilzköpfe und Langhaarige auf beiden Seiten. Einer der deutschen Spieler zog nicht einmal die Socken hoch und spielte demonstrativ ohne Schienbeinschoner. Er hatte einen besonders umfangreichen Haarballon ums Gesicht. Der sollte mal zum Friseur, schimpften ältere Fernsehzuschauer, jubelten aber trotzdem bei seinem Elfmetertor. Die jüngeren jubelten, ohne zu schimpfen. Die Generationen waren vor dem Guckkasten versöhnt wie lange nicht mehr.

Der Elfmeterschütze, der nicht einmal 23 Jahre alte Paul Breitner, erzählte dreieinhalb Jahrzehnte später: »Das Paradoxe ist: An den Moment selbst habe ich keine eigene Erinnerung mehr. Was damals passiert ist, kann ich nur nachvollziehen durch das, was ich später im Fernsehen gesehen habe. Ich habe einen Filmriss.« Die Bemerkung ist derjenigen ähnlich, die Edwin Aldrin, dem zweiten Mann auf dem Mond, während eines Interviews anlässlich des 25. Jahrestages der Landung entschlüpfte: »Als ich nach unserer Rückkehr alles im Fernsehen sah, meinte ich, das meiste verpasst zu haben.« Über die ›authentische‹ Live-Erfahrung, unten auf der Erde im Fernsehen zu sehen, was oben auf dem Mond in Wirklichkeit vor sich geht, berichtete Günther Anders in seinem Essay *Der Blick vom Mond:* »Als Aldrins Frau

Joan, so lesen wir in der *Herald Tribune* vom 22.7.69, vor dem Fernsehschirm in ihrem Heim in El Lago sitzend, ihren Mann auf dem Mond hin- und herhüpfen sah, da rief sie aus: ›It's just like a gigantic TV drama, it seems so unreal!‹«

Die von Breitner benutzte Metapher vom ›Filmriss‹, die zu der Zeit, als er Breitner passierte, noch aktuell war, wirkte in der Zeit, als er davon erzählte, rührend überholt. Wenn der Film riss, im Kino oder bei der Vorführung von Super-8-Filmen aus dem Urlaub, klatschte das lose Ende um die Spule, und auf der Leinwand fing es zu schneien an. Im Fernsehen, auf Computerschirmen und Smartphone-Displays ›reißen‹ keine Filme, weil keine mehr abgespielt werden. Über Spulen laufende Zelluloidbänder gehören derselben Epoche an wie die Papierstapel neben den Schreibmaschinen. Diese Epoche ist inzwischen historisch, auch wenn viele von uns sie noch ›selbst erlebt‹ haben. Heute sind das Tippen auf Schreibmaschinen und das Filmen auf Zelluloid gewissermaßen Reenactments, nicht unähnlich dem Schmieden von Schwertern auf Mittelaltermärkten.

Aber wie war es dem Fernsehen möglich, trotz des eklatanten Missverhältnisses zwischen dem eigenen Format und dem der Wirklichkeit so zu tun, als könne es ebendiese Wirklichkeit getreu abbilden? Wie war es etwa zu schaffen, das Geschehen auf einer Fläche, groß wie ein Fußballfeld, auf einer Fläche, klein wie zwei aufgeklappte Schulhefte, so wiederzugeben, dass teilnehmende Begeisterung entstehen konnte? Man behalf sich eben. Auf dem höchsten Stand der damaligen Technik ließ man sich durch Erwägungen über das, was künftig an Weiterentwicklungen kommen mochte, den Spaß nicht verderben. Die Lücke zwischen Schirm und Stadion wurde wie generell die Kluft zwischen Leben und Fernsehen mit Phantasie überbrückt, mit Selbstillusionierung und Bastelei. Wer keine farbigen Bilder auf dem Schirm hatte, stellte sie im eigenen Kopf her.

Als Beispiel für eine selbst gebastelte Illusionsnachhilfe made in GDR kann die Wasserlinse gelten, die manche in Ostdeutschland vor die Schirme montierten, um die Bilder zu vergrößern. Das half – ein wenig, obwohl diese ›Technik‹ nur bei absoluter Bewegungslosigkeit funktionierte. Wurde das Wasser in der Linse beim Gehen im Zimmer durch Bodenschwingungen in Bewegung versetzt, verschwammen buchstäblich die Bilder.

In Westdeutschland wiederum wurde – ebenfalls eine Art Bastelei – Ende der 60er, Anfang der 70er das Fernsehen mit Feedback improvisiert. Die Familienshow *Wünsch Dir was* mit Dietmar Schönherr und Vivi Bach übte die Demokratie mit Klospülung. In ausgewählten Regionen wurden die Zuschauer aufgefordert, für ihren Favoriten unter den drei konkurrierenden Familien die Wasserhähne aufzudrehen und die Klospülungen zu betätigen. Im Wasserwerk wurde der jeweilige Mehrverbrauch gemessen, an die Show übermittelt und vom Showmaster dem Publikum verkündet. Die bizarren Aktionen werden von heutigen Medienhistorikern in nicht minder bizarrer Ernsthaftigkeit als Frühformen des ›interaktiven Fernsehens‹ bezeichnet.

Vom Klospülen bis zum Computerspielen ist die Interaktion zwischen Medium und User immer wieder beschrieben, befürchtet oder herbeigeredet worden. Beim Fernsehen ziehen die meisten User das Zurücklehnen vor und beschränken ihre Interaktionsansprüche auf die Lufthoheit über den Knöpfen der Fernbedienung. »Der Zuschauer will partout nicht interagieren mit seinem Fernsehgerät. Für alles, was die mindeste Kopfarbeit verlangt, setzt er sich an den PC, wenn er einen hat. Zerschellt sind an dieser Sturheit bisher alle Voraussagen, das Fernsehen und der Computer würden zusammenwachsen zu einer mächtigen Unterhaltungsmaschine.« So stand es 2001 im *Spiegel*. Was heute dieser Unterhaltungsmaschine am nächsten kommt, sind nicht die stationären Apparate, sondern die ›mobilen Endgeräte‹, die alles können: Telefonieren, Fotografieren, Filmen, Filme anschauen, Fotos anschauen, Telefonierende anschauen. Interaktiv auf ganz andere Weise war die Beziehung mancher Zuschauer zu Fernsehfischen. In jenen selig unseligen Zeiten, als das tägliche Programm noch ein Ende hatte und auf dieses Ende entweder ein Testbild* folgte oder, wie Anfang der 90er im ORB, ein mit unbewegter Kamera in Draufsicht gefilmtes Aquarium, bauten schlaflose Tierfreunde innige Beziehungen zu diesen Fischen auf. Man freute sich an ihrer menschenfernen Gelassenheit, gab ihnen Namen und machte sich authentisch Sorgen, wenn Schleierschwanz Willy längere Zeit abtauchte und sich auf dem Bildschirmaquarium nicht mehr blicken ließ.

Im Mai 1993 ging der SFB mit S-Bahn-Fahrten auf Sendung. In Steuerkabinen fest installierte Weitwinkelkameras filmten die Berliner Ringbahnrouten, in aller Ruhe, vom Rumpeln der Räder begleitet und nur vom Ansagen der Stationen unterbrochen. Der meditative Vorteil dieser Fahrten bestand darin, dass sie im direkten Wortsinn Fernfahrten waren, Fahrten vorm Fernseher, bei denen man durch nichts und niemanden, vor allem nicht durch andere Passagiere, von glücklich zielloser Fortbewegung abgelenkt wurde. Unbehelligt von der nervtötenden Welt um einen herum konnte man im Sessel sitzend oder im Bett liegend zum Fernseher hinein- und durch ihn zum Fenster hinausschauen, bis einem vor Müdigkeit endlich die Augen zufielen. Sendeschluss des Bewusstseins. Dann begann das Traumprogramm. In Farbe, versteht sich. Oder träumen Sie schwarz-weiß wie ein alter Fernseher?

In den 40ern und 50ern gaben bei Befragungen tatsächlich viele Probanden an, in schwarz-weiß zu träumen, während heute die meisten Menschen bunte Träume haben. Fragt sich,

---

* Der ›Klassiker‹ wurde 1966 entwickelt und erst 1997 vom Hessischen Rundfunk als letzter ARD-Anstalt abgeschafft.

ob sich wirklich die Träume der Leute verändert haben oder nur die Wahrnehmung, die die Leute von ihren Träumen haben. Es scheint so zu sein wie bei der Infizierung der eigenen Erinnerung an historische Ereignisse durch die Bilder, die das Fernsehen von diesen Ereignissen zeigt und immer wieder zeigt: Das Ferngesehene rückt uns dermaßen auf die Pelle, dass es noch unsere Nahsichten einfärbt.

Da hilft auch kein ›Umschalten‹, wie man früher gesagt hätte, als die Fernsehprogramme an drei Fingern abzählbar waren und die Geräte selbst noch nicht an der Wand hingen, sondern auf eigenen Füßen standen – auf schwenkbaren Unterböden zum Beispiel, die man aus einem Fach des Wohnzimmerschranks zog, nachdem man die beiden Türen dieses genau in der Mitte des ›Stilmöbels‹ angeordneten Fachs geöffnet hatte wie die Flügel eines Altars. Das Öffnen dieser Türen oblag wie das Ein- und Umschalten dem Haushaltsvorstand.

Als sich seit Mitte der 80er die privaten Fernsehprogramme etablierten und vermehrten und mit ihnen die »Befürchtungen, daß durch eine Vermehrung der Fernsehprogramme und ganz allgemein durch eine Erweiterung des Informationsangebots Gefährdungen der zwischenmenschlichen Kommunikation und eine Reizüberflutung eintreten könnten«, wandelte sich das Umschalten am Gerät zum ›Zappen‹ mit der Fernbedienung. Manche hielten den ganzen Abend die Fernbedienung in der Hand, so wie heute manche den ganzen Tag ihr Smartphone.

Die ersten Fernbedienungen, die keine Kabelverbindung zum Gerät brauchten, brauchten auch keine Batterien. Sie machten es wie die Fledermäuse und sandten Ultraschallsignale aus. Die Signale wurden von einem Hämmerchen erzeugt, das auf ein Aluminiumstäbchen schlug.

Wie aus dem Hämmern das ›Zappen‹ wurde, kann man nicht verstehen ohne Buck Rogers. 1928 verliert der US-Amerikaner bei einem Unfall mit radioaktivem Gas das Bewusstsein und wacht 500 Jahre später wieder auf. Das ermöglicht ihm futuristische Weltraumabenteuer in Serie, erst als Held eines Comicstrips, dann in Radio- und schließlich in Fernsehserien. Buck Rogers ist mit einer Strahlenpistole ausgestattet, und die macht beim Feuern ›zap‹.

Nachdem der in Österreich geborene und 1939 in die USA emigrierte Physiker Robert Adler in einem Entwicklerteam für die Firma Zenith Electronics Corporation zunächst das Hämmerchen und dann weitere Fernbedienungen konstruiert hatte, die allesamt in Anlehnung an die Raumfahrtabenteuer von Buck Rogers als »Space Commander« bezeichnet wurden, lag es nahe, das Wechseln zwischen den Kanälen mittels abgefeuerter Signale nach dem ›Zap‹ von dessen Strahlenpistole zu nennen. In einem deutschen Comicstrip hätte die Pistole wahrscheinlich ›bums‹ gemacht. Nicht auszudenken, welche Folgen daraus für den Sprachgebrauch fernbedienender Couch-Potatoes entstanden wären. Die fernglotzende Couch-Kartoffel ist übrigens eine amerikanische Erfindung aus der Mitte der 70er, geht dem ›Zappen‹ als ›Kulturtechnik‹ also historisch voran.

Erst in den 80ern und 90ern wurde das Zappen zu einer jener Gewohnheiten, die medienkritische Diskussionen geradezu provozieren, ohne sich allerdings um die Ergebnisse dieser Diskussionen zu scheren. Die Warnung, das sitzende Herumschalten verführe dazu, sich eine verminderte Aufmerksamkeitsspanne anzutrainieren, hat bei den Gewarnten die Macht der Gewohnheit so wenig außer Kraft gesetzt wie später die Warnung, die Häppcheninhalte des Internets würden die Fähigkeit zur Konzentration verkümmern lassen.

Die Ära der Fernsehfische und Ringbahnfahrten war zugleich die Epoche, in der die Fernsehansagerinnen ausstarben. Diese Gleichzeitigkeit war Zufall, das Verschwinden der Ansagerin-

nen hatte technische Gründe. In den langen Anfangsjahren des
Fernsehens mussten zwischen dem Ende der einen und dem Be-
ginn der nächsten Sendung Umschaltzeiten überbrückt werden.
Eben darin bestand die Funktion der Ansagerinnen (und der we-
nigen Ansager), auch dann noch, als ihre ursprüngliche Rolle als
Wegweiser und Programmerklärerinnen obsolet geworden war.

Die Ansagerinnen gehörten in einer Weise zur Familie, wie es
Nachrichtensprecherinnen nie beschieden sein sollte. Vermutlich lag das daran, dass Ansagerinnen eigentlich nichts zu sagen
hatten, mithin auch nichts verkehrt machen konnten. Sie brachten niemals Zwietracht in die Familien und personifizierten, un-
terschiedlich frisiert, eine stets gleichbleibende Konformität.

Die Fernsehkritikerin Barbara Sichtermann beobachtete in
den 90ern, »wenn der Fernseher kaputt ist, wird die Familie ner-
vös«. Das dürfte inzwischen nicht mehr passieren, allein schon
deshalb, weil so viele Fernseher und Computer, mit denen man
fernsehen kann, gar nicht auf einmal kaputtgehen können, um
eine Familie allein zu Haus zurückzulassen. Außerdem finden
sich Familien heutzutage ohnehin nicht mehr regelmäßig rituell
im Wohnzimmer zusammen. Jedes Mitglied macht und schaut,
was es will, und zwar wo und wann es will. Der sonntägliche
Tatort mit seinen nach wie vor aberwitzigen Einschaltquoten
ist wahrscheinlich die letzte Messe, die dem kollektiven Fernsehen gesungen wird, die globalen Sportevents ausgenommen.
Das Lagerfeuer, um die überstrapazierte Metapher zu bemühen,
ist erloschen. Dabei liegt die universalgeschichtliche Katastrophe, die das Fernsehen über die Menschheit brachte, keine zwei
Generationen zurück. In den 70er-Jahren beschrieb die amerikanische Autorin Marie Winn, wie *Die Droge im Wohnzimmer*
eine Gleichförmigkeit über die Familien bringe, wie es sie seit
der Höhlenmalerei nicht mehr gegeben habe: »Seit den prähis-
torischen Zeiten, als die Höhlenbewohner jagten, Nahrung sam-

melten, aßen und schliefen, ohne daß ihnen viel Zeit geblieben
wäre, um eine bedeutende Kultur zu entwickeln, sind die Familien nicht mehr auf eine solche Uniformität reduziert gewesen.«
Das Fernsehen war an allem schuld. Es verderbe massenhaft
die guten Sitten, ganz ähnlich, wie man es im späten 18. Jahrhundert den Romanen zuschrieb; es setze den Leuten massenhaft Flausen in den Kopf, wie man im späten 19. Jahrhundert
den Heftchenromanen vorwarf; es überfordere die Wahrneh-
mungsfähigkeit des Menschen und beschädige seinen Realitäts-
sinn, wie man es im 20. Jahrhundert erst vom Kino und dann
vom Radio behauptete. Es richtete sogar schon ein Unheil an,
das später dem Internet angelastet wurde: »Hervorstechende
Merkmale sind die Abwendung vom Rationalen, vom ›linearen‹
Denken, von der Logik, von der Vernunft und die Hinwendung
zum Sprunghaften.« So hieß es in einer kritiklosen Kritik von
Winns Buch in der *Zeit*. Sie endete mit der Mahnung: »ARD und
ZDF sollten ihre Pläne, reguläre Vormittagsprogramme auszu-
strahlen, schnell vergessen. Ihr Argument, auch Schichtarbeiter
müßten in den Genuß des Programms kommen, für das sie Gebühren bezahlen, wiegt schwer; aber es wiegt nicht die Gefahr
auf, die damit in Familien mit kleinen Kindern getragen wird.«

Unterhaltungsversorgung für Schichtarbeiter versus televi-
sionären Kindsmissbrauch. An den buchstäblichen Ver-Rückt-
heiten vergangener Debatten lässt sich erkennen, dass manches
an heutigen Diskussionen in wenigen Jahren ebenso verdreht
wirken wird, während das, worauf es aus späterer Sicht tatsächlich angekommen wäre, in diesen Diskussionen gar nicht vorkommt.

Winns über die gesamte Geschichte der Menschheit aus-
greifende Maßlosigkeit ist ein typischer Charakterzug apoka-
lyptischer Hysterie. Und wenn der Untergang nicht eintritt, wird
seine Erwartung eben fortgeschrieben. Bei dem Update, das die

Autorin anlässlich des 25. Jahrestages der Ersterscheinung ihres
Weltbestsellers auf den Markt brachte, erschien neben dem TV
der Computer als neues Ungeheuer, das unsere Seelen verödet
und unsere Kinder verblödet.

Allerdings lässt sich genauso wenig behaupten, Verödung
und Verblödung hätten durch Privatfernsehen und Internet abgenommen. Die zahlenmäßige Vielfalt ist seit dem Beginn des
Kabelfernsehens 1984 gewachsen, die übermäßige Einfalt auch.
Mit dem Ausbau der Kanäle wurden in den 80ern in Deutschland 400 000 Kilometer Kabel verlegt. Damit ging keineswegs
eine Vermehrung der Inhalte einher – oder des ›Contents‹, wie
man heute sagt.

Mit den Schüsseln wurde die Sache kaum besser. Nicht nur
wegen der Inhalte, auch wegen des äußeren Erscheinungsbildes.
Der Pilzbefall an den Fassaden und Balkonen der Mietshäuser in
den Großstädten ließ die ursprünglich als Verschandelung emp-
fundenen Antennen in der Rückschau zum urbanromantischen
Wald auf den Dächern der Großstadt werden. Wie hoppermäßig
melancholisch sie doch waren, wenn sich ihre nachtschwarzen
Gerippe zwischen den Kaminen in die Sonnenuntergänge reck-
ten. Hat man so etwas je bei einer Schüssel gesehen?

Moderne Gesellschaften sind ohne ihre Medien unverständlich, auch wenn sie selbst sich nicht immer mit ihren Medien
verstehen. Der Papst meinte: »Man kann ohne Übertreibung sagen, dass die Zukunft der modernen Gesellschaft und die Stabi-
lität ihres Innenlebens zum Großteil von der Aufrechterhaltung
eines Gleichgewichts zwischen der Macht der Kommunikati-
onstechniken und der Reaktionsfähigkeit des Einzelnen selbst
abhängt.« Der Papst, von dem das stammt, ist nicht Franziskus,
sondern Pius XII. im Jahr 1950. Seine Aussage war zeitlos und
trifft in ihrer Allgemeinheit auf sämtliche Phasen der medialen
Entwicklung von den 50er-Jahren bis heute zu.

Beispielsweise ging dem Beginn der Verkabelung in den 80ern ein jahrelanger Kulturkampf voraus. 1981 hieß es im *Handbuch der Massenkommunikation:* »Unter Hinweis auf ungeklärte gesellschaftliche Fragen wurden auch Planungen der Deutschen Bundespost gestoppt, elf Großstädte zu verkabeln.«

Ob Kabel unter der Erde oder Satelliten hoch oben über ihr, es gab stets ›ungeklärte gesellschaftliche Fragen‹ und immer viel Kopfschütteln. Nachdem im Juli 1962 der erste Fernsehsatellit, der amerikanische Telstar I, den Betrieb aufgenommen hatte, schrieb ein Amerikaner in Paris an die *New York Herald Tribune:* »Telstar ist, wie Sie wissen, jener komplizierte Ball, der durch den Raum rast und Fernsehsendungen, telefonische Mitteilungen und alles, mit Ausnahme von gesundem Menschenverstand, überträgt.« Richtete man sich bloß nach dem ›gesunden Menschenverstand‹, würde sich noch immer die Sonne um die Erde drehen und Kopernikus wäre der Narr geblieben, für den Luther ihn hielt: Nur ein Narr könne behaupten, »daß sich die Erde dreht und nicht der Himmel und die Sonne und der Mond. Das ist, wie wenn jemand, der in einem fahrenden Wagen oder Schiff sitzt, annehmen wollte, dass er unbeweglich sei und Erde und Bäume sich bewegten.« Der Augenschein trügt, seit unsere Vorfahren das erste Höhlenfeuer anzündeten und vor ihren eigenen Schatten an der Wand erschraken.

Der analoge Satellitenempfang konnte sich erstaunlich lange halten. Der Betrieb endete erst am 30. April 2012. Die Geschichte der Übertragungstechniken ist verschlungen, kompliziert und für die gewöhnlichen Endgeräteverbraucher, zu denen sich der Autor zählt, eigentlich nicht wichtig – jedenfalls solange das funktioniert, von dem man nicht weiß und nicht wissen will, wie es funktioniert. Nur wenn es einmal nicht funktioniert, möchte man wissen, woran es gelegen hat. Als am 25. Juni 2008 in der 57. Minute des in Basel ausgetragenen Fußball-Länder-

spiels zwischen Deutschland und der Türkei plötzlich Bild und
Ton aussetzten, fragten sich rund 30 Millionen Zuschauer in
Deutschland, Österreich und der Schweiz, was passiert sei. Pas-
siert war ein Stromausfall im Wiener Sendezentrum.

Den letzten großen Filmriss, wenn die überalterte Metapher
doch noch einmal hervorgeholt werden darf, gab es in der Nacht
vom 28. auf den 29. März 2017. Den hatte aber kein Sendezentrum zu verantworten, sondern jeder einzelne Zuschauer für
sich. Wem trotz der wochenlangen Warnlaufbänder am unte-
ren Bildrand entgangen war, dass eine Umstellung des digitalen
Antennenempfangs ein Nachrüsten des Fernsehgeräts erforderlich machte, musste (oder durfte?) in jener Nacht den schrecklichen (oder köstlichen?) Augenblick erleben, in dem der Bildschirm plötzlich schwarz wurde. Es war nicht einmal wie früher
ein Testbild mit der Aufschrift »Bildstörung« zu sehen.

Auf dem »offiziellen Informationsportal« dvbt2hd.de wurde
das folgendermaßen beschrieben:

- »DVB-T2 HD ist der Nachfolger des Antennenfernsehens
  DVB-T. Es bietet eine bessere Qualität (Full-HD) und mehr
  Programme (rund 40 in den Ballungsräumen). Gründe für den
  Umstieg sind die Reduktion der bisherigen Übertragungsfre-
  quenzen und der zunehmende Zuschauerwunsch nach HD-
  Inhalten.«
- »Der Empfang von DVB-T2 HD setzt ein geeignetes Emp-
  fangsgerät voraus. Das kann entweder eine Set-Top-Box sein,
  mit der ›alte‹ Fernsehgeräte DVB-T2 HD-fähig gemacht werden, oder aber ein Flachbildfernseher der neuesten Generation mit integriertem DVB-T2 HD-Empfangsteil – beide Gerä-
  tetypen nutzen als Orientierungshilfe das grüne DVB-T2 HD
  Logo. Das grüne DVB-T2 HD Logo steht im Wesentlichen für
  die Kombination des neuen digitalen terrestrischen TV-Über-

tragungsstandards (DVB-T2) und des ebenfalls neuen Standards zur Videokompression (HEVC oder auch H.265). Geräte die lediglich H.264 decodieren können sind nicht für DVB-T2 HD geeignet. DVB-T2 HD-Empfänger sind in der Lage auch DVB-T-Programme zu empfangen (jedoch nicht umgekehrt).«
– »Mit DVB-T2 HD können Sie die vielfältigen HbbTV-Angebote nutzen. Voraussetzung ist, dass Ihr DVB-T2-Empfänger auch HbbTV-fähig ist und mit dem Internet verbunden ist. Bitte beachten Sie, falls Sie als DVB-T-Nutzer bisher über einen Smart-TV HbbTV genutzt haben, funktioniert dies mit der Umstellung auf DVB-T2 nicht mehr am TV-Gerät. Achten Sie daher beim Kauf eines neuen DVB-T2-Receivers auf die HbbTV-Funktionalität!«

Wie kompliziert Fernsehgucken geworden ist. Die Zeiten, in denen man einen Knopf ins Gehäuse drückte und darauf wartete, dass erst der Ton kam und hinterher das Bild (oder war es umgekehrt?), sind schon lange vorbei. Mir ist übrigens aufgefallen, dass manche der smarten Apparate sich beim Start fast so viel Zeit lassen wie Röhrenfernseher. Sie müssen sich wohl erst mit ihrem inneren Computer verständigen. Dafür sind umgekehrt die Computer jederzeit bereit, so zu tun, als wären sie Fernseher. Das üben sie seit zwei Jahrzehnten. 1997 staunte die *Zeit:* »In Ansätzen und vor noch leicht ruckelnden Bildern lässt sich die Multimediazukunft bereits heute im World Wide Web besichtigen.«
Knapp zehn Jahre später, im Dezember 2006, verkündete Monika Piel, Hörfunkdirektorin des WDR und kurz vor der Übernahme von dessen Intendanz: »Fernsehen und Internet werden eins sein, übers Fernsehen der Zukunft zu reden heißt, übers Internet zu reden.« Damit lag sie richtig. Ich fahre zum Bügeln trotzdem nicht den Computer hoch, sondern schalte altmodisch

mein Fernsehgerät an, das nicht einmal DVB-T2 kann und deshalb rein öffentlich-rechtlich ist. Dafür zahle ich eine »Haushaltsabgabe«, wie die seit 1970 erhobene Rundfunkgebühr seit 2013 heißt, mit der alle möglichen (und unmöglichen) Angebote finanziert werden, die ich gar nicht haben will und auch für völlig überflüssig halte.

Der Bügeltest

Um ein Hemd zu bügeln, brauche ich knapp fünf Minuten. Während der *Tagesschau* schaffe ich mithin drei Hemden und einige Stofftaschentücher oder Stoffservietten. Sie sind bei mir neben den Hemden das Einzige, wofür ich heiße Eisen anfasse.

Im Unterschied zum Fernsehen, das sich in historischer Hochgeschwindigkeit aus einem Möbel in ein Medium verwandelt hat, gehört das Bügeleisen zu jenen wohltuenden Gegenständen, die seit Jahrhunderten definitiv gleich geblieben sind. Die Definition bei Wikipedia lautet: »Jedes Bügeleisen besteht aus einem Griff und einer heizbaren Platte.« Das trifft auf die mit glühenden Kohlen und Sand gefüllten Pfanneneisen, die im ›alten China‹ zum Glätten der Seide verwendet wurden, genauso zu wie auf die Hightech-Dampfbügler unserer Tage. Zumal die Akkus es inzwischen möglich machen, schnurlos zu bügeln wie in vorelektrischen Zeiten.

Fürs Fernsehen fällt mir eine ähnlich griffige und zugleich historisch haltbare Grundlagendefinition nicht ein. Man müsste in die nichtssagende Metapher ausweichen: Fernseher sind Fenster, die man nicht öffnen kann. Etwas in dieser Art, was sinnbildlich für die glupschäugigen Röhrenapparate der frühen Jahre ebenso gilt wie für die geschwungenen Flachschirme unserer Smart-TVs. Oder man greift auf diese Definition zurück:

»Der hier zu beschreibende Apparat hat den Zweck, ein am Orte
A befindliches Objekt an einem beliebigen anderen Orte B sichtbar zu machen«. Das Zitat entstammt einer Patentschrift aus
dem Jahr 1884. Paul Nipkow beschrieb damit eine Scheibe voller spiralförmig angeordneter Löcher, mit der sich Bilder »mo-
saikartig in Punkte und Zeilen« zerlegen ließen. Nipkow gilt als
»Wegbereiter des Fernsehens«, wie es auf einer Gedenktafel in
Berlin-Gesundbrunnen heißt. Seine Scheibentechnik wurde
jedoch in den 1930ern durch die elektronische Bildabtastung
Manfred von Ardennes überwunden. Der 1935 in Berlin einge-
richtete erste öffentliche Fernsehsender trug gleichwohl seinen
Namen.

Der Bügeltest funktioniert vor jedem Bildapparat. Innerhalb
von drei mal fünf Minuten stellt sich heraus, dass Fernsehen
kein Informationsmedium ist, ganz gleich, was von den Leuten im Fernsehen behauptet und von den Leuten davor geglaubt
wird. Die davor kriegen nicht einmal mit, wenn die dahinter
einen Gorilla durchs Bild schicken. 1999 hat man Testpersonen
einen 75 Sekunden dauernden Clip mit einem Basketballspiel
gezeigt. Die Zuschauer sollten die Pässe zählen. Nach 44 Sekunden spazierte eine Frau in einem Gorillakostüm durchs Feld. Die
Hälfte der Testpersonen bemerkte das nicht.

Was sieht man also, wenn man fernsieht? Und was sieht man
nicht, sogar wenn man hinguckt, statt Hemden zu bügeln? Die
Wahrnehmungspsychologen sprechen vom Stroop-Effekt*,
wenn es um die Verteilung von Aufmerksamkeit und die Verar-
beitung von Informationen geht. Zeigt man Versuchspersonen
auf einem Bildschirm eine Reihe von Wörtern in verschiedenen
Farben, ist die Gedächtnisleistung der Leute bei Wörtern, die in

---

* Nach dem amerikanischen Experimentalpsychologen John Ridley Stroop, der
  den Test zwar nicht erfunden, aber Mitte der 1930er-Jahre bekannt gemacht
  hat.

der Farbe erscheinen, die sie bezeichnen, deutlich größer als bei Wörtern, die anders aussehen, als sie lauten. Das Wort ›grün‹ in Grün geschrieben prägt sich leichter ein als das Wort ›grün‹ in Rot oder Blau.

Aber was passiert, wenn man beim Fernsehen gar nicht oder nur ab und an hinsieht? »Eine Fernsehsendung, die man mit geschlossenen Augen verstehen kann, ist genauso gut wie eine Hörfunksendung, die sich mit zugehaltenen Ohren begreifen lässt«, meinte Eugen Kogon 1963. Und irrte. Vielleicht wollte er damit sagen, dass das Wesentliche am Fernsehen das Sehen sei – oder sein sollte. Das trifft aber nicht zu, jedenfalls nicht, wenn es um sogenannte Informationsvermittlung geht. Schließlich bekommt man vom Sachgehalt einer Fernsehsendung bei geschlossenen Augen und offenen Ohren mehr mit als beim Anschauen einer Fernsehsendung ohne Ton. Ebendies beweist der Bügeltest.

Wenn ich drei Hemden gebügelt und der *Tagesschau* dreimal fünf Minuten kaum zugesehen habe, kann ich trotzdem wiedergeben, was auf der Welt passiert ist; oder zutreffender: worüber in der *Tagesschau* berichtet wurde. Ließe ich die Hemden ungebügelt und schaute ganz genau hin, schaltete aber den Ton aus, wäre ich schwerlich in der Lage, allein an den Fernsehbildern das Weltgeschehen zu erkennen. Wenn aus dem Off geschwiegen wird, bleiben die Bilder sprachlos. Sie sehen vielleicht interessant aus oder aufregend oder bizarr. Oder sie machen neugierig, ohne sich selbst erklären zu können. Mit diesem Effekt spielt die Reihe »No comment« auf Euronews: eine halbe Minute Film ohne Kommentar, nur mit einem Hinweis zum Ort des Geschehens. Man kann das mit Vergnügen betrachten und gerade wegen der Entblößung der Szenen vom Kontext ein interesseloses Wohlgefallen daran entwickeln. Verständnis entsteht auf diese Weise nicht.

Das ohne Ton Verständlichste dürfte wohl der Wetterbe-
richt sein mit gemalten Wolken oder Sonnen und den hübsch
zuckenden Blitzen auf der Wetterkarte oder dem Wetterdis-
play, wenn ein Gewitter vorhergesagt wird. Aber was wo warum passiert ist, lässt sich von stummen Filmen im Fernsehen
nicht erfahren, nur dass eben wieder etwas passiert ist. Anders
ausgedrückt: Das Fernsehen ist zum Erleben da, nicht zum Verstehen. »Jeder erlebt viel mehr als er versteht«, bemerkte Marshall McLuhan. »Doch gerade das Erleben beinflusst weit mehr
als das Verstehen unser Verhalten, besonders im kollektiven Be-
reich der Medien und der Technik«.

Bis in die 1980er-Jahre hinein konnte die Beschaffung be-
wegter und bewegender Bilder aus Krisengebieten nicht in jedem Fall garantiert werden. Es war völlig normal, das Foto eines
Korrespondenten zu zeigen, der einen knochenförmigen Telefonhörer mit Ringelstrippe am Ohr hielt und dem Publikum aus
dem Off das Weltgeschehen erläuterte.

Bilder ohne Worte lösen Gefühle aus, enthalten jedoch keine
Sachinformationen, wenn man unter Information mehr versteht
als indifferente, kontextlose Signale oder Botschaften aller Art.
Sogar eine Wetterkarte kann das Gefühl der Niedergeschlagen-
heit hervorrufen. Nicht nur wegen der Niederschläge, sondern
wegen der Karte. Als die *Tagesschau* 1960 mit ihren Wettervor-
hersagen begann, zeigte die Karte Deutschland in den Grenzen
von 1937, also einschließlich Pommern, Schlesien und Ostpreu-
ßen. Das sorgte international für Ärger und wurde geändert. Die
Änderung führte dann – erwartungsgemäß – zu Protesten der
Vertriebenenverbände.

Auf andere Weise heimatvertrieben fühlten sich viele Zuschauer, das heißt in diesem Fall: Zuhörer, als im September
2012 eine der Zeitungen mit den großen Buchstaben das Ge-
rücht in die Welt setzte, die Erkennungsmelodie der *Tagesschau*

werde abgeschafft. Der zuständige Chefredakteur beruhigte:
»Die Sorge um das Taa-taa, ta-ta-ta-taaa ist unbegründet.« Es
gab nur eine Art musikalischen Relaunch, passend zum neuen
Gesamtauftritt der Nachrichtensendung mit der elektronischen
›Medienwand‹ im Rücken der Moderatoren. Sogar der Gong
blieb erhalten. Die Zuschauer dürfen weiter ihren Ohren trauen
wie seit 1956: Gong, »Taa-taa, ta-ta-ta-taaa« und »Hier ist das
deutsche Fernsehen mit der *Tagesschau*. Anschließend die Wetterkarte.« Das schwarz-weiße Standbild der ersten Jahre zeigte
stilisierte Antennen und weiße Kreise, Symbole für Sendewel-
len. Die heutige Zählung in der Ansage (»Hier ist das Erste Deutsche Fernsehen«) war 1956 nicht nötig. Das »Zweite Deutsche
Fernsehen« sendete erst ab 1963. Seit Ende 1999 halten sich prominente Fernsehmenschen ein Auge zu und behaupten: »Mit
dem Zweiten sieht man besser.« Unter den Blinden ist der Ein-
äugige König.

Bilder, nicht nur die im Fernsehen, können in einem Augenblick Macht über die Herzen und Hirne der Menschen ge-
winnen. Dennoch verstehen und erklären sie sich niemals von
selbst, was immer Fernsehkritiker, Werbetexter und Programm-
direktoren behaupten:

- In den 90ern glaubte Barbara Sichtermann, damals Fernsehkritikerin der *Zeit:* »Die Kamera ist ein imponierender
  Zeuge, Vergrößerer und Analytiker.« Die Kamera ist ein
  notorisch unzuverlässiger, manipulierter und manipulie-
  render Zeuge. Sie kann vergrößern (und verkleinern) und
  von oben herab- oder von unten hinaufschauen. Analysieren kann sie nicht. Das hat die hochprofessionelle Fernseh-
  kamera mit der ins Handy integrierten Laienkamera gemeinsam.
- 2009 vertrieb das ZDF anlässlich seines neuen Nachrichten-

studios eine Werbebroschüre über die Geschichte der Kommunikation. Sie begann mit der Höhlenmalerei und kulminierte im ZDF: »Nach Tausenden Jahren ist es an der Zeit, dass jeder, überall und wann immer er will, sich über den Lauf der Welt und den Stand der Dinge informieren kann. Deshalb gibt es das neue virtuelle Studio für ZDF heute und ZDF heute journal.« Bei so viel Anmaßung möchte man sich wünschen, ein Neandertaler liefe während einer Nachrichtensendung durchs Studio. Aber vermutlich würde es niemand bemerken.

– Im Jahr 2011 verteidigte ARD-Programmdirektor Volker Herres seine Anstalt gegen die Berichterstattung mit Handyfotos von Laien und gegen Twitter-Botschaften von Augenzeugen: »Mit Handy-Bildern aus Libyen, mit einem Chat oder das Twittern über die Regierungsumbildung geben wir uns nicht zufrieden. Information schlägt Emotion.« Das war nichts weiter als eine programmatisch desinformierende Gefühlsäußerung aus einem Chefbüro. Hanns Hartmann, der erste Intendant des WDR, war da informativer: Er bezeichnete das Fernsehen als »Massenstanze, ein Instrument von grenzenloser Überredungsmacht, ein Mittel der Narkose und der Suggestion.«

Den hässlich harten Boden der Tatsachen beschrieb der polnische Weltreporter Ryszard Kapuściński am Beispiel eines amerikanischen TV-Journalisten während einer Straßenschlacht in Mexiko: »›Was ist denn hier los, John?‹, fragte ich meinen gehetzt herumlaufenden Freund. ›Ich habe keine Ahnung‹, antwortete er, ohne das Auge von der Kamera zu nehmen. ›Ich filme es bloß und schicke mein Material an die Zentrale, die machen dann damit, was sie wollen.‹« Kapuściński spricht angesichts der Bildberichterstattung geradezu von »Fernsehfiktionen«. Hat

US-Präsident Trump also recht mit seinen ›Fake-News‹. Allerdings. Nur auf andere Weise, als er glauben machen will.

Man könnte einwenden, es sei kein Wunder, dass der Wortmann Kapuściński, halb Reporter, halb Schriftsteller, von der Konkurrenz der Bilder nichts hält. Aber so einfach lässt sich dessen Kritik nicht abfertigen. Worte erzählen auch ohne Bilder, aber Bilder bedeuten nichts ohne Worte. Die jeweils aktuelle afrikanische Hungersnot, um es zynisch zu sagen, könnte immer noch mit dem Bild eines ›Negerkindes‹ mit aufgeblähtem Bauch aus der Zeit des Biafrakriegs von 1967 bis 1970 illustriert werden, ohne dass das überhaupt nur zu bemerken wäre und ohne dass damit irgendeine Erkenntnis einherginge. ›Biafra‹ war die erste groß ›herausgebrachte‹ Fernsehhungersnot in deutschen Wohnzimmern. Der erste Fernsehkrieg war ›Vietnam‹ (vor allem die Kriegsphase in der zweiten Hälfte der 60er), der erste Fernsehvölkermord ›Ruanda‹ 1994.

Ich erinnere mich an die Fernsehbilder, die Tausende und Zehntausende auf der Flucht zeigten. Die erschütternden Szenen lösten bei mir die größte Spende aus, die ich jemals überwiesen habe. Erst später begriff ich, dass es sich bei vielen der Flüchtenden um Mithelfer des Genozids handelte, die nach der Beendigung des Schlachtens aus (berechtigter) Angst vor Rache das Land verließen.

Hier ist nicht der Ort, dieses Geschehen zu analysieren oder auch nur oberflächlich darzustellen. Doch handelt es sich um ein weiteres, besonders schreckliches Beispiel dafür, dass die gezeigten Bilder Gefühle erzeugen, deren Wucht und Wirksamkeit ganz und gar unabhängig davon ist, ob man als Zuschauer das tatsächliche Geschehen hinter den gezeigten Bildern überhaupt erkennen, geschweige denn verstehen kann.

Das ist heute nicht anders, mögen sich Gestus und Design der Berichterstattung noch so sehr verändert haben. Ein einziger Hintergrundartikel einer guten Zeitung oder Zeitschrift erklärt mehr und macht mehr verständlich als zehn Ausgaben vom ARD-*Weltspiegel* oder vom ZDF-*auslandsjournal*. Kriegt man von den Bildern beim Bügeln nicht viel mit und konzentriert sich auf den Ton, merkt man schnell, wie wenig sachhaltig diese Berichte sind, und zwar unabhängig von der persönlichen Sachkompetenz der Berichterstatter. Die informationelle Beschränktheit des Mediums liegt am Medium selbst, nicht an seinen Machern.

Nachrufe aufs Fernsehen

1958 verfügten elf Prozent der bundesdeutschen Haushalte über das Fernsehen, heute verfügt das Fernsehen über hundert Prozent der Haushalte. Es hängen Riesenbildschirme an den Wohnzimmerwänden, aus einer Küchenecke kommt Frühstücksfernsehen, die Jugendzimmer sind mit Separatgeräten ausgestattet, mit Smartphones lässt sich jederzeit und überall fernsehen. Das Medium ist dauerpräsent – und trotzdem von gestern. Im Jahr 2007 sank zum ersten Mal, seit Einschaltquoten gemessen werden, die durchschnittliche tägliche Fernsehlaufzeit pro Zuschauer von 212 auf 207 Minuten. In den zehn Jahren davor hatte es stets Zuwächse gegeben, ausgehend von 183 Minuten im Jahr 1996. Nach der Delle in 2007 gab es allerdings in den letztvergangenen Jahren erneut Zuwächse. 2015 wurden 223 Minuten erreicht. Der Absatz von Flachbildschirmen wiederum hatte 2011 einen Höhepunkt: 10 Millionen ›Exemplare‹. 2016 und 2017 waren es jeweils um die 7 Millionen, immer noch viel, sehr viel sogar, wenn man bedenkt, dass die meisten Röhrengeräte schon im Boomjahr 2011 durch Flat-TVs ersetzt worden waren. Inzwischen gehen die Konsumenten dazu über, kleine

Flachbildschirme durch größere zu ersetzen, in der Hoffnung,
dass sie sich bald ganz große leisten können.

Es lässt sich demnach nicht sagen, dass das Fernsehen gleichzeitig technisch im Auf- und medial im Abstieg ist oder dass mit
der Vergrößerung und Verbesserung der Fernsehapparate eine
Selbstentwertung des Fernsehens als Medium einhergeht. Allerdings verringert sich die Gesamtreichweite der zwei mal drei
Großen. ARD, ZDF und die dritten Programme blieben 2015 zusammen mit RTL, Sat1 und ProSieben erstmals unter einem
Marktanteil von 60 Prozent.

War also das Möbelstück im Wohnzimmer, um das sich
abends die Familie versammelte, nicht doch visionärer in seiner
Mittelpunktkonzentration als der High-Tech-Fernsehcomputer
mit den weiten Streufeldern in der Peripherie der Massenauf-
merksamkeit? Ist die äußere Imposanz der TV-Maschinen eine
unfreiwillige Karikatur ihrer eigenen pompösen Irrelevanz? Haben sich die Hoffnungen, die in der Vergangenheit in die Zukunft des Fernsehens gesetzt wurden, erfüllt oder nicht? Wurden Wünsche wahr, die gar keiner hatte? Oder wurden sie nicht
vielmehr übererfüllt? Im Jahr 1975 hieß es in einem Buch über
die *Theorie der Massenkommunikation*, erschienen in der damals unter Intellektuellen ›kultigen‹ Reihe *edition suhrkamp*:
Möglich sei nun »die ›Verdrahtung‹ der gesamten Erdoberfläche«, was »praktisch unbegrenzte Möglichkeiten des Bild- und
Tontransports« ermögliche. »So können in Ballungsräumen [...]
über einen Anschluss ohne Schwierigkeiten 14 Fernsehprogramme zugleich empfangen werden«. 14 Programme! Gleichzeitig! Im Rückblick wirkt diese Vorausschau auf künftige Vielfalt eher einfältig.

Ein gutes halbes Jahrzehnt später konstatierte das *Handbuch
der Massenkommunikation:* »Die Weiterentwicklung der Ab-
spielgeräte und der Technik zur Speicherung von bewegten und

stehenden Bildern auf Bändern und Platten machen den Rezipi-
enten unabhängig von den starren Programmschemata, die ihm
das herkömmliche Fernsehen auferlegt.«

In den frühen 90ern sprach der Medienphilosoph Friedrich
Kittler trotz (und wegen) der vielen Programme von ›Fernseh-
Dämmerung‹. Der damalige Cybertheoretiker Florian Rötzer be-
stätigte: »Wie das Fernsehen bereits weitgehend den Kinofilm
verdrängt hat, so werden die künftigen multimedialen Produkte
einer künstlichen oder virtuellen Realität das herkömmliche
Fernsehen, das Starren auf einen, wenn auch zur Heimkino-
wand aufgeblähten Bildschirm verdrängen, auf dem ein, vom
Zuschauer wesentlich unbeeinflußbares, zumeist nur ein- oder
abschaltbares Programm lediglich auf den audiovisuellen Kanälen abläuft.« Die seit den schönherrschen Klospülungen viel
herbeigewünschte Interaktivität ist jedoch trotz der Multimedi-
alität des Fernsehens beim Fernsehen immer noch nicht eingetreten. Die ›normalen‹ Zuschauer, von denen erstaunlich viele
nachwachsen, einfach durchs Älterwerden, wollen womöglich mehr in Ruhe gelassen werden, als sich das die Interakti-
visten vorstellen. Selbst Leute, die sich bei Cybergames ausagie-
ren, und die Zahl der Spielkonsumenten wächst von Jahr zu Jahr,
wollen sich beim Fernsehen zurücklehnen.

2006 hieß es in der *Zeit,* es werde »in zehn Jahren wohl keine
Sendung mehr geben, bei der ein Zuschauer davon ausgehen
kann, dass die meisten Kollegen oder Freunde sie ebenfalls sehen.« Als die zehn Jahre vorüber waren, bot die Telekom diese
Lösung an: »Sie wollen sich mit den Kollegen über die neuesten
TV-Highlights austauschen? Ein Ranking der meist gesehenen
TV-Sendungen zeigt Ihnen, welche Sendungen gerade angesagt
sind.« 2008 zeigte sich die Intendantin des RBB, Dagmar Reim,
davon überzeugt: »Das Fernsehen des Jahres 2018 wird sich
nicht grundlegend von dem des Jahres 2008 unterscheiden.«

2011 wiederum prophezeite der *Tagesspiegel:* »Die Verschmelzung von TV und Internet wird das herkömmliche Fernsehen
überwältigen. Mit dem Zuschauer-User wird die Macht sein. Der
Ego-Nutzer kündigt sich an.« Und: »Nie wird die Chance größer,
dass der Kluge mit der Kulturtechnik Fernsehen klüger wird, nie
das Risiko größer, dass der Dumme mit dem Smart-TV dümmer wird.« Und stets wird das Risiko bestehen bleiben, dass die
Dummen sich für klüger, die Klugen aber keinesfalls für dümmer halten, als sie sind.

Die Kassandra-Rufe sollen nicht weiter fortgesetzt werden,
zumal es gar nicht ausgemacht ist, dass der Untergang des Fernsehens oder dessen ›Überwältigung durchs Internet‹ so schrecklich wäre. Kassandra bekam ihre Sehergabe von Apollo, der sie
nach ihrer Liebesverweigerung damit bestrafte, dass niemand
ihren Vorhersagen glauben solle. Bei den heutigen Rufern hat
man eher den Eindruck, dass ihnen alles geglaubt wird, was sie
in den jeweiligen Phasen ihres Meinens verkünden. Jedenfalls
dann, wenn sie über einen gewissen Relevanzstatus in der Öffentlichkeit (und am besten im Fernsehen) verfügen. Das Fernsehen selbst thematisiert in Talkrunden seinen Statusverlust
beim Publikum der Zukunft.

Wenn der Untergang nicht eintritt, macht das auch nichts.
Das mediale Kurzzeitgedächtnis hat dessen Vorhersage längst
vergessen. Dagegen haben Schulbücher ein langes Gedächtnis,
jedenfalls, wenn man sie in Ruhe lässt. Beim Ausräumen eines
Jugendschranks in meinem Elternhaus habe ich ein Stenographie-Lehrbuch aus der Dackelohrkragenzeit wiedergefunden.
Darin entdeckte ich dieses Prüfungsdiktat voll pädagogischem
Optimismus. »Mit Sicherheit kann man feststellen, dass das Medium Fernsehen als Leitmedium noch eine große Zukunft hat.
Eine wertvolle Ergänzung [...] werden die Videorekorder sein,
die es möglich machen werden, Unterweisung und Unterricht

den jeweiligen Verhältnissen anzupassen.« Den Verfassern blieb verborgen, dass das Stenographieren, das sie mit diesen Diktatsätzen prüften, keine Zukunft mehr hatte. Die Videorekorder änderten daran nichts.

5. Bildspeicher

Von der Videokassette zum Streaming

Der erste Videorekorder für den Massenmarkt wurde 1972 ausgeliefert. Der letzte Hersteller gab 2016 das Ende der Produktion bekannt. Was für ein dramatischer ›Lebenslauf‹: Aufstieg und Niedergang im Modus ›fast forward‹. Im Schnellvorlauf eroberte der Apparat die Haushalte, Herzen und Hirne der Leute, um dann im Handumdrehen zum Museumsstück zu werden. 1979 wurden in der Bundesrepublik etwa 270 000 Geräte verkauft, zwei Jahre später waren es bereits rund 750 000 und ein weiteres Jahr später 1,4 Millionen Geräte. Mitte der 80er verfügte jeder vierte Haushalt über einen Videorekorder.

Ähnlich rasant verlief die Ausbreitung der Videotheken zu Beginn der 80er und ihr Niedergang nach der Jahrtausendwende: Bei der ersten Erhebung 1980 wurden 940 Videotheken gezählt, im Folgejahr bereits 3820, also viermal so viel; im ersten Jahrzehnt nach dem Jahrtausendwechsel halbierte sich dann die Zahl der Kunden von gut 14 auf 7 Millionen. In der Mitte des zweiten Jahrzehnts, 2015, gab es 1186 Videotheken, und 2016 unterschritt der ›Bestand‹ erstmals mit gut 900 denjenigen zu Beginn der Erhebung im Jahr 1980.

Unter meinem Fernsehapparat steht ein Aufnahmegerät mit zwei Schächten, einer für DVDs, der andere für VHS-Kassetten. Dieses Gerät habe ich vor ein paar Jahren neu gekauft. Ich musste ziemlich herumsuchen und -surfen, um einen Elektromarkt zu finden, der solche Dinger überhaupt noch am Lager hielt. Dessen Angebot stellte sich als minimal heraus: ein einziges Gerät. Seit ich es gekauft habe, garantiert es, einstweilen, den Fortbestand der Möglichkeit, meine Videokassetten mit einem Videorekorder und meine DVDs mit einem DVD-Player abzuspielen. Die Gewährleistung der technischen Wiedergabemöglichkeit löst aber nur einen Teil des Problems. Mein in berechtigter Torschlusspanik gekaufter Doppeldecker kann nicht verhindern, dass die auf den Magnetbändern der VHS-Kassetten gespeicherten Daten zerbröseln. Dateien sind keine Kekse, ich weiß, aber ich weiß eben nicht, wie ihre Auflösung genau vor sich geht. Werden die braunen Bänder spröde wie früher das Zelluloid auf den Super-8-Spulen? Oder ist der Zerfall elektronisch und die Elementarteilchen machen sich aus dem Staub?

Meine Sammlung ist zum Glück überschaubar: Dokumentationen zu Themen, über die ich ›schon immer mal schreiben‹ wollte und nie dazu gekommen bin; historische Dokumentationen; ausgewählte Tierfilme (mein Lieblingsgenre im Fernsehen); gekaufte oder bei Fernsehausstrahlungen mitgeschnittene Filmklassiker wie *Außer Atem* von Jean-Luc Godard aus dem Jahr 1960. Ich sollte ihn mir wieder einmal ansehen, schon um eine Bemerkung des Regisseurs zu widerlegen:»Heute sieht man sich keine Filme mehr an, man speichert sie auf Videokassetten. Doch je mehr Kassetten man kauft, desto weniger Zeit hat man, sie anzuschauen. Man legt Vorräte an, die man nicht aufessen kann.« Ob Godard Kassetten für Kekse hielt?

Natürlich hatte der Regisseur recht. So überschaubar meine eigenen ›Vorräte‹ sind, zum Anschauen fehlt mir doch die Zeit. Und weil mir diese Zeit bis ans Lebensende fehlen wird, kann ich mir die Mühe sparen, meine VHS-Kassetten auf einen Stick zu überspielen. Dabei werden hin und wieder preiswerte Geräte angeboten, die das elektronische Archivieren problemlos erledigen, auch wenn ich Probleme habe, zu verstehen, wie das geht:»Der USB-VHS-Videorekorder überträgt analoges Filmma-

terial über den USB-2.0-Port auf den PC oder Laptop. Die durchschnittliche Lebenserwartung einer VHS-Aufnahme beträgt bei
optimaler Lagerung – lichtgeschützt, bei geringer Luftfeuchtig-
keit und konstanter Temperatur – um die 15 Jahre. Ihre Bänder
sind im digitalem Zustand besser vor dem Alterungsprozess geschützt und lassen sich mit der mitgelieferten Software EZ VHS
Converter auf DVD oder CD brennen. Die Software rechnet Ihre
Videos auf Wunsch auch in das passende Format für PSP, iPod
und andere Mediaplayer um.«

Man vergleiche die Warnung – oder ist es eine Drohung: 15
Jahre Lebenserwartung! – mit einer Anzeige des japanischen
Herstellers JVC* aus dem Jahr 1980. JVC zeigte sich stolz, auf
»die Erfindung des VHS-Systems. Es macht Video handlich und
kompakt. Und ist damit ein idealer Dokumentationsträger in
neuer Dimension.« Eine ziemlich kurzlebige ›Dimension‹ angesichts der historischen Tatsache, dass dieser ›ideale Dokumentationsträger‹ nicht einmal die Lebenszeit des Dokumentieren-
den übersteht.

Die Annonce erschien seinerzeit in der Kulturzeitschrift
TransAtlantik. Vielleicht hat deshalb JVC beruhigt:»Das Medium Video wird sicher nicht den Sinn des Buches und seine
Funktionen ersetzen können.« So zartfühlend und rücksichts-
voll gegenüber der alten Welt des Buches zeigen sich die gegenwärtigen ›Zukunftsmedien‹ nicht.

Zu seinen besten Zeiten galt das Videoband als Medium der
Selbstbestimmung, das dem Fernsehzuschauer ermögliche,
den Zwängen des Programmschemas zu entkommen. Zugleich
wurde der Zugriff auf das schematisierte Programm optimiert.
Auch wenn man nicht zu Hause war, brauchte man keine Sendung zu verpassen, weil man deren Aufzeichnung in Abwesen-

---

* JVC gibt es seit 2008 als eigenständiges Unternehmen nicht mehr.

heit über die Rekorderuhr einstellen konnte; und wenn man doch zu Hause war, konnte man die Sendung ebenfalls aufzeichnen und später ansehen. Beides wurde noch einfacher, seit 1985 die Sender Signale aussandten, die auch ohne Programmierung der Uhr eine Videoaufzeichnung auslösten. Man musste nur noch den richtigen Zahlencode eingeben, der in den Fernsehzeitschriften unter den Titeln der Sendungen abgedruckt war. Beim Ansehen der aufgezeichneten Sendungen ließen sich mit etwas Fingerspitzengefühl im Schnelldurchlauf sogar die Werbeblöcke der Privatkanäle überspulen.

Allerdings war das Anschließen eines Rekorders an einen Fernseher und die Speicherung der Fernsehkanäle auf den Programmplätzen des Rekorders gar nicht so einfach, nicht für mich. Wie oft habe ich über der Gebrauchsanweisung gebrütet: »Um eine Video-Cassette über Ihren Fernseher abzuspielen oder ein TV-Programm über den eingebauten Video-Recorder-Tuner zu wählen, müssen Sie zuerst Ihren Fernseher auf den Video-Kanal 36 abstimmen.« Video-Kanal 36? Ich kannte das SO 36*, in dem die Kreuzberger Nächte lang waren, wie die »Gebrüder Blattschuss« in ganz Westdeutschland seit Ende der 70er sangen, aber was ein Video-Kanal 36 ist, hätte ich googeln müssen. Jetzt habe ich gegoogelt und kann mich trösten: Anderen geht es noch heute so, wie es mir vor 20, 30 Jahren ging. Auf einem Forum jammert jemand: »ich finde den blöden Frequenzkanal 36 nicht«, gibt dann allerdings zu: »Ich bin technisch gesehen total blöd.« Dann folgt zwischen Klammern und

---

* ›SO‹ stand ursprünglich für Südost, die 36 für die Postleitzahl dieses Teils von Kreuzberg. Der andere, mehr ›bürgerliche‹ Teil war Kreuzberg 61. Diese Bezirkszahlen hingen hinten: also 1000 Berlin 36 oder 1000 Berlin 61. Die *Kreuzberger Nächte* spielten selbstverständlich in 36. Die »Gebrüder Blattschuss« sangen das Lied erstmals 1978 und singen es immer noch. Auf der Website verkünden die alten Herren ganz auf der Höhe der Zeit: »Die Gebrüder Blattschuss Live-Show dauert etwa 45 Minuten plus Zugaben, danach ist dann Zeit für Selfies.«

Interpunktionssmiley die Entschuldigung: »(bin ne Frau, wobei ich natürlich nicht jeder Frau unterstelle, so blöd zu sein wie ich;-))«

Bei Waschmaschinen lassen sich Top- und Frontlader unterscheiden. Bei Videorekordern auch. Bei Waschmaschinen in Einbauküchen ist das Öffnen an der Vorderseite praktischer. Steht die Maschine frei, kann man etwas obendrauf stellen, während des Schleudergangs zum Beispiel einen Schalensitz mit Säugling – zur Beruhigung. Im Wohnzimmerschrank macht sich ein frontladender Rekorder ebenfalls besser. Er passt platzsparend in ein schmales Fach unter den Fernseher.

Die Bänder selbst kann man im Bücherregal aufreihen, alphabetisch oder nach Sachgruppen oder nach Genres, nur der Größe nach nicht. Die Formate sind im Unterschied zu denen von Büchern gleich. Allerdings taten Kassettenhüllen mitunter, als wären sie Bücher. Solche Hüllen lassen sich noch heute auf eBay ersteigern. Ich erinnere mich, in einem ›kultivierten‹ Haushalt eine solche VHS-Bibliothek gesehen zu haben. Manchen Schachteln war, dem Buch-Outfit zum Trotz, ein »Video« auf den Rücken geprägt.

Die selbst gefilmten Videos sollten natürlich in einer eigenen Abteilung untergebracht sein. Einst setzten die Super-8-Filme die Geduld von Verwandten, Freunden und Nachbarn schweren Belastungsproben aus, danach folgten die noch belastenderen Videoabende. Zehntausende von Vatis arbeiteten während des Urlaubs hart daran, diesen Urlaub zu dokumentieren, damit nach der Rückkehr bewiesen werden konnte, dass man fort gewesen war. Man ging auf Reisen und brachte Bilder mit nach Hause. Von unterwegs schickte man Postkarten. Heute schickt man die Bilder von unterwegs, von Smartphone zu Smartphone. Oder man postet sie auf Facebook und Instagram.

Die VHS-Kassetten blieben während ihres kurzen Lebenslaufs nahezu unverändert, aber die Videokameras wurden in derselben Zeit immer leichter und handlicher. Für ambitionierte Familienfilmamateure wurde es möglich, das Leben ihrer Kinder in eine umfassende Doku zu verwandeln. Wo andere Fotos in Alben klebten, legten sie Videoarchive an. Inzwischen findet auch das Lebensbegleitdokumentieren in den sozialen Medien statt. Manches Neugeborene von 2017 wird 2037 sein gesamtes 20-jähriges Leben auf intermedialen Plattformen ›in der Cloud‹ besichtigen können.

In den Videofilmen des letzten Drittels des 20. Jahrhunderts konnte man auch über Sex reden. Während der beiden Nach-68er-Jahrzehnte hingen viele Menschen dem Irrglauben an, Sex sei etwas Natürliches. In Amateurvideos drückte sich das entsprechend aus. In manchen besonders befreiten Familien wurden befreundeten Paaren in der Garage Home-Pornos vorgeführt, die natürlich nicht so hießen. Bei diesen Gelegenheiten ging es herausfordernd leger zu. Aber die Frauen machten immer noch die Schnittchen. Oder Canapés. Oder Käsewürfel mit Traube obendrauf.

Dass Sex in erster Linie etwas Symbolisches ist, rief der Film *Sex, Lügen und Video* von Steven Soderbergh in Erinnerung. Er tat das auf eine Weise, die im Erscheinungsjahr 1989 ›provozierend‹ wirkte und heute zu dem gehört, was man als Vintage-Avantgarde bezeichnen könnte. Nachsichtig amüsiert und geduldig gealtert sieht man zu, wie ein sanfter junger Mann junge Frauen von ihren ›sexuellen Erfahrungen‹ berichten lässt und sie dabei filmt. Das Filmen der Erzählungen der Erfahrungen erfolgt mit Einwilligung der Frauen. Inzwischen macht es die Allzweckwaffe Smartphone möglich, nicht die Erzählungen, sondern die Erfahrungen zu filmen und ins Netz zu stellen. Ohne Einwilligung der Frauen.

Die Allzweckwaffe Smartphone macht neben visueller Bloßstellung sogar Kinofilme möglich, etwa das 2016 herausgekommene *Tangerine L. A.* von Sean Baker. Das Transgender-Gebalge in Los Angeles (es wird viel geliebt und viel aufeinander eingedroschen) wurde mit drei iPhones gefilmt, ausschließlich mit diesen iPhones. Aber warum nur? »Das war eine finanzielle Entscheidung«, erklärt der Regisseur: »Ich hatte nur ein sehr schmales Budget. Außerdem werden die kleinen Independentfilme derzeit alle mit denselben Kameras gedreht und sehen alle gleich aus. Davon wollte ich mich ein bisschen absetzen. Obwohl es digital ist, hat es auf der Leinwand etwas von einem alten 16-Millimeter-Film.« Schon wieder mediales Vintage. Die allerneueste Technik ruft nostalgische Sehgefühle hervor. Das entspricht der nostalgischen Beschreibungsmetaphorik: Filme werden immer noch ›gedreht‹. Als müssten die Kameraleute wie in den frühen Tagen Hollywoods eine Kurbel in Bewegung setzen, um Zelluloidbänder in Riesenspulen zu belichten. Baker schwärmte zwar einerseits vom 16-Millimeter-Touch, zog es andererseits aber vor, seine iPhone-Aufnahmen am Computer zu bearbeiten. Die Farben wirkten im Original nicht knallig genug für seinen schrillen Film.

Steven Soderbergh kündigte im Juli 2017 an, ebenfalls einen Phone-Film zu drehen. Er soll *Unsane* heißen. ›Sane‹ heißt so viel wie gesund, normal, vernünftig. ›Unsane‹ müsste mithin das Gegenteil bedeuten. Allerdings findet sich das Wort nicht im Webster, dem großen Wörterbuch der englischen Sprache, sondern nur auf Youtube. Im Webster fehlt ›unsane‹, weil ihm zufolge ›insane‹ das Gegenteil von ›sane‹ ist. Auf Youtube ist Unsane der Name einer amerikanischen Band, die Krach macht, höflicher ausgedrückt: Noise-Rock. Sie wurde im VHS-Zeitalter gegründet (1988, im Jahr vor dem Erscheinen von *Sex, Lügen und Video*), 2000 aufgelöst und 2003 neu gegründet. Seitdem brachte sie Mitschnitte ihrer Konzerte auf DVDs unter die

Leute. Und hatte nicht Soderbergh 2005 verkündet, seine Filme künftig gleichzeitig auf DVD und im Kino herauszubringen? Auf diese verdrehte Weise würde alles wunderbar zusammenpassen: Krachrock, filmende Wischtelefone und DVDs.

Bildträger müssen wie Tonträger mit Abspielgeräten harmonieren, was wiederum die Durchsetzung eines Formats als Norm voraussetzt oder wenigstens die Reduzierung der Formate auf eine Anzahl, die jedem von ihnen ein ausreichend großes Marktsegment übrig lässt. Auch VHS setzte sich erst nach einem ›Formatkrieg‹ durch, wie die Medienhistoriker es ausdrücken. Als JVC im Herbst 1977 den ersten VHS-Rekorder vorstellte, waren Videorekorder bereits vier Jahre auf dem Markt. Zwei Jahre nach JVC präsentierten Philips und Grundig gemeinsam das System Video 2000, das sich gegen VHS jedoch nicht behaupten konnte. Das hatte technische, aber auch Marketinggründe. Vor allem jedoch lag es daran, dass VHS-Kassetten zwei Stunden aufzeichnen konnten, was die Konkurrenzsysteme zunächst nicht erreichten. Das System Betamax beispielsweise blieb bei einer Stunde – ziemlich unpraktisch für Leute, die im Fernsehen Spielfilme mit der Standardlänge von 90 Minuten mitschneiden wollten.

Bis Ende der 80er-Jahre war der ›Krieg‹ auf dem europäischen und amerikanischen Markt zugunsten der VHS entschieden, und die stets irgendwie klapprig wirkenden Kassetten konnten ihre nahezu monopolartige Stellung bis zum Ende des Magnetbandzeitalters behaupten. Die Videorekorder gaben beim Einziehen der Kassetten mechanische Arbeitsgeräusche von sich und surrten beim Abspielen. Es war hörbar, wie die Bänder liefen und mit ihnen gewissermaßen die Bilder.

Die DVD machte alldem ein Ende. Wie die CD das Knistern der Schallplatte im Nachhinein aus einem Störungs- in ein Stimmungsgeräusch verwandelte, so ließ der lautlose Lauf der DVDs

das Summen und Brummen, Rattern und Klackern der Videorekorder nun als eine Art Betriebsmusik erscheinen, die akustisch etwas Wärme in die Beziehung zwischen Mensch und Maschine brachte.

Aber so wenig die ›Kühle‹ der CD ihren sagenhaften Triumph
über die Schallplatte verhinderte, so wenig schadete die Glätte
der DVD ihrem ebenso sagenhaften Aufstieg – und zwar spätes-
tens, seit sich 1995 die großen Hersteller auf gemeinsame Standards bei Bildträgern und Playern geeinigt hatten. Zehn Jahre
später, als neben anderen auch Soderbergh für seine Filme Pa-
rallelstarts in den Kinos und auf DVD ankündigte, griff die Pa-
nik der Kinos vor der DVD so weit um sich, dass manche Kinos
sich weigerten, Filme ins Programm zu nehmen, die zeitgleich
auf DVD erschienen.

Die Geschichte des Kinos war immer eine der Angst vor frei-
und fremdlaufenden Bildern. Lange wurde befürchtet, das Fernsehen würde den ›Lichtspieltheatern‹ den Garaus machen; dann
befehdete man die Videorekorder, obwohl deren Heimkinoan-
spruch ein sehr unvollkommener war; danach zitterte man vor
der DVD und vor Beamern, die es durch ihre Projektion ermög-
lichten, im Wohnzimmer Wandkino zu spielen. Inzwischen löst
›das Internet‹ Angst und Schrecken aus. Der Regisseur Christo-
pher Nolan beschwerte sich über den Streamingdienst Netflix:
»Sie haben diese sinnlose Grundsatzentscheidung, dass alles
gleichzeitig gestreamt und veröffentlicht werden muss, was of-
fensichtlich ein unvertretbares Modell für Kino-Präsentationen
ist.«

Die Höhepunkt des Absatzes von DVDs wurde 2010 erreicht,
als die Stückzahlen über die Hundertmillionengrenze stiegen.
Danach gingen die Verkaufszahlen kontinuerlich zurück, bis sie
2016 unter die von 2003 fielen, als 65 Millionen DVDs verkauft
wurden. Die Marktkurve ähnelt im Muster jener der Videokas-

sette: raketenhafter Aufstieg, kurzer Peak, rasanter Niedergang. Und was die DVD der Videokassette antat, das wurde ihr selbst von der Blu-Ray Disc angetan.

Ich selbst kenne Blu-Ray nur vom Internet und hatte tatsächlich noch nie eine dieser optischen Speicherplatten in der Hand. Technisch bin ich bei VHS und DVD stehen geblieben, bei zusätzlicher Minimalerfahrung mit CD-ROMs. Eine dieser CD-ROMs enthält eine *Digitale Bibliothek der Philosophie*. Das ist nicht übertrieben. Auf einer einzigen Scheibe befinden sich zwei philosophische Lexika, eine ausführliche Philosophiegeschichte und dazu 45 000 Seiten mit den ungekürzten Meisterwerken der Philosophie von Platon bis Nietzsche. Die Scheibe befindet sich seit 2001 in der philosophischen Abteilung meiner Bibliothek, zwischen Werken von Nietzsche und Platon. Ich habe sie nie benutzt, kein einziges Mal. Zum Lesen bevorzuge ich Bücher, und wenn es darum geht, bestimmte Stellen aufzufinden, nutze ich lieber gleich das Internet.

Wer Blu-Ray-Disketten hat, braucht einen Blu-Ray-Player. Die günstigsten Preise der Wiedergabegeräte liegen deutlich unter 100 Euro. Das Auf- oder Umrüsten der Heimspielanlagen lässt sich ohne Konsumentenkredit finanzieren. Das war bei der TED-Bildplatte anders. Die heute vergessene Technik kam 1975 auf den Markt und konnte sich keine zwei Jahre halten. Die Laserdisc von 1980, ihre technische Nachfolgerin, war kaum erfolgreicher. Beide Bildplatten hatten Schallplattendurchmesser und funktionierten analog, auch wenn keine Diamantnadeln in Vinylrillen entlangfuhren, sondern Laserstrahlen in Metallfurchen.

Wollte man die bisherigen Ton- und Bildträger ›morphologisch‹ klassifizieren, also nach ihrer äußeren Form und Beschaffenheit, könnte man sie in zwei Typen unterteilen: Scheiben und Schachteln, wobei die Scheiben sowohl am Anfang der

Entwicklung stehen (Schellackplatten) als auch an deren bisherigem Ende (Blu-Ray). Die Brücke zwischen beidem bilden die Schachteln, die zusammen mit den von ihnen umschlossenen eigentlichen Bild- und Tonträgern in die Wiedergabegeräte eingeführt werden (Tonkassetten, VHS-Kassetten, Mini-Disketten, Floppy-Discs). Scheiben und Schachteln muss man für die Inbetriebnahme in die Hand nehmen. Man kann sie sammeln, und wenn man ihrer überdrüssig ist, muss man sie auf gegenständliche Weise loswerden, weil sie eben Dinge sind.

Das alles trifft für Streaming und Video on Demand nicht zu. Die Daten brauchen keine Scheiben und Schachteln mehr, auf und in denen sie sich aufhalten, bevor sie sich in Bilder verwandeln. Ein paar Klicks genügen, um sie aufs Endgerät zu holen, sei es ein Smartphone, ein Tablet oder ein Flatscreen. Man sucht nach kostenlosen Inhalten; oder man abonniert; oder man zahlt, was man sieht.

In Deutschland wird der Markt von ›sechs Gorillas‹ beherrscht, wie es im Branchenjargon heißt: Amazon, Apple, Google, Maxdome, Netflix und Sky. Marktführer ist Amazon. Es erreicht vier Prozent der Bevölkerung. Unter jüngeren Leuten ist Netflix der Renner. Es ist seit 2014 in Deutschland aktiv und verklebt ganze Großstädte mit Werbeplakaten. Gegründet in den 90ern als Online-Videothek hat es bis 2007 vor allem DVDs verschickt. Im Juli 2017 soll es die magische Zahl von 100 Millionen Abos erreicht haben. Man kaufte und versendete vor allem Serien, dann begann man, selbst Serien zu produzieren, und inzwischen produziert man sogar Spielfilme. Das Streamen dieser Filme ist keine Zweitvermarktung nach der Kinopräsentation, sondern erfolgt parallel. Auch Blu-Rays werden verkauft, allerdings neigt sich deren Absatzkurve nach unten.

Am 1. August 1981 kurz nach Mitternacht zeigte der ame-

rikanische Musiksender MTV* den ersten Musik-Clip. Es war
der Clip zu *Video killed the Radiostar* von The Buggles aus dem
Jahr 1979. Ein Youtube-Kommentar von 2016 zu diesem Clip
lautet: »video killed the radio star, dvd killed the video star,
blu-ray killed the dvd star, streaming services killed the blu-
ray star«.

Vor der Arbeit an diesem Buch hätte ich mir weder zugemu-
tet noch zugetraut, auf Youtube andere Musik anzusehen (so
muss man es formulieren) als versonnen spielende Orchester,
versunken singende Chöre und händeringende Operndiven. Es
wäre allenfalls denkbar gewesen, den ABBA-Mädchen nostalgisch eine Weile beim Herumhüpfen zuzusehen oder andere
Stars der Vergangenheit für einen Drei-Minuten-Clip zu reani-
mieren. Dass *Gangnam Style* bei mir zu einem Ohrwurm werden könnte, hätte ich mir schon deshalb nicht vorstellen können, weil ich von *Gangnam Style* noch nie gehört hatte – trotz
der 2,8 Milliarden Aufrufe des Videos auf Youtube. *Gangnam
Style* stammt von dem südkoreanischen Rapper Psy, erreichte im
Dezember 2012 die erste Klick-Milliarde und blieb bis zum Juli
2017, als es entthront wurde, das am häufigsten aufgerufene Musikvideo, seit es überhaupt Musikvideos gibt. Gangnam ist ein
Stadtteil von Seoul, in dem die ›Reichen und Schönen‹ der südkoreanischen Boom-Gesellschaft ihren Lebensstil zelebrieren.
Psy, der in diesem Stadtteil aufgewachsen ist, parodiert diesen
konsumfetischistischen, übersexualisierten Lebensstil. Aber er
parodiert ihn gewissermaßen von innen heraus und bekräftigt
ihn zugleich. Das ist, drastisch ausgedrückt, irgendwie ›abge-
fuckt‹, hat aber musikalisch und tänzerisch Power und geht in
Ohren und Beine. Die ästhetische wie technische Perfektion des

---

* MTV Germany sendete von 1997 bis 2015. Seit März 2017 ist es als Livestream
empfangbar. Für 2018 ist wieder eine unverschlüsselte Ausstrahlung übers
Fernsehen geplant.

Videos ist von den Laufgeräuschen des wirklichen Lebens vollkommen frei.

Das Youtuben zu Hause hat inzwischen die älteren Generationen erreicht. Die Leute unter 20 (oder vielleicht eher unter 15) schauen sich die Videos unterwegs an, zum Beispiel unterwegs zu den VideoDays, die seit 2010 in Köln veranstaltet werden. Damals kamen 400 Fans. Heute sind es 15 000.

Eine Mondlandung auf VHS

Der ungewöhnlichste Tonträger in der gesamten Technikgeschichte ist die goldene Schallplatte – nicht diejenige, mit der Musikstars für ihre Verkaufserfolge ausgezeichnet werden, sondern diejenige, mit der sich die Amerikaner in ihrem unvergleichlichen Optimismus den Außerirdischen verständlich machen wollten. Die Platte besteht aus goldüberzogenem Kupfer, enthält neben anderem einen Sampler mit 90 Minuten »Sounds of Earth« und befindet sich an Bord der Voyager 2. Zu den Erdenklängen gehören wehender Wind, Gesänge der Wale, Initiationslieder der Pygmäenmädchen in Zaire, der *Melancholy Blues* von Louis Armstrong, der erste Satz des 2. *Brandenburgischen Konzerts* von Bach und die Arie Nr. 14 aus Mozarts *Zauberflöte*. Dort singt die bösewichtige Königin der Nacht: »Der Hölle Rache kocht in meinem Herzen, Tod und Verzweiflung flammet um mich her.« Merkwürdige Wahl für eine Botschaft in unbekannte Welten.

Voyager 2 ist seit August 1977 unterwegs und fliegt (oder fällt) immer noch durch den Raum. Bei ihrem Start war Jimmy Carter Präsident der Vereinigten Staaten, und so ist auf der Platte ein von ihm gesprochener Gruß an Außerirdische gespeichert. Ob er für Leute, die hinter dem Mond leben, von Belang oder

auch nur verständlich ist? Wenigstens bekommen sie nicht die
Stimme Donald Trumps zu hören. Aber vielleicht belauschen
sie die Netze der Menschheit und wundern sich über das Kurz-
text-Gezwitscher des Präsidenten.

Voyager hat das Sonnensystem inzwischen verlassen. Man
stelle sich vor, wie irgendein Alien auf einem Exoplaneten die
Botschaften entschlüsselt, während in ihm der Entschluss reift,
den seltsamen Leuten auf dieser komischen Erde einen Besuch
abzustatten – aus Neugier. Oder aus Eroberungslust? Werden
die Exoplanetarier eine Flotte ausrüsten wie 1492 Christoph Ko-
lumbus und durch das kosmische Meer nach Amerika fahren?
Und wird es den heutigen Amerikanern und der Menschheit
insgesamt ergehen wie einst den Ureinwohnern? Die Exos übernehmen die Macht, und wir Natives kommen in Reservate. Oder
in Menschenzoos.

Wie dessen europäische Abteilung artgerecht auszugestalten
wäre, wissen unsere Wärter vom Fernsehen. Am 30. September 2006 strahlte der Kultursender arte die 160-Minuten-Doku
CosmicConnexion aus. Während die Bilder über die Schirme zogen, wurden sie zeitgleich von einer Parabolantenne »als erste
Fernsehbotschaft an die Sterne« ins All geschickt: in Richtung
eines im Sternbild Kepheus* vermuteten, 45 Lichtjahre entfern-
ten Exo-Planeten, auf dem sich möglicherweise Leute herum-
treiben.

Das animierte Menschenpaar, das durchs Programm führte,
begrüßte die Exos: »Liebe Bewohner des Kosmos, Außerirdische,
ihr Lieben, guten Abend«. Stephen Hawking kann darüber nur
den Kopf schütteln. Er rät von Versuchen, mit ›Außerirdischen,
ihr Lieben‹ Kontakt aufzunehmen, ohne Umschweife ab. Die Be-

---

* Kepheus ist in der griechischen Mythologie der Papa von Andromeda, die jenem galaktischen Nebel ihren Namen gab, mit dem unsere Milchstraße demnächst, in zwei Milliarden Jahren, kollidieren wird.

gründung seiner ablehnenden Haltung ist schlagend: »Wir müssen nur auf uns selbst schauen, um zu sehen, wie sich aus intelligentem Leben etwas entwickelt, dem wir lieber nicht begegnen möchten.«

Der *CosmicConnexion*-Fernsehfilm hat für solche philosophischen Skrupel keine Zeit. Nach der Begrüßung wird als erstes »Modul« der Doku angekündigt: »Der ausführliche Lebenslauf unserer Spezies in 23 Minuten.« Eine Geschichte, die ungefähr zwei Millionen Jahre lang ist, zu einer Short-Story von 23 Minuten zu verkürzen und das als ›ausführlich‹ zu bezeichnen, bringt nur das Fernsehen fertig.

Zwischen den einzelnen Modulen wurden Videobotschaften ausgestrahlt, die vorher von Zuschauern eingeschickt worden waren und zeigten sollten, wie wir Menschen so leben und lieben. Selbst animierte Videos dieser Art wären heute nicht mehr nötig. Ein Link auf die jeweilige Seite bei Facebook würde genügen.

Die Voyager hat neben ihrem Sampler aus Weltgeräuschen und Menschenmusik ebenfalls Bilder an Bord. Aber zum Glück keine von der Mondlandung. Man müsste sich vor den Außerirdischen zu Tode schämen. Ich besitze eine VHS-Kassette von dieser Mondlandung, genauer gesagt von dem, was in den Tagen um den 20. Juli 1969 darüber auf deutschen Fernsehschirmen flimmerte.

Die Kassette stammt jedoch nicht von 1969, damals gab es das VHS-System noch nicht, sondern von 1994. Zum 25-jährigen Jubiläum der Mondlandung wurde ein Zusammenschnitt der Fernsehberichterstattung von 1969 ausgestrahlt. Und da ich 1994 mitgeschnitten habe, wie 1969 berichtet wurde, kann ich mir das, fast ein weiteres Vierteljahrhundert später, auf dem VHS-Rekorder ansehen, den ich mir gerade noch rechtzeitig vor dem völligen Aussterben gekauft habe. Das Ereignis ist historisch, die erste mediale Erinnerung an dieses historische Ereignis ist historisch, ebenso das Band, auf dem ich diese Erinnerung gespeichert habe, sowie der Rekorder, auf dem ich es mir erneut ansehen kann. Außerdem hat das Fernsehen selbst im Jahr 1969 nicht nur das Historische des Ereignisses thematisiert, sondern bereits das Historische der eigenen Berichterstattung. Das Fernsehen sieht sich immer schon dabei zu, wie es dem Weltgeschehen zusieht.

Das vom Fernsehen dokumentierte Ereignis wurde auch im Fernsehen vorbereitet. Im Jahr vor der Mondlandung begann eine deutsche TV-Serie, in der Heinz Haber der Frage nachging: »Was sucht der Mensch im Weltraum?« Gegenfrage: Was hat er dort verloren?

Immerhin zeichnet sich Habers Herumwandeln vor der Studiokamera durch eine Nonchalance in Schwarz-Weiß aus, die den farbig präsentierten Moderatoren der Live-Berichte zur Mondlandung vollkommen fehlt. Wie Lehrer, die sich vor der Klasse unwohl fühlen, stehen sie steifbeinig im Studio neben dem Modell der Landefähre Eagle (Adler), das sie im Maßstab 1:3 haben basteln lassen, weil es davon keine Bilder gab, jedenfalls keine vom Mond, auf denen sich unten auf der Erde etwas erkennen ließe.

Vom Ausstieg Armstrongs aus dem Adler war überhaupt nichts zu sehen, weil der Astronaut die Kamera draußen erst einmal in Betrieb nehmen musste, nachdem er die Leiter hinuntergeklettert war. Stattdessen wurde zeitgleich zum Ausstieg auf dem Mond gezeigt, wie im Studio ein hünenhafter Sportstudent im nachgebauten Raumanzug durch die Ausstiegsluke des dreimal zu kleinen Modells kroch. Dann setzte der Student den Fuß endlich auf den Studioboden und Armstrong den seinen auf die Erde vom Mond, vorsichtiger gesagt: auf die ›Mondoberfläche‹. In Deutschland war es 3 Uhr 56.

Ich lasse das VHS-Band tagsüber laufen und frage mich, wer am Montag, dem 21. Juli 1969, gegen vier Uhr morgens den Fernseher angeschaltet hat, um bei der ›Mondlandung‹ eines Sportstudenten in einem deutschen Fernsehstudio dabei zu sein. Außerdem hatten – jedenfalls im Vergleich zu heute – viele Familien noch gar keine Fernseher. In den Amerikahäusern wurden deshalb Apparate aufgestellt, um auch fernsehlosen Mitbürgern die Teilnahme am historischen Ereignis zu ermöglichen. So wird es in Zeitungen aus jenen Tagen berichtet.

Der amerikanische Präsident hatte es besser als die deutschen Zuschauer. Er musste nicht früh aufstehen, bloß spät zu Bett gehen, um ›seinen‹ Astronauten gratulieren zu können. Um 4 Uhr 50 mitteleuropäischer Zeit weht auf dem Mond das Sternenbanner, das heißt, es ist zwischen Querstangen gespannt. Wo kein Wind bläst, kann auch keine Flagge wehen. Kurz nach dem Aufziehen oder eher Montieren der Fahne ruft Präsident Nixon an. In Washington ist es Mitternacht*. Die deutsche Live-Berichterstattung blendet ein Foto des Präsidenten ein. Er sitzt im »ovalen Büro«, wie der deutsche Kommentator sagt, und hält einen Telefonhörer ans Ohr, einen dieser Riesenhöhrer in Knochenform mit dicker Ringelschnur. Auch der deutsche Fernsehreporter in seiner ›Sprechzelle‹ im Pressezentrum von Houston wurde mit einem Standfoto eingeblendet, ebenfalls mit einem Telefonhörer in der Hand.

Vom Start des Adlers vom Mond gibt es so wenig Bilder wie von seiner Landung. Eine Standkamera blickt ins Kontrollzentrum in Houston, wo bläulich die Monitore flimmern und Leute hin- und herlaufen. Aus dem Off kommen ratlose und sehr spärliche Kommentare der deutschen Studiomoderatoren. Zum Glück gibt es auf der Fernbedienung des VHS-Rekorders neben

---

* Beim Zurückrechnen ist zu bedenken, dass es 1969 in Deutschland noch keine Sommerzeit gab.

der Taste für den schnellen Vorlauf auch eine für den langsamen. Die Spulen rattern, und die historischen Ereignisse flit-
zen im Zeitraffermodus, aber sichtbar über den Bildschirm.
Ich schalte zurück auf Normalgeschwindigkeit, als ein runder
schwarz-weißer Fleck erscheint, und halte dann das Band an: So
sieht er also aus, unser ›Blauer Planet‹, in Schwarz-Weiß gefilmt
aus der Astronautenperspektive.

Das Fernsehen war für das ganze Unternehmen dermaßen
wichtig und zugleich dem ganzen Unternehmen so wenig gewachsen, dass man sich nicht zu wundern braucht, wenn fünf
Jahrzehnte danach im Internet Theorien kursieren, die Landung
auf dem Mond habe gar nicht stattgefunden, sondern sei eine
Inszenierung auf der Erde gewesen, eine Simulation in einem
Fernsehstudio, noch dazu eine ziemlich schlechte.

Arme Astronauten. Ihr habt euer Leben riskiert und euch
auf dem Mond so viel Mühe gegeben, dass wir auf der Erde
etwas zu sehen kriegten. Armstrong: »Bekommt ihr jetzt ein
Fernsehbild da unten, Houston?« ›Houston‹ bestätigt und fügt
hinzu: »Ich glaub‹, Sie sind so ziemlich der einzige Mensch,
der die Szenerie nicht im Fernsehen sieht.« Collins fragt: »Wie
sind denn die Fernsehbilder?« Houston: »Einfach großartig,
ganz bestimmt.«

Nein. Sie waren miserabel. Man sah schwarz-weiße Flächen,
vor denen sich zwei schwarz-weiße Schemen bewegten, und dahinter verschwommen schwarz-weiße Flecken, welche die Landefähre vorstellten. Mehr war auf den Bildern nicht zu erkennen, die über Early Bird zur Erde geschickt wurden. Early Bird
war der erste kommerzielle Kommunikationssatellit, dessen
Umlaufbahn und Umlaufgeschwindigkeit so mit der Erdrotation
abgestimmt war, dass er sich stets über dem selben Punkt der
Erdoberfläche befand. Der geostationäre frühe Vogel hatte seinen Lebensflug am 2. Mai 1965 mit der transatlantischen Über-

tragung einer Fernsehsendung begonnen. Sie hieß *Premiere im Weltraum*. Zwischen dieser Fernsehpremiere und derjenigen der Mondlandung wurde er gebraucht, um Interkontinental-Telefonate zu übermitteln. Bis zu 240 gleichzeitig.

6. Zelle und Etui

Vom Fernsprecher zum Smartphone

In meiner Kindheit waren Telefone Apparate, die im Flur an der Wand hingen – an der Wand im Flur des Nachbarhauses. Meine Eltern hatten zu dieser Zeit noch gar keinen ›Fernsprecher‹. 1963, als ich mit der Schiefertafel im Ranzen in die Schule marschierte*, verfügten erst 14 Prozent der deutschen Haushalte über ein Telefon, das heißt: 86 Prozent hatten eben keines. Aber das ist Durchschnittsstatistik. Berücksichtigt man das Stadt/Land Gefälle, dürfte das Verhältnis der Haushalte mit und ohne Telefon in meinem Heimatdorf eher 10 zu 90 betragen haben. In der gesamten DDR wiederum waren zu dieser Zeit keine 500 000 Anschlüsse installiert.

Bis Anfang der 1970er war der ›Fernsprechbestand‹ der BRD auf 19 Anschlüsse für 100 Haushalte angewachsen. In der DDR waren es 6. Wie langsam der Ausbau des DDR-Telefonnetzes in den Folgejahren voranschritt, ist an einem Leipziger Beispiel dokumentiert. Nach einem Antrag auf »Einrichtung eines Fernsprechanschlusses« im Jahr 1985 erhält der Antragsteller den Bescheid: »Der Antrag auf Einrichtung eines Fernsprechanschlusses ist bei uns eingegangen und registriert. Da bereits viele dringende Antraege** in dem Anschlußbereich vorliegen und die technischen Moeglichkeiten begrenzt sind, ist die Wartezeit unbestimmt. Wir werden Sie informieren, sobald die Realisierung moeglich ist.« Auf eine schriftliche Nachfrage des Antragstellers zwei Jahre später erfolgte der Bescheid, »daß die Einrich-

---

* Dazu das erste Kapitel.
** Die Umlaute wie im maschinenschriftlichen Original.

tung eines Fernsprechanschlusses auch heute nicht möglich*
ist. Fernsprechanschlüsse werden grundsätzlich nach Wartezeit
und Dringlichkeit [...] vergeben, wenn durch Abmeldung entsprechende Kapazitäten freiwerden.« Dann kam der Anschluss –
der DDR, nicht des Telefons. 1989 verfügte sogar in der Haupt-
stadt der DDR immer noch erst jeder vierte Haushalt über einen
Telefonanschluss. Erst Mitte 1991 war es so weit: »Ihrem Antrag
auf einen Fernsprechhauptanschluß entsprechend wird Ihnen
hiermit zur Teilnahme am Fernsprechverkehr [...] unbefristet
Anschlußgenehmigung erteilt. [...] Die in der Fernsprech-Anord-
nung festgelegten Pflichten des Fernsprechteilnehmers gelten
als Auflagen in Verbindung mit dieser Anschlußgenehmigung.«

In Westdeutschland hatten bis Mitte der 70er-Jahre 37 Prozent der Haushalte ein Telefon angeschafft. Dann stockte die
Verbreitung, nicht wegen fehlender Kapazitäten, sondern aus
mangelndem Interesse. Die Bundespost startete die Kampagne:
»Ruf doch mal an«. Die Kampagne war erfolgreich. Bis 1983 stieg
die ›Durchdringung‹ der Haushalte mit Telefonen auf 88 Prozent. Eines der Werbeplakate bezog sich auf neu eingeführte au-
tomatische Fernsprechansagen. Das Plakat zeigte Charlie Chap-
lin als Tramp und fragte:

»Was gibt's im Kino? Ruf doch mal an ...

... Kinoprogramme

Kochrezepte

Wettervorhersage

Zeitansage

Zahlenlotto ...

Die Post hat rund 30 Fernsprechansagen.«

In jener Zeit hat man tatsächlich den Hörer abgenommen,
den Zeigefinger in Löcher gesteckt und eine Scheibe gedreht,

---

* Aber offenbar das maschinenschriftliche Wiedergeben der Umlaute.

um herauszufinden, wie spät es ist. Ich erinnere mich an melancholische Minuten im Sommer 1982, in denen ich in meiner Weddinger Einzimmerwohnung auf dem Boden saß, den Rücken an einen Baumstamm des Fototapetenwaldes gelehnt, ein grasgrünes Wählscheibentelefon im Schoß. Ich war neu in Westberlin. Wen hätte ich anrufen sollen? Die Telefonseelsorge?* Die alten Freunde in Frankfurt, aus dem ich davongelaufen war? Oder etwa Max Raabe? Der war fünf Jahre jünger als ich, ebenfalls gerade nach Westberlin geflohen und noch unberühmt. Sein köstliches *Kein Schwein ruft mich an* komponierte er erst 1992, als – nach eigener Aussage – wieder einmal sein Anrufbeantworter nicht blinkte beim Nachhausekommen. Zehn Jahre zuvor, als ich mit dem Rücken zur Fotowand in meinem Weddinger Zimmer saß, wurden Anrufbeantworter von der Deutschen Bundespost ohnehin noch mit Verboten vom Netz ferngehalten.

So wenig ich damals von Max Raabe und seinem *Kein Schwein ruft mich an* wissen konnte, so wenig wusste ich von dem Medientheoretiker Marshall McLuhan. In einem seiner Texte fragte er: »Warum erzeugt denn das Telefon ein starkes Gefühl der Verlassenheit?« Um dieses Gefühl auf würdige Weise loszuwerden, ohne meine Sehnsucht nach Nähe fernen Freunden preisgeben zu müssen, rief ich mit dem grasgrünen Telefon in meinem Schoss die Zeitansage an und lauschte dem unbeirrbaren »Beim nächsten Ton ist es«, gefolgt von der Angabe der Stunden, Minuten und Sekunden. Ich konnte ihn hören, den ›Strom der Zeit‹ – bis ich ihn vor Überdruss nicht mehr hören konnte und auflegte.

Es ist das einzige Mal in meinem Leben, dass ich die Zeitansage angerufen habe. Als kurzsichtiger alter Knabe bat ich einmal auf der Straße einen jungen Mann – er dürfte in etwa so viele Jahre gezählt haben wie ich, als ich mich mit der Zeit-

---

* Die Berliner Telefonseelsorge war die älteste in Deutschland und 1956 als »Ärztliche Lebensmüdenbetreuung« gegründet worden.

ansage tröstete –, mir die Zeit von einer Kirchturmuhr abzule-
sen. Er konnte jedoch den Kirchturm nicht finden. Ich deutete
mit ausgestrecktem Arm auf die, zugegeben etwas zwischen
Baumkronen versteckte Turmuhr. Er sah sie immer noch nicht.
Da griff er in die Hosentasche, holte sein Smartphone heraus
und hielt es mir fröhlich grinsend unter die Nase.

Wenn ich in den frühen 80ern statt der Zeitansage richtige
Leute anrief, war die Zeit ebenfalls ›getaktet‹. Hatte ein ›Orts-
gespräch‹ bis Anfang der 80er zwei Groschen gekostet, völlig unabhängig von der Dauer dieses Gesprächs, wurden nun 23 Pfennige für die Einheit abgerechnet, die immerhin acht Minuten
dauerte, in den Nebenzeiten sogar zwölf. Auch die Gebühren für
Ferngespräche unterschieden sich deutlich nach Haupt- und Nebenzeiten, die im Großen und Ganzen an Ladenöffnungszeiten
orientiert zu sein schienen, nur dass die Läden geschlossen waren, wenn das Telefonieren billiger wurde. Die günstigen Zeiten: werktags von 18 bis 7 Uhr, an Samstagen, Sonn- und Feier-
tagen jeweils ab 14 Uhr. Die umgangssprachliche Bezeichnung
›Mondscheintarif‹ traf mithin zu, jedenfalls für die Werktage.
Ganz korrekt war sie nicht. Die Gebührenordnung der Bundespost unterschied zwischen ›Taggebühr‹, ›Nachtgebühr I‹ (von 18
bis 22 Uhr) und ›Nachtgebühr II‹ (ab 22 Uhr). Dieser eigentliche
›Mondscheintarif‹ führte dazu, dass kurz nach 22 Uhr das Telefonnetz in Ballungsräumen zuverlässig zusammenbrach. Ähnliche Probleme traten generell im Mai auf. Der Mai war Anfang
der 80er telefonische Hochsaison, aus welchen Gründen auch
immer.

Meine Eltern schafften sich erst Ende der 70er ein Telefon an.
Der Hauptapparat hängt noch heute im Flur an der Wand, allerdings längst erweitert um ein schnurloses Handgerät mit Ladeschale. Bis zum Anschluss dieses eigenen Telefons, das ganz normal banale Anrufe nach sich zog, gab es jedes Mal schrecklich

viel Aufregung, wenn die Nachbarn über den Zaun nach meinen
Eltern riefen, weil jemand für sie am Telefon war. Meist handelte
es sich dann um einen Todesfall in der Verwandtschaft.

Von sich aus einen Anruf zu tätigen, war nicht vorgesehen
und im Normalfall auch nicht nötig. Man konnte gut ohne Telefon leben – wenn es gut lief. Nur im äußersten Notfall wäre
meine Mutter zu den Nachbarn hinübergegangen, um meinen
Vater in der Fabrik anzurufen. Er saß als Arbeiter nicht wie ein
Angestellter vor einem Apparat im Büro, sondern hätte erst aus
der Werkhalle in ein Büro geholt werden müssen. Kein Wunder, dass dem Telefon als Apparat zur Übermittlung schlechter
Nachrichten eine eher düstere Aura anhing.

In jener Epoche unterschied die ministeriell beaufsichtigte
Post, die Briefe und Pakete zu verschicken (heute Post und DHL),
Bankkonten zu führen (heute die Postbank) und die bundesdeutsche Fernmündlichkeit zu verwalten hatte (heute die Telekom),
zwischen zwei Hauptsorten von Telefonen: FeWAp und FeTAp,
Fernsprechwandapparat und Fernsprechtischapparat. Das sind
keine Kalauer, sondern offizielle Bezeichnungen. In beiden Fällen handelte es sich um Wählscheibentelefone, bis zum Beginn
der farbenstolzen 70er in seriösem Mausgrau gehalten. Nicht
einmal das im August 1963 in Betrieb genommene ›Rote Telefon‹
zwischen Washington und Moskau war wirklich rot. Im Unterschied übrigens zu dem Siemens-Telefon mit Hakenkreuz, das
nach Kriegsende im Führerbunker gefunden wurde. Es war aus
Bakelit und ursprünglich schwarz, wie man besonders am Hörer
erkennen kann, von dem der Zahn der Zeit die Farbe genagt hat.

Hitlers Apparat war schon mit einer Gabel auf der Oberseite
ausgestattet, während die ganz frühen Telefone für den Hörer einen Haken an der Seite hatten. An ihnen hängte man ein,
wenn man ein Gespräch beenden wollte, später legte man auf.
Weil es für das, was man heute tut – eine Taste drücken – keinen

griffigen Ausdruck gibt, wird immer noch von ›auflegen‹ gesprochen. Die Sprache ist ein quirliges Medium, doch fallen ihr zu manchem, was die Sprechenden mit den Händen tun, keine Begriffe mehr ein.

Nur die Wissenschaft zeigt sich unbeeindruckt und beharrt darauf, dass Telefone die urtümlichen Apparate geblieben sind, die sie zu Beginn ihrer Verbreitung waren: Trotz »des Unterschieds zwischen dem an der Wand angebrachten Telefon mit seiner Kurbel aus Eisen und der Batterie farbiger Plastiktelefone auf dem Tisch des Managers [...] hat in seiner langen Geschichte nur eine einzige Modifikation seiner Funktion stattgefunden: die Automatisierung. Für das Verständnis unserer kommunikologischen Situation ist es bezeichnend, dass das Telefon im Verhältnis zu den diskursiven Massenmedien einen archaischen und paläotechnischen Charakter bewahrt hat.«

Man ist fassungslos, wenn man diesen Aufsatz des Medienphilosophen Vilém Flusser heute liest. Kein anderes von Menschen fabriziertes Ding hat in so kurzer Zeit in so weitreichender Weise das Kommunikationsverhalten verändert wie das Smartphone. Aber das konnte Flusser nicht wissen, als er 1991 seinen Aufsatz publizierte. Nur ahnen hätte er es können, so, wie es die im selben Jahr veröffentlichte *World-Media*-Ausgabe der *taz* geahnt hat: »Wir stehen vor einer Situation, in der es prinzipiell möglich sein wird, zu geringen Gebühren mit jedem sofort, überall und jederzeit zu kommunizieren. [...] Kleine Telefone mit Monitor, nicht größer als eine Zigarettenschachtel, könnten uns überall begleiten.« Und: »Wir erleben den Beginn einer Epoche, in der es unmöglich wird, nicht erreichbar, nicht angeschlossen zu sein [...] Eine zugleich erfreuliche und erschreckende Perspektive, in deren Gefolge sicher diverse technische Glanzstücke entstehen werden, für die der Anrufbeantworter nur ein unbeholfener Vorläufer ist.«

Man sollte nicht zu streng mit dem Philosophen sein. Haben sich doch während der Entfaltung der medialen Produktivkräfte selbst Leute verschätzt, die die Welt der Kommunikation nicht nur interpretierten, sondern veränderten. Als Steve Jobs im Januar 2007 das erste iPhone von Apple vorstellte, höhnte der damalige Chef von Microsoft, Steve Ballmer: »500 Dollar? Das ist das teuerste Telefon der Welt. Und es spricht Business-Nutzer überhaupt nicht an, weil es keine Tastatur hat. Damit ist es keine besonders gute Mail-Maschine.« Fünf Jahre später waren 250 Millionen iPhones verkauft, die Milliardengrenze wurde im Juli 2016 erreicht. Apple macht heute allein mit dem iPhone mehr Umsatz als Microsoft im Gesamtkonzern. Zum zehnjährigen Jubiläum 2017 wurde mit den üblichen medialen Ritualen, die Journalisten zu Kollaborateuren der Vermarktung macht, das iPhone X lanciert. Der Einführungspreis betrug 1149 Euro.

Alle Marken zusammengerechnet wurden in Deutschland 2016 rund 28 Millionen Geräte verkauft. Der globale Gesamtabsatz soll bis 2020 auf 1,7 Milliarden Stück steigen – pro Jahr.

Im Jahr 2007, als Ballmer sich über das iPhone kaputtlachte, weil es keine Tasten hatte, war Nokia der größte Handy-Produzent. Diese Firma aus Finnland hat in Wahrheit das allererste Smartphone herausgebracht, den Nokia Communicator von 1996. Er wog 400 Gramm und kostete 2700 DM. Dafür konnte man mit ihm nicht nur telefonieren, sondern auch Faxe versenden, Adressen und Termine verwalten, rechnen und im Internet surfen (ein wenig). In einer Broschüre der Deutschen Bank von Anfang 2017 ist zu lesen: »Als erste deutsche Großbank führte die Deutsche Bank 1996 das Banking übers Internet ein. Helmut Kohl und Bill Clinton statt Angela Merkel und Donald Trump, Nokia Communicator statt iPhone 7 und der DAX bei 2900 statt bei rund 11500 Punkten: Das Jahr 1996 scheint in vielerlei Beziehung bereits eine Ewigkeit her. Noch 1998 erledigten nach Angaben des Bankenverbandes gerade einmal 8 Prozent der Deutschen über 18 Jahre ihre Bankgeschäfte zumindest teilweise online. Mittlerweile sind die Online-Services der Deutschen Bank der mit Abstand meistgenutzte Zugangskanal ihrer Kunden [...] Und die nächste Etappe dürfte bald erreicht sein: Bereits in diesem Jahr [2017] könnte die mobile Nutzung via Smartphone und Tablet das klassische Online-Banking am heimischen PC nach Zugriffszahlen überholen.«

Allerdings eher selten über Geräte von Nokia, obwohl die Firma inzwischen wieder Smartphones produziert. Sie kommen nun ohne den Navi-Roller aus, dem Drehrädchen, mit dessen Hilfe in den Anfangsjahren gescrollt werden konnte.

Pioniere smarter Kommunikation waren die Blackberrys, die unter dem Touchscreen das von Steve Balmer am ersten iPhone vermisste Tastaturenfeld hatten. Blackberry galt in der Übergangsphase vom Handy zum Smartphone seit Ende der 90er als Renommiermarke für die mobile Funktionselite. Oder für diejenigen, die sich als solche inszenierten. Während die gewöhnliche mobile Nervensäge der frühen 2000er mit Handy am Ohr durch die Gegend rannte, starrte der Wichtigmensch beim Gehen unentwegt aufs Display seines ›Crackberry‹, wie das suchterzeugende Apparatchen verspottet wurde.

Was ›früher‹ als bizarres Verhalten auffiel, gehört heute zum normalen Bewegungsablauf junger Leute im öffentlichen Raum, ob in einer Menschenmenge, am Restauranttisch, auf der U-Bahn-Rolltreppe, auf dem Fahrrad oder am Steuer eines nicht selbstfahrenden Autos unter Missachtung des Telefonierverbots ohne Freisprechanlage seit 2001.

Die Angewohnheit, mit einem Display wie mit einem Brett vorm Kopf herumzulaufen, wurde einst mit dem Blackberry Helmet parodiert, einem Schutzhelm mit Antenne und rotem Warnfähnchen, damit alle gleich wussten, was auf sie zukam, wenn ein Crackberry-Nutzer auftauchte. Heute wirken eher Leute komisch, die freihändig und ohne gesenkten Beschäftigungsblick herumlaufen, als hätten sie nichts zu tun.

Dass man etwas zu tun und etwas zu sagen hat, gehörte von Anfang an zur Aura des nicht stationären Telefonierens. In Erich Kästners Elektropolis seines Jugendromans *Der 35. Mai* aus dem Jahr 1932 wird folgende Szene geschildert: Ein Herr »zog einen Telefonhörer aus der Manteltasche, sprach eine Nummer hinein und rief: ›Gertrud, hör mal, ich komme heute eine Stunde später zum Mittagessen. Ich will vorher noch ins Laboratorium. Wiedersehen, Schatz!‹ Dann steckte er sein Taschentelefon wieder weg«. Der Mann und das Telefon waren mobil, die Frau blieb im Haus.

Was in den Jahren vor der Einführung des iPhones das Blackberry war, das war in der Mitte der 80er das backsteingroße Mobiltelefon mit ausziehbarer Antenne. Halb Accessoire, halb Waffe kennzeichnete es den Yuppie, oder das Klischee vom Yuppie, wie er 1987 durch die *Wallstreet* à la Hollywood hetzte, ausstaffiert mit Krawattennadel, Hosenträgern und stets eine Zigarette zwischen den Fingern. In *Pretty Woman* von 1990 ist der schnurlose Apparat ein maskulines Attribut des Märchenprinzen, in dessen Badewanne die semiprostitutive Hübsche schaumbekleidet telefoniert. Die Antenne am Telefon in der Hand des postmodernen Yuppies war so wichtig wie der Degen in der Hand des frühneuzeitlichen Offiziers. Doch dann verstummelte sie und zog sich schließlich ganz ins Gehäuse zurück.

In den hektisch analogen 80ern, deren ›Business People‹ auf die jungen digitalen Start-Upper von heute absolut uncool wirken, ließ sich sogar eine träge Behörde wie die Bundespost von Kunst- und Kultfiguren inspirieren und brachte in verschiedenen Farben ein sogenanntes Kompakttelefon mit Namen Dallas heraus, in Anlehnung an die US-amerikanische Fernsehserie, die seit Mitte 1981 von der ARD ausgestrahlt wurde. Das Dallas lag in einer Schale, das Zahlenfeld war in die Innenseite des Hörers integriert. Es klingelte nicht mehr wie seine Vorfahren mit einer mechanischen Glocke, sondern hatte einen ›elektronischen Tonruf‹. Außerdem konnte es sich ungeheuerliche zehn Telefonnummern merken. Beim zeitgleich in der DDR vertriebenen Kompakt aus dem VEB Fernmeldewerk Nordhausen für etwas über 400 Mark befand sich das Zahlenfeld (mit roten Tasten!) ebenfalls in der Hörerinnenseite. Ob es sich Nummern merken konnte, war nicht herauszufinden.

In altmodischen Romanen pflegen Telefone zu läuten. Die Smartphones der aktuellen Wirklichkeit können halbe Sinfonien spielen, wenn ihre Besitzer es wollen, oder jeden Tag anders klingeln, wenn ihre Besitzer jeden Tag andere Klingeltöne herunterladen. Sie können läuten, als würden sie im Flur an der Wand hängen. Oder schrillen, als stünden sie in einem alten Schwarz-Weiß-Film mit Humphrey Bogart auf dem Schreibtisch eines versoffenen Detektivs. Sie können Kuckuck rufen oder wiehern oder bellen. Sie können sogar bellen wie der eigene Hund. Oder lachen wie das eigene Baby. Man braucht dieses Bellen oder Lachen nur mit dem Smartphone aufzunehmen und als ›Klingelton‹ einzustellen. Und wenn dann, nachdem es ›geklingelt‹ hat, jemand fragt »War das Ihr Hund?« oder »War das Ihr Kind?« kann man ein Foto vom Hund oder Kind aufs Display holen und vorzeigen.

Das von Siemens in verschiedenen Varianten produzierte Dallas ist ausgestorben. Die Blackberrys gibt es immer noch, und sie haben immer noch Tastaturen. Allerdings erklärte das Unternehmen 2016, sich aus der Herstellung von Smartphones zurückzuziehen. Das globale Geschäft wird tastenlos von Apple und Samsung dominiert. Nokia wurde 2014 von Microsoft gekauft und bald darauf wieder abgestoßen. 2017 gelang es der einstmals führenden Firma, ein wenig mediale Aufmerksamkeit mit der Retro-Version eines ihrer ›klassischen‹ Handys zu erringen. In einem *Zeit*-Artikel hieß es: »Das Nokia-Telefon ist Teil einer elektronischen Retro-Welle, eine Art Slow-Elektronik. Vinyl ist ja auch wieder in.«

Es ist eine komische Zeitraffer-Variante der alten Geschichte von Hybris und Nemesis, von Aufstieg und Niedergang, wenn ein Unternehmen, das technisch und ökonomisch an der Spitze steht, innerhalb eines einzigen Jahrzehnts mit seinen Produkten so weit zurückbleibt, dass diese Produkte mit Schallplatten aus Vinyl verglichen werden können.

Der Mensch kann noch so modern sein, gelegentlich brechen steinzeitliche Bedürfnisse aus ihm hervor. Je näher uns die Zukunft kommt, desto weiter sehnen wir uns in die Vergangenheit zurück. Für diese Fälle hat der Schweizer Künstler Horst Bohnet das iStone – ›kreiert‹, wie Designer gern sagen. Es ist seine »künstlerische Antwort zur aktuellen Schnelllebigkeit und zum Megatrend Connectivity«. Bohnet ist überzeugt: »Offline sein wird Status-Symbol und der iStone ein greifbares Zeichen dafür.« Vom Faustkeil zum Smartstone, auch das kann Fortschritt sein.

Wenigstens brennen die Dinger nicht, im Unterschied zum Galaxy Note 7, einem Smartphone von Samsung. 2016 machte das brandgefährliche Ding Schlagzeilen, weil Flammen aus den Akkus schlugen. Entsprechend loderte die Empörung.

Akkus machen noch auf andere Weise Probleme, wenn auch nicht den Konsumenten, sondern denjenigen, die das Kobalt aus der Erde holen, das für die Herstellung nötig ist. Über die Hälfte des weltweit in Batterien und Akkus (auch in denen von Elektroautos) verwendeten Kobalts wird im Kongo abgebaut. Die Arbeitsbedingungen sind katastrophal, die Löhne niedrig. In

Katanga, im Süden Kongos, werden Zehntausende Kinder in die
Minen geschickt. Als *Amnesty International* im Jahr der bren-
nenden Akkus bei Samsung wegen der Versorgung mit Kobalt
anfragte, reagierte der Konzern zugeknöpft: »Für uns ist es unmöglich, festzustellen, ob das an Samsung SDI gelieferte Kobalt
von den Katanga-Minen in der Demokratischen Republik Kongo
stammt.« Microsoft reagierte ähnlich, bloß einen Takt ausführ-
licher: »Wegen der Komplexität unserer Lieferkette und der re-
gionalen Vermischung des Materials sind wir nicht in der Lage,
mit vollständiger Gewissheit zu sagen, ob ein Teil unseres Kobalts oder überhaupt keines davon auf die Erzminen in Katanga
zurückzuführen ist.«

Nur im Schlaraffenland fliegen die Würste fertig gebraten
durch die Luft. Im wirklichen Leben muss dafür geschlachtet
werden. Dass unsere Dinge nicht vom Himmel fallen, wissen wir,
obwohl wir lieber nicht daran denken, wenn uns nicht gerade
ein Skandal dazu zwingt, zum Beispiel wenn Arbeiter chinesi-
scher Zulieferbetriebe von Apple aus Verzweiflung von den Fab-
rikdächern springen wie Anfang 2010 oder Näherinnen in den
riesigen Werkstätten von Bangladesch verbrennen wie im November 2012 und im Oktober 2013. Das alles ist nicht Thema
dieses Buches. Aber wenigstens an dieser einen Stelle soll daran erinnert werden, dass zur Geschichte der Dinge nicht nur
die Seite der Konsumenten, sondern auch die der Produzenten
gehört.

Der ›unbeholfene Vorläufer‹, von dem *World Media* 1991
schrieb, wurde in den 90ern und 2000ern zum unvermeid-
lichen Mitläufer. Die Essayistin Angelika Overath schrieb 1998
in der *Neuen Zürcher Zeitung:* »Wer ohne E-Mail-Adresse und
Fax, gar ohne Anrufbeantworter lebt, macht sich verdächtig.«
Heute ist der Anrufbeantworter ein Auslaufmodell, etwas für
Romantiker und Nostalgiker. Man braucht keine Bandmaschine

zu Hause, wenn man unterwegs am Smartphone höchstpersönlich erreichbar ist. Außerdem gibt es noch Mailboxen zum Hinterlassen gesprochener Nachrichten. Und Twitter zum Versenden geschriebener Kurztexte. Alles jederzeit mobil sendbar und empfangbar.

Meinen ersten Anrufbeantworter montierte ich Anfang der 90er. Das war eine Straftat, zumindest ein Verstoß gegen das Fernmeldegesetz. Ich hoffe, das Verbrechen ist inzwischen verjährt. Damals durfte nur die Deutsche Bundespost Anrufbeantworter einrichten. Die Telefonbuchsen waren ihr Hoheitsgebiet, Manipulationen daran verboten. Die Geräte mussten beantragt werden und waren sehr teuer. Oder man mietete sie, das war auch nicht billig.

Während die Staatspost verbissen ihr Monopol verteidigte, wurden Billigapparate aus Fernost in den Geschäften angeboten. Die Geräte durften gekauft, aber nicht benutzt werden. Die Leute kauften massenhaft Geräte und benutzten sie. Meines war sehr simpel, das Anschließen dennoch diffizil. Die Drähte hatten lose Enden ohne Clips, die in die Telefonbuchse gepasst hätten. Ich schnitzte mit dem Küchenmesser die Isolierung von den Drahtenden, schraubte die Buchse auf, praktizierte die fusseligen Endstücke der Drähte irgendwie in die Klemme und schraubte notdürftig den Deckel wieder auf die Buchse. Das sah nicht professionell aus, funktionierte aber nach einigem Herumprobieren.

Bis zur Lockerung des Monopols der Bundespost auf Netze, Buchsen und Apparate wurden Telefone im Normalfall gemietet. Die Miete war in der monatlichen Grundgebühr inbegriffen, solange man ein Standardgerät nutzte. Jedes Extra musste auch extra bezahlt werden. Zum Beispiel Farbe statt Mausgrau, Tasten statt Scheibe, lange Schnur statt kurzer. Die lange Schnur konnte zu Verwicklungen führen, auch zu menschlichen.

Mitte der 80er wohnte ich in einer Vierer-WG. Das Telefon
stand auf einem schmalen Brett im Flur. Es stand dort nur wegen
der Gerechtigkeit. Alle sollten von ihren Zimmern aus gleichen
Zugang haben. Wohnraumsoziologisch (falls es eine solche Disziplin gibt) könnte man die Frage stellen, ab wann die Telefone
von den Fluren in die Wohnzimmer vorgedrungen sind, wann
die Leute angefangen haben, sich zu langen Telefonaten hin-
zusetzen, statt für kurze am FeWAp im Flur stehen zu bleiben.
Auch eine Mittellösung war eine Zeit lang modisch. Man blieb
im Flur, setzte sich aber hin. Dafür richtete man sich mit speziellen Telefontischchen ein mit kleiner Sitzfläche und integrierter
Abstellfläche für den Apparat. In dieser Phase der Evolutionsgeschichte der Telefonie steckten die Apparate in Überzügen aus
Samt mit Brokatborten. Und die Klodeckel trugen Frottee-Über-
züge.

Beim WG-Telefon handelte es sich noch um einen dieser
mausgrauen Wählscheibenapparate mit weiß abgesetzten und
abschraubbaren Hör- und Sprechmuscheln, um einen klassischen FeTAp mit Einbuchtung auf der Oberseite, aus der zwei
kleine Lamellen ragten, die bei Auflegen des Hörers ins Gehäuse
gedrückt wurden und die Verbindung unterbrachen. An der
Seite gab es ein Drehrädchen, mit dem man den Klingelton lauter oder leiser stellen konnte. In der Mitte der Wählscheibe befand sich, von einem Plastikdeckel geschützt, ein herausnehm-
bares kreisrundes Papieretikett. Es hatte einen weißen Balken
quer durch die Mitte, in den man seine Telefonnummer eintra-
gen konnte, falls man beim Telefonieren danach gefragt wurde.
Obendrüber war »112 Feuer« gedruckt, untendrunter »Notruf
110«. Diese beiden Nummern gehören zu dem Wenigen, was
sich in den letzten beiden Jahrzehnten rund ums Telefonieren
nicht geändert hat. Sogar in den Handyspeichern sind sie vor-
eingestellt.

Der Wählscheibenapparat ließ sich an der Einbuchtung an der Oberseite packen und dank der langen Schnur durch die Wohnung tragen. Jedes WG-Mitglied konnte ihn mit ins Zimmer nehmen. Leider aber auch dort stehen lassen – der erste Anlass für Telefonkonflikte. Der zweite kam dadurch zustande, dass sich die Schnur so fatal verringelte. Ob es nun vom Hin- und Hertragen vom Flur ins Zimmer kam oder vom Hin- und Herlaufen beim Telefonieren im Zimmer, die Schnur ringelte sich immer mehr zusammen und wurde dabei immer kürzer. Das Entringeln war eine Tortur. Wie oft habe ich den Apparat und bereits entringelte Schnurmeter mühsam durch Schlaufen und noch mehr Schlaufen gefummelt, bis endlich eine halbwegs gerade Telefonschnur im Flur lag. Es dauerte keine drei Tage, bis die Schnur wieder kurzgeringelt war. Nach etlichen Ver- und Entringelungen zeigten sich Bruchstellen, zunächst an der Isolierung, dann am Kupferkabel selbst. Wurde das nicht rechtzeitig bemerkt und mit Isolierband repariert, hatte man ein kabelloses Telefon, sozusagen, aber eines, das nicht funktionierte.

Die wirklichen (und funktionierenden) Schnurlosen waren damals unerschwinglich. Das Sinus der Bundespost kostete in der Anschaffung 2000 DM oder 38 DM Monatsmiete, zusätzlich zur Grundgebühr, versteht sich. Ich habe ein Sinus in Betrieb, aber eines aus den späten 90ern. Was es gekostet hat, weiß ich nicht mehr, vielleicht 60 oder 70 DM.

Ein Pionier des schnurlosen Telefons in Deutschland war Hagenuk. Das Unternehmen schaltete Anzeigen in auflagenstarken Illustrierten und umgab sich mit einem Hauch – ach was, mit einer Wolke von Exklusivität. Heute ist Hagenuk nur noch eine Marke, unter der hauptsächlich Seniorentelefone vertrieben werden: mit großen Tasten, hörgerätekompatibel und – mit Schnur! In der Reklame heißt es: »Die Zeiten der komplizierten

Menüführung sind vorbei – Telefonieren mit unseren hagenuk
Telefonen ist einfach einfach.«

Der dritte wohngemeinschaftliche Telefonkonflikt, neben
der Dauerinanspruchnahme des Apparats im eigenen Zimmer
und der vermaledeiten Ringelschnur, drehte sich um die Gebühren. Wer hat wie lange telefoniert? Wer hat wieder einmal
seine Einheiten nicht aufgeschrieben? Dabei wurde aus der Ge-
meinschaftskasse ein Gebührenzähler finanziert, das zweite
Extra neben der langen Schnur. Er war in den Apparat einge-
baut. Auch einen Schlüssel gab es, mit dem man auf null stellen
konnte. Aber niemand wusste, wo dieser Schlüssel geblieben
war, und so zogen sich endlose Kolonnen hoher Zahlen über die
Seiten eines Ringblockes, der neben dem Telefon auf dem Brett-
chen im Flur lag mit einem daran festgebundenen Bleistift. Damit sollten die Einheiten aufgeschrieben werden und auf freien
Seiten Nachrichten für Mitbewohner, die nicht zu Hause waren.
Einen Anrufbeantworter gab es nicht, zum Glück. Er wäre wahrscheinlich übergelaufen.

Das konnte ich von dem Gerät, das ich Anfang der 90er installierte, ich wohnte inzwischen allein, nicht behaupten. Die Band-
ansage dieses Geräts kam wirklich vom Band, von einer dieser
kleinen Tonkassetten, wie sie für Diktiergeräte verwendet wurden. Sie zeichnete auch die Nachrichten auf – nach dem Piepton.
Man tat gut daran, das zu erwähnen, weil die Anrufer sonst einfach lossprudelten und der Anfang der Nachricht verloren ging.
Ganze Liebesdramen entstanden auf diese Weise. Man lernte jemanden kennen, gab ihr oder ihm die Telefonnummer und wartete auf den Anruf. Dann, eines Tages, aus heiterem Himmel,
fand man eine Nachricht auf Band vor. Die Nachricht begann
mitten im Satz, die Namensmeldung war abgeschnitten. Zum
Glück erkannte man die Stimme. Aber die Anruferin oder der
Anrufer hatte die Nachricht offenbar mit der Angabe der Tele-

fonnummer begonnen, tragischerweise vor dem Piepton. Also wurde die Nummer nicht aufgezeichnet. Also konnte man nicht zurückrufen. Also wartete die Person, auf deren Anruf man so lange gehofft hatte, nun ihrerseits vergeblich auf einen Anruf. Irgendwann musste sie denken, das Interesse sei erloschen. Im günstigsten Fall überwand sie sich und rief erneut an: »Hast du meine Nachricht denn nicht erhalten?« In der Frühphase der Verbreitung der Anrufbeantworter kam das oft vor. In der Frühphase des Faxens riefen die Leute auch ständig an: »Hast du mein Fax bekommen?« In der Frühphase des Mailens ebenfalls: »Hast du meine Mail bekommen?« Man sagt, manche Leute sind mit Gürtel und Hosenträger unterwegs. Damals gab es Leute, die eine Nachricht auf den Anrufbeantworter gesprochen, zur Sicherheit gefaxt und für alle Fälle noch gemailt haben.

Das war 1995 noch so. In diesem Jahr veröffentlichte Peter Glaser sein Buch 24 Stunden im 21. Jahrhundert. Darin schreibt er: »Wenn's schnell gehen soll, telefoniert man. Kein Mensch [...] liest täglich seine E-Mail. [...] Keine Frage, Faxen ist flotter.« Nach 17 Jahren im 21. Jahrhundert läuft das Mailprogramm im Hintergrund dauernd mit und ruft Nachrichten im Fünf- oder Zehn-Minuten-Takt ab. Und keine Frage, Faxen ist unflott, so unflott, dass ich die Warnanzeige auf dem Display meines Faxgerätes »Film erschöpft« ignorieren kann, ohne befürchten zu müssen, eingehende Faxe nicht richtig lesen zu können. Es ist Jahre her, dass ich die letzten bekommen habe.

Mein erster Anrufbeantworter ließ sich trotz der Minikassette aus der Ferne abfragen. Dafür brauchte man einen Tongeber. Das Ding war etwa so groß wie eine Zigarettenschachtel, hatte ein Zahlenfeld auf der Vorder- und eine Art Lautsprecher auf der Rückseite. Man wählte die eigene Rufnummer und wartete, bis der AB seine Ansage abgespult hatte. Nach dem Piepton drückte man den Tongeber mit dem Lautsprecher auf die

Sprechmuschel und löste mit einer vorher festgelegten Zahlen-
taste einen Signalton aus, der wiederum den Anrufbeantworter
veranlasste, die Nachrichten wiederzugeben. Falls welche vorhanden waren. Wenn welche vorhanden waren, handelte es sich
meist um Bitten, zurückzurufen. Rief man zurück, stieß man oft
genug wiederum auf einen Anrufbeantworter, dem man nun
seinerseits eine Bitte um Rückruf aufs Band sprechen konnte.
Das ging mitunter eine Weile so hin und her und wurde mit jedem Versuch lästiger. Immerhin war damit beweiskräftig dokumentiert, dass man tatsächlich zurückgerufen hatte.

Mit dem Anrufbeantworter verbreitete sich die Unsitte, das
Gerät eingeschaltet zu lassen, auch wenn man gar nicht nicht zu
Hause war. Man wollte wissen, wer anrief, bevor man entschied,
ob man abhob. Diese Türhüterfunktion wurde durch die Num-
mernerkennung auf dem Display obsolet. Stimmt die Nummer
mit einer Speicherung im Adressbuch überein, wird sogar der
Name der anrufenden Person gezeigt. Es gibt allerdings auch die
Möglichkeit, das eigene Telefon so zu programmieren, dass die
Nummer bei einem Anruf unterdrückt wird. Auf dem Display
meines zwanzig Jahre alten analogen, aber immerhin schnurlosen Sinus 312 von Siemens erscheint dann bloß ein ›Hallo‹. Übrigens habe ich erst jetzt mitbekommen, dass in mein Sinus ein
Anrufbeantworter integriert ist. Ich hätte mir nie ein separates
Gerät kaufen müssen. Das kommt davon, wenn man keine Ge-
brauchsanweisungen liest. Oder sie nicht versteht.

Jede neue Kommunikationstechnik bringt neue Techniken
der Kommunikation hervor. Der schnurlose Festnetzapparat
erhöhte die Bewegungsfreiheit innerhalb der Wohnung, Handys und Smartphones machten die Menschen global telemo-
bil. Es begann das große Wandern, das Schlendern von Zimmer
zu Zimmer und das Hin-und-her-Marschieren auf der Straße.
Das gestikulierende Auf- und Abschreiten vor Publikum scheint

eine männliche Eigenart zu sein. Selten habe ich eine Frau im Wichtigschritt paradieren sehen.

Hat man beim Telefonieren eine Hand frei, kann man mit der anderen etwas anderes tun. Telefonieren zum Beispiel. Es gibt tatsächlich Leute, die mit jeder Hand an jedes Ohr ein Smartphone drücken und sich mit zwei Gesprächspartnern gleichzeitig unterhalten. Es gibt aber auch Leute, die gar nichts mehr in der Hand halten. Sie spazieren herum und plaudern. Man könnte denken, sie führten ununterbrochen Selbstgespräche, wären da nicht die Kabel, die rechts und links aus ihren Ohren kommen und sich vor dem Mund zu einem Knubbel verbinden, in den sie hineinsprechen.

Eine Hand hat man jedenfalls immer frei, wenn man beim Telefonieren keinen Apparat mehr mit sich herumschleppen muss. Man kann nebenher andere Dinge tun; oder Hauptsachen erledigen und nebenher telefonieren. Manche Menschen essen dabei, manche nehmen das Handy sogar mit aufs Klo.

Das Widerwärtigste, was ich diesbezüglich erlebt habe, passierte während eines Krankenhausaufenthaltes im Herbst 2016 (derjenige, für den ich meinen letzten CD-Spieler kaufte). In einem Warteflur saß eine Frau auf dem Rollbett, in der einen Hand ein Smartphone, in der anderen eine Kotztüte. Abwechselnd telefonierte sie und erbrach sich in den Beutel. Sie nahm beim Erbrechen nicht einmal das Handy vom Mund. Die Szene klingt erfunden, hat sich aber genau so abgespielt. Eine vorbeieilende Krankenschwester herrschte die Frau an: »Können Sie nicht mal das Handy weglegen!«

Beim Unterwegstelefonieren gehört es zum guten Ton (oder ist es doch eher eine schlechte Gewohnheit?), dem Gegenüber am Apparat (und sämtlichen Leuten in der näheren Umgebung) zu erzählen, wo man sich gerade befindet: Ich bin im Zug, in der U-Bahn, im Café Soundso. Im Sommer höre ich auf meinem

straßenseitigen Balkon manchmal, wie unten vorbeigehende
Leute in ihr Smartphone rufen: »Ich laufe gerade die Pflüger-
straße entlang.« Dann weiß ich, dass ich zu Hause bin.

Nicht nur das Außenverhalten verändert sich beim mobilen
Telefonieren, auch das Binnenbenehmen. So werden beim Simsen die Zahlen zu Worten, und es kursieren die aberwitzigsten
Abkürzungen. Damit die Worte und Abkürzungen gefühlsmä-
ßig korrekt verstanden werden, kann man sie mit Emojis verzieren, sogar mit solchen, die ihre Grimassen beweglich schneiden.

Das Betexten eines Anrufbeantworters oder einer Sprachbox
wiederum kann zur Lifestyle-Herausforderung werden, wenn
man es darauf anlegt, sich akustisch einwandfrei zu identifizie-
ren und dabei auch noch kreativ zu sein. Es gab Leute, bei denen
klimperte ein Klavier im Hintergrund, dann kam der Piepton.
Ein paar Klaviertöne, ein Piepton, sonst nichts. Sehr sophistica-
ted. Andere sprachen halbe Lebensläufe aufs Band mit umständ-
lichen Begründungen dafür, warum sie nun im Moment gerade
leider nicht ans Telefon gehen konnten. Wieder andere herrsch-
ten die Anrufer an: »Nachrichten nach dem Piepton! Sie haben 20 Sekunden Zeit!« Und dann gab es die Leute, die sich der
hochgebildeten Mühe unterzogen, ihre Ansage mit literarischen
Zitaten zu verzieren und diese Zitate jede Woche zu erneuern.

Heute kann man Selfies hoch- und Originalität herunterladen. Zahlreiche Plattformen bieten kostenlose oder kostengüns-
tige Gags, mit denen man seine Sprachboxen bespielen kann.
Sogar der öffentlich-rechtliche SWR 3 bietet von einem Stim-
menimitator gesprochene Ansagen, die Prominente aus Kultur, Sport und Politik parodieren. Halbwegs lustig finde ich die
schon ältere Schwabenansage à la Kretschmann, von mir hoch-
verdeutscht wiedergegeben: »Also, hier ist Winfried Kretschmann, der erste grüne Anrufbeantworter in Deutschland. Ich
hoffe, dass Sie eine Flatrate haben, denn sonst kostet Sie bereits

dieser Ansagetext ein Vermögen. Wenn Sie die Zeit haben oder ein Anliegen, das wäre eine tolle Sache, dann können Sie es hier gleich auf Ohr- und Augenhöhe einsprechen. Ich rufe dann zurück, sobald wir selber auch eine Flatrate haben.«

Viele Leute, die ein Handy besitzen, brauchen fürs Festnetz keine ›Flat‹, weil sie gar keinen Festnetzanschluss mehr haben. Deshalb steht bei ihnen zu Hause auch kein Anrufbeantworter herum. Bei anderen wird auf dem Festnetz-AB die Handynummer mit angesagt, für alle Fälle. Das führt zu Abwägungsproblemen. Soll man die Handynummer so langsam ansagen, dass sie mitgeschrieben werden kann? Das geht mit der Zeit denjenigen Anrufern auf die Nerven, die sich häufiger melden und dann jedes Mal die laaangsame Ansage einer Nummer abwarten müssen, die sie sowieso schon längst gespeichert haben. Oder rattert man die Handynummer herunter, um diese Misshelligkeit zu vermeiden? Dann müssen Erst-Anrufer zwei- oder gar dreimal anrufen, bis sie endlich die komplette Handynummer auf dem Schirm oder im Kopf haben. Wie man es macht, macht man es verkehrt. Aber das ist schließlich im ganzen Leben so.

Als Kinder haben wir an unseren Rappeltagen ›Klingelputzen‹ gespielt. Klingeln, wegrennen und um die Ecke gucken, was passiert. War eine Sprechanlage vorhanden (»Ja, hallo, wer ist denn da?« – fast wie am Telefon), spottete man: »Ich bin hier, du bist dort, bis du herkommst, bin ich fort!« Ob Kinder immer noch Klingelputzen spielen? Es ist Jahrzehnte, buchstäblich Jahrzehnte her, dass mir von Frechdachsen unten an der Sprechanlage das angetan wurde, was ich einst als Frechdachs den Erwachsenen angetan habe. Es wäre gelogen, wollte ich behaupten, dass mir das fehlt (es reicht vollkommen, wenn ich dreimal am Tag den Leuten öffne, die »Weeerbung« in die Sprechanlage rufen). Aber etwas Wehmut kann einen schon umfangen, wenn man besorgten Pädagogen Glauben schenkt, denen zufolge die

Kinder sich virtuell austoben und gar nicht mehr den Hintern hochkriegen, um Erwachsenen Streiche zu spielen.

Die pädagogische Besorgnis richtet sich nicht mehr auf Klingelputzen und ähnliche Kapriolen, nicht einmal mehr aufs Fernsehglotzen, nicht in erster Linie. Die neuen Süchte sind Computerspiele und der Dauer-Chat. Manche Jugendliche schlafen mit Smartphone unterm Kopfkissen. Es ist beinahe wie beim Radiokissen oder dem Kissenradio der 6oer. Übrigens werden immer noch welche verkauft, zum Beispiel an Reisende: »Schlafen Sie auch unterwegs himmlisch entspannt: Dieses Kissen verwöhnt Sie gleich zweifach! Erstens schlafen Sie ergonomisch perfekt dank superbequemer Hightech-Füllung! Zweitens versorgt Sie der integrierte Lautsprecher mit Lieblingsmusik oder Einschlafhörspiel. Sie können das Kissen sogar an den Radiowecker anschließen! Der Lautsprecher ist tief im Kissen absolut nicht spürbar. Mit dem Klinkerstecker schließen Sie MP3-Player oder Radiowecker an. Übrigens: Die Musik gelangt so zielgerichtet an das Ohr des Schlafenden, dass der Partner sie nicht hört!« Und wie ist es mit dem Schnarchen?

Die pädagogische und mediale Überforderung der Eltern gehört zu den Kollateralschäden der technischen Hochgeschwindigkeitsentwicklung. Soll man seinen Kindern Smartphone-Zeiten setzen, wie man einst von seinen Eltern Fernseh-Zeiten gesetzt bekam? Und hat man während seiner Teenager-Zeit nicht selbst endlos telefoniert und die Erwachsenen zur Verzweiflung gebracht? Aber das Telefonieren ist uncool geworden, es wurde durch das Gezwitscher der Chatgruppen ersetzt. Ein nicht abreißender Strom aus Kurznachrichten hat das Dauerquatschen an der Strippe abgelöst. Soll man also das Minitexten wenigstens am Mittagstisch unterbinden? Soll man des Weiteren darauf bestehen, dass einem der Nachwuchs beim Gespräch in die Augen sieht statt aufs Display? Und darf man zu Apps Zuflucht nehmen, um die Apps der Kinder zu kontrollieren? Ist Internet-Verbot eine zulässige Strafe wie ehemals das Fernsehverbot, oder verstößt das gegen die Menschenrechte?

Ich habe Leute gekannt, die von sich halb angeberisch, halb selbstmitleidig sagten, sie hätten vom vielen Telefonieren einen Tennisarm. In unserer Smartwelt bekommt man vom dauernden Nach-unten-Sehen einen Handynacken.

Die Mobiltelefonie startete in Deutschland in den frühen 90ern. Die ersten beiden Netze für den digitalen Mobilfunk nahmen 1992 den Betrieb mit zusammen einer Million Nutzer auf. Zehn Jahre später waren es knapp 60 Millionen. 78 Prozent der Männer und 61 Prozent der Frauen besaßen damals ein Handy.*

In dieser Zeit schaffte auch ich mein erstes Handy an, eines mit Prepaid-Vertrag. Die Minute kostete 1,49 – Euro, die Umstellung war am 1. Januar 2002 erfolgt. Inzwischen habe ich schon (!) mein drittes (!!!) Handy. Ich besitze es seit sieben oder acht Jahren. Die Anschaffung wurde dadurch veranlasst, dass meine Bank (es war nicht die Deutsche) die fürs Online-Banking nötige TAN-Liste auf Papier durch die mobile TAN ersetzte, die einem per SMS aufs Handy geschickt wird. Mein zweites Handy konnte das Y nicht zuverlässig vom V unterscheiden, und nachdem ich zweimal wegen der Eingabe falscher TANs fürs Onlinebanking gesperrt worden war, kaufte ich mir notgedrungen ein neues Handy. Es kostete 30 Euro, kann Ys von Vs unterscheiden, hat einen Taschenrechner, einen Kalender, eine Weckfunktion und kann laut Gebrauchsanweisung Anrufe vortäuschen: »Sie können einen eingehenden Anruf simulieren, wenn Sie sich aus Besprechungen oder unangenehmen Situationen stehlen möchten. So tätigen Sie einen Täuschungsanruf: Halten Sie die Na-

---

* Wer nachrechnet und die Prozentzahlen mit der absoluten Zahl nicht kompatibel findet, sei daran erinnert, dass es Firmenverträge gibt und manche Menschen mehrere Verträge haben.

vigationstaste im Stand-by-Betrieb nach unten gedrückt. Oder drücken Sie die Navigationstaste bei aktivierter Tastensperre viermal nach unten.« Wie raffiniert. Dabei ist es nicht einmal ein Smartphone, die Gebrauchsanweisung dennoch recht umfangreich. Auf lustige Weise. Sie empfiehlt zum Beispiel: »Nicht auf das Gerät oder den Akku beißen oder daran saugen. Dadurch kann das Gerät beschädigt oder eine Explosion verursacht werden.« Die Gebrauchsanweisung rät außerdem: »Halten Sie das Gerät aufrecht wie bei einem herkömmlichen Telefon. Sprechen Sie direkt in die Sprechmuschel.« Ich drehe das Gerät in den Händen und suche vergeblich die Sprechmuschel. Dafür finde ich endlich die Taschenlampenfunktion. Künftig kann ich die Radiotaschenlampe* zu Hause lassen.

Das Handy sollte man nicht zu Hause lassen. Man fühlt sich ohne die drahtlose Nabelschnur geradezu ausgesetzt, hilflos preisgegeben den Fährnissen der modernen Welt. Dabei hätte man früher die Handys viel nötiger gehabt. Wie litt ich beispielsweise während meiner ersten Berliner Jahre in den frühen 80ern unter dem Berliner Schlüssel. Er hatte zwei Bärte und musste durch das Türschloss hindurchgeschoben und dabei umgedreht werden. Ob man hinaus- oder hineinwollte: In jedem Fall ließ sich der Schlüssel auf der anderen Seite erst abziehen, nachdem man ihn umgedreht und damit die Tür wieder verschlossen hatte. Es gab keine Möglichkeit, die Tür offen zu lassen. Auch nicht, wenn man Besuch erwartete. Auch nicht, wenn man zu später Stunde Besuch erwartete. Entweder musste man den Besuch tatsächlich unten am Haus- oder Hoftor erwarten oder oben in der Wohnung vor dem Telefon: »Kannst du runterkommen? Ich bin gleich da.«

Der Besucher (oder die Besucherin) rief allerdings nicht mit

* Dazu der Anfang des zweiten Kapitels.

dem Handy an, sondern von einer Telefonzelle aus. Aber dafür musste eine der 130 000 gelben Zellen, die damals über das bundesdeutsche und Westberliner ›Hoheitsgebiet‹ der Post verteilt waren, in der Nähe sein. Und wenn eine in der Nähe war, musste sie frei sein; und wenn sie frei war, musste sie funktionieren; und wenn sie funktionierte, musste man passende Münzen dabeihaben: »10 Pf«, »50 Pf« oder »1 DM«. So stand es über den drei Einwurfschlitzen an der Oberseite der öffentlichen Fernsprecher.

Man warf seine Groschen ein, schaute durch ein Glasfensterchen zu, wie sie eine schiefe Bahn hinabrollten und sich unten hintereinander aufreihten. Beim Telefonieren ließ sich beobachten, wie viele Groschen schon gefallen und wie viele noch übrig waren. Immerhin wurden nach dem Ende des Telefonats die nicht verbrauchten brav ausgeworfen. Aber wehe, wenn einem das Kleingeld ausging, bevor das Wichtigste gesagt war. Dieses Missgeschick wuchs sich zum Schicksalsschlag aus, wenn man angesichts des letzten Groschens im Sichtfeld feststellte, dass man sich in einer Zelle befand, die sich anrufen ließ, aber in ebendiesem Moment mit einem Klack das Geldstück fiel, bevor man die Nummer der Zelle durchgegeben hatte.

Die anrufbaren Zellen hießen im Amtsdeutsch »aMünzFw« und gaben sich durch Aufkleber mit einer Glocke zu erkennen. Die Nummer der Zelle war unter die Glocke geschrieben.

Das alles ist lebenszeitlich gesehen nicht allzu lange, aber telekommunikationshistorisch betrachtet sehr lange her. Die letzte gelbe Zelle, der ich begegnet bin, steht in unmittelbarer Nähe des Museums für Kommunikation in Berlin. Sie ist nicht funktionsfähig. Sie ist ein Denkmal und steht auf dem Sockel.

Die geschlossenen Zellen wurden seit 2000 durch die magentafarbenen Telefonsäulen der Telekom ersetzt. Davon gab es 2016 um die 26 000 Stück, die öffentlich aufgestellten

Apparate anderer Anbieter nicht mitgezählt. Ich frage mich, wer damit telefonieren soll. Sie können sich doch nur an Leute wenden, die ihr Handy vergessen oder verloren haben. Vergessen oder verlieren so viele Leute ihr Handy, dass es sich lohnt, 26 000 Telefonsäulen aufzustellen?

Im Berliner Hauptbahnhof wurde ich einmal von einem Mann mittleren Alters angesprochen, der so aussah, als würde er nicht mit einem alten Samsung-Handy herumlaufen wie ich, sondern mit dem allerneusten Smartphone. Er hielt mir völlig entnervt einen 5-Euro-Schein entgegen und sagte: »Bitte, können Sie den wechseln, ich muss dringend –«. Ich unterbrach ihn und zog mein Portemonnaie aus der Jackentasche. »Sie sind schon der Zehnte, den ich frage«, stöhnte er. Das mochte übertrieben sein. Andererseits ist es, zumindest in Berlin, nichts Besonderes, von wildfremden Leuten um einen Euro angebettelt zu werden, während die Bitte um Wechselgeld wie ein prähistorischer Akt, also verdächtig wirkt, weil man überall mit Karte bezahlen kann, selbst an Fahrscheinautomaten und frei stehenden Telefonsäulen. Ich konnte ihm seinen 5-Euro-Schein auch nicht klein machen und hielt ihm zwei Fünfzigcentstücke hin. Er schaute mich völlig entgeistert an. Der arme Kerl schien sich, von Gott, der Welt und seinem Smartphone verlassen, vorgekommen zu sein wie einer der U-Bahn-Bettler. »Na nehmen Sie schon«, sagte ich, »dann können Sie telefonieren.« In diesem Moment klingelte sein Smartphone. Er hatte die Münzen fürs Bahnhofs-WC gebraucht.

Je kostbarer das Smartphone, desto empfehlenswerter eine Schutzhülle. Und je länger man es in der Hand mit sich herumträgt, desto größer die Wahrscheinlichkeit, dass es einem irgendwann herunterfällt.

Ein zersplittertes Display ist furchtbar deprimierend, nachgerade ein Sinnbild der Vergeblichkeit allen Seins. Ein ›Bumper‹

muss her, ein Stoßfänger, ein ›Rundumseitenrahmen‹ aus Silikon. Oder wenigstens eine Socke. Handysocken kosten nicht viel, oder man strickt sie selber.

Überhaupt bieten Etuis hübsche Gelegenheiten zu individuellen Geschmacksäußerungen, ganz ähnlich wie einst die Sprüche der Anrufbeantworter. Oder man dokumentiert Individualität durch einen Warenkauf. Das Angebot reicht von gewöhnlichen Schutzhüllen bis zu »stilvollen Klappschutztaschen«. Ein Online-Händler findet es selbst »verblüffend, wie viele Modelle es gibt: Ledertaschen, modellspezifische, universelle, Armbänder, wasserdichte und sogar Handtaschen! Während Smartphone-Hersteller ihre eigenen Modelle anbieten, können diese auch von anderen berühmten Marken produziert werden. Sie können diese mit einem witzigen Muster auswählen, in einer Farbe, welche Ihnen am Besten passt, und solche mit verschiedenen Funktionen.«

Wenn Hunderte von Millionen mit ›exklusiven‹ iPhones herumlaufen, muss man sich etwas einfallen lassen, um sein Ich als ein besonderes darzustellen. Wie man per Umhüllung aus einem Smartphone etwas Höchstpersönliches macht, kann man sich vom Smartphone zeigen lassen. »Mach es Dein«, ermutigt eine Website: »Schütze dein Smartphone auf stilvolle Weise, mit einer Hülle mit deinem Design. Mit dem Online-Konfigurator gestaltest du deine Handy-Hülle ganz einfach selbst.« Das alte Haustelefon im Samtüberzug signalisierte einst bürgerliche Behaglichkeit. Das neue Mobiltelefon im Designer-Etui dokumentiert Modernität an vorderster Front. Alles stets im Dienst Seiner Majestät, des Ich.

Versuch über Selfies

Im Jahr 2005 habe ich zum letzten Mal die Mona Lisa im Louvre besucht. Sie lächelte schief und wirkte irgendwie deprimiert. Nicht wegen des Panzerglases, hinter das sie gesperrt ist, um gegen verrückte Kunstmesserstecher und Säureattentäter geschützt zu sein; auch nicht wegen der vielen Leute, die sich vor ihr drängten. Es lag nicht an den Leuten. Es lag daran, dass die Leute ihr nicht mehr ins Gesicht sahen, ihr gar nicht mehr ins Gesicht sehen konnten. Vor dem bloß 77 auf 53 Zentimeter kleinen Gemälde wuchs ein Wald aus Armen in die Höhe, und alle Arme hielten am Ende eine Kamera in der Hand. In Reihen standen die Besucher hintereinander, hielten ihre Kameras hoch und fotografierten Mona Lisa. Dabei schauten sie ihr nicht ins Gesicht, sondern auf die Kameradisplays. Von weit her waren die Leute gekommen, manche um den halben Erdball, um sie zu sehen. Dann standen sie direkt vor ihr und erblickten sie nur auf Displays, die nicht einmal so groß waren wie die Postkarten, die man im Museumsshop von ihr kaufen konnte. Auch mir, obwohl ich gar keine Kamera dabeihatte, blieb nichts anderes übrig, als auf eines der Displays zu schauen, die vor mir dutzendweise in die Luft gehalten wurden.

Inzwischen fotografieren die meisten Leute nicht mehr mit Kameras, sondern mit Smartphones. Und sie fotografieren meistens keine Objekte mehr, sondern sich und die Objekte. Um in Paris zu bleiben: sich und den Eiffelturm, sich und Notre-Dame, sich und die Champs-Élysées, sich und die Mona Lisa. Sie würdigen die Sehenswürdigkeiten keines Blickes, drehen ihnen den Rücken zu und fotografieren sich selbst mit ihnen als Hintergrund. Weil das im Louvre wegen des Andrangs gar nicht so einfach ist, würden sie die Smartphones am liebsten auf Stäbe stecken, um Armlänge und Blickwinkel zu erweitern. Doch das ist im Louvre verboten.

Der Selfie-Stick hat sich in den letzten vier, fünf Jahren epidemisch verbreitet. Er ist die Prothese des optischen Selbstbewusstseins für Ich-Phones gleich welcher Marke. Aber was ist überhaupt ein Selfie? »Ein Selfie«, erklärt eine Selfie-Stick-Seite im Internet mit holpriger Zugewandtheit, »ist ein Selbstportrait von sich alleine oder von sich zusammen mit einer Gruppe von Freunden oder Familie. Die früheren Selfies konnten nur so gemacht werden, dass die Kamera oder das Smartphone vor sich und von sich weg gehalten wurde und mit einem Finger der Auslöser betätigt wurde. Es wurden oft mehrere Versuche für ein schönes Selfie benötigt, da die Bilder oft verwackelt waren, wenn der Auslöser nicht richtig getroffen wurde oder der Arm im Bild zu sehen war.« Da schafft der Selfie-Stick Abhilfe, besonders wenn er im Griff einen Schalter hat, mit dem über Bluetooth die Kamera des beweglich montierten Smartphones ausgelöst werden kann. Doch ist der Stick die kleine Lösung. Die große ist die Drohne. Ausgestattet mit einer Kamera folgen sie selbstgesteuert Joggern und Bikern, dokumentieren Frischverliebten eine zweisame Bootsfahrt und später, wenn aus der frischen Liebe eine gestandene Familie geworden ist, den Sonntagsausflug.

Früher brauchten die Leute andere Leute, um sich ein Bild von sich zu machen – im übertragenen Sinn und im unmittelbar handgreiflichen. Man sprach Passanten an, drückte ihnen die Kamera in die Hand, erklärte ihnen, wo sie draufdrücken mussten, und stellte sich in Positur. Nach vollbrachter Tat bedankte man sich artig.

Oder man stellte die Kamera auf eine Mauer oder auf einen Stuhl oder auf einen Stuhl auf einer Mauer, je nach Motiv und

Einstellungshöhe, drückte den Selbstauslöser und rannte in den Bildausschnitt – oder was man dafür hielt. Wenn man Glück hatte, schaffte man es, sich rechtzeitig in Positur zu stellen. Hatte man halbes Glück, war man eben nur halb zu sehen. Außerdem bestand noch das Risiko der Ungeduld. Es konnte passieren, dass man rechtzeitig auf seinen Platz kam, nachdem man den Selbstauslöser gedrückt hatte, und dann passierte nichts. Man wartete und wunderte sich, dann verlor man die Geduld und lief aus dem Bild, um die Einstellung an der Kamera zu überprüfen. In dem Moment, in dem man aus dem Bild lief, knipste die Kamera, und alles fing von vorne an.

Vielleicht sind Selfie-Sticks gar nicht so schlecht. Inzwischen gibt es sogar welche mit Gelenken zum Abwinkeln. Damit kann man den eigenen Hintern fotografieren. Dieses Genre wird ›Belfie‹ genannt, von englisch ›butt‹, das im Wörterbuch ›dickes Ende‹ bedeutet und im Volksmund ›Arsch‹. Und dann gibt es noch das Shelfie: ich und mein Bücherregal. Das könnte ich mal probieren.

Highsmith mit Handy

In meinem Bücherregal steht ein halbes Dutzend Romane von Patricia Highsmith. In diesen Romanen wird viel telefoniert, sehr viel. Während meiner letzten Lektüre von *Der Schrei der Eule* (Erstausgabe 1960) habe ich bei jedem wiedergegebenen oder erwähnten Telefonat ein T an den Rand gemalt. Nun habe ich die Ts gezählt: Es sind 107, verteilt über 400 Seiten.

Wenn man derartig häufig Festnetz-Telefonate führt, entgegennimmt oder erwartet, kann man nicht mobil sein. Die Apparate rühren sich nicht vom Fleck. Zum Beispiel steht der Apparat des Protagonisten, ein Designer mit Namen Robert, in seinem

Zimmer. Robert hat einen Job in der Provinz angenommen und vorher in einer Firma in New York gearbeitet, »die neue Designs für Toaster, elektrische Bügeleisen, Radios, Kassettenrecorder und so gut wie alle in amerikanischen Haushalten vorhandenen Apparate und Geräte entwickelte«. Das von Robert gemietete Zimmer befindet sich in einem Apartmenthaus mit gemeinsamer Empfangshalle: »Das Telefonschaltbrett [die hausinterne Vermittlung] in der Ecke war längst außer Betrieb, aber nie entfernt worden.« Die Vermieterin erklärt Robert, die Leute zögen »einen eigenen Telefonanschluß vor, selbst wenn das den Nachteil hatte, daß niemand Nachrichten für sie entgegennehmen konnte«.

In vielen Highsmith-Romanen hängt das Geschehen stark von der Topographie der Telefone ab. Wer kann wen wo und wann anrufen? Wie diese Vielfachfrage jeweils beantwortet wird, bestimmt maßgeblich, auf welche Weise sich der Knoten knüpft und die Schlinge zuzieht. Die Bemerkung von Roberts Vermieterin fällt schon auf den ersten Seiten des Buchs. Sie gibt, geäußert von einer Nebenfigur, eine der Spielregeln wieder, nach denen die Autorin das Spannungsgeschehen aufbaut. Die Leute müssen bei den Telefonen sein, weil die Telefone noch nicht bei den Leuten sein können. Highsmith mit Handy ist schwer vorstellbar. Mobiltelefone würden die erzählerische Architektur ihrer Romane zerstören.

Für diese Romane sind ortsgebundene Telefone nicht wegen ihrer Gegenständlichkeit elementar, sondern wegen ihrer Funktion, die handelnden Figuren an bestimmten Orten festzuhalten, nachgerade zu fixieren. Wer beispielsweise einen wichtigen Anruf erwartet, wird es nicht wagen, sich vom Apparat zu entfernen. Außerdem hat ein Telefonat Alibi-Relevanz. Ein Anrufer kann zwar ohne Zeugen nicht beweisen, dass er ein bestimmtes Telefon an einem bestimmten Ort zu einer bestimmten Zeit benutzt hat, aber wenn er zur Tatzeit nachweislich telefonierte, kann er sich nicht am Ort eines Verbrechens aufgehalten haben, wenn es dort kein Telefon gibt.

Im modernen Theater erfüllt das Telefon eine ähnliche Funktion wie der reitende Bote bei Shakespeare. Dessen Nachricht verändert auf dramatische Weise das Bühnengeschehen. In einem Film kann das Geschehen eine ganz neue Wendung nehmen, wenn das Telefon klingelt, ohne dass die Zuschauer sofort wissen, was am ›anderen Ende der Leitung‹ gesagt wurde.

Unter Highsmith-Bedingungen vermag ein Telefon schon allein dadurch bedrohlich zu wirken, dass es in einer Szene erwähnt wird. Wird es erwähnt, muss es auch irgendwann klingen. Es ist wie mit Tschechows Regel, dass ein Gewehr an der Wand oder eine Pistole auf dem Tisch auch abgefeuert werden muss. Sonst bräuchte man das Gewehr in einem Roman nicht zu erwähnen oder die Pistole in einem Bühnenstück nicht auf den Tisch zu legen.

Nun besteht die schönste Eigenschaft solcher ästhetischen Regeln darin, gebrochen zu werden, besonders dann, wenn sich das Publikum an sie gewöhnt hat. Also werden demonstrativ Gewehre an die Wand gehängt, um sie eben gerade nicht abzufeuern. Die Erwartung der Leser (oder Theaterbesucher) wird mit voller Absicht enttäuscht, um Spannungseffekte zu erzeugen. Aber um eine Erwartung enttäuschen zu können, muss sie erst einmal aufgebaut werden. Das Spiel lässt sich weiter treiben: Ein Gewehr, das für ein überschlaues Publikum an der Wand hängt, um nicht abgefeuert zu werden, wird eben doch abgefeuert. Und so weiter.

Im Kinofilm ist das Telefon nicht nur ein Apparat mit Funktion für die Handlung, sondern ein Ding für sich, manchmal geradezu ein Fetisch. Es ist nicht nur zum Sprechen da, sondern spricht gewissermaßen für sich selbst. Im Filmgeschehen hervorgezeigte oder ins Romangeschehen hineinerzählte Gegenstände können nicht nur als Hebel eingesetzt werden, um das jeweilige Geschehen voranzubringen oder um dieses Geschehen raffiniert zu verunklaren. Manchmal dienen sie einfach als Accessoires wie die bubenhaft verspielten Kampfwerkzeuge James Bonds (auch spezielle Telefone sind darunter). Oder sie sind äußere Kennzeichen für die innere Leere einer Figur wie in *American Psycho* von Bret Easton Ellis. Schon auf der zweiten Seite des im amerikanischen Original 1991 erschienenen Romans heißt es:»Er legt den Walkman neben ein westentaschengroßes, kabelloses, zusammenklappbares Panasonic-Portable-Easaphone (früher hatte er das NEC 9000 Porta Portable) und zückt die heutige Tageszeitung.«

Die beiden Telefone gab es wirklich. Sie gehören längst in die Vintage-Abteilung der Telekommunikation. Eine aktuelle Romanfigur vom Schlage des Helden in *American Psycho* würde keine Tageszeitung mehr ›zücken‹, sondern über das allerneueste iPhone wischen – und siehe da: Die Zeitung erschiene auf dem Display.

In *American Psycho* von 1991 ist das tragbare Telefon ein Statussymbol. Als Bill Gates vier Jahre später durch sein Haus schlenderte und von den Häusern der Zukunft träumte, stellte er sich vor, dass in allen Zimmern Telefonapparate bereitstünden, aber es würde»nur der Apparat klingeln, der Ihnen in dem Moment am nächsten ist«. So steht es in seinem Buch *Der Weg nach vorn*.

Der Informatiker und Kultautor Nicholas Negroponte meinte zur selben Zeit, die Telefone würden überhaupt nicht mehr klingeln:»Zu Beginn des nächsten Jahrtausends werden unsere Manschettenknöpfe oder Ohrringe auf dem Umweg über erdnahe Satelliten miteinander kommunizieren und dabei über mehr Rechenleistung verfügen als unsere heutigen PCs. Ein

Telefon wird nicht mehr aufdringlich klingeln, sondern wie ein gut ausgebildeter englischer Butler Anrufe entgegennehmen, sortieren und gegebenenfalls auch beantworten.«

Der Computerwissenschaftler Ray Kurzweil blickte 1999 ins Jahr 2009 voraus: »Telefonsex erfreut sich wachsender Beliebtheit, denn die Telefone verfügen über hochauflösende Displays und liefern in Echtzeit Videobilder vom Partner am anderen Ende der Leitung.« Für 2019 prophezeite er: Dann »dürfte ein PC dieselbe Leistungskraft haben wie ein menschliches Gehirn.«

Zukunft 2.0.

Es wird einmal gewesen sein

Wie bewerten Sie die mannigfachen Versuche, einen Blick in die Zukunft zu werfen?

Die Frage ist nur ein Zitat. Es handelt sich um eine der »Prüfungsaufgaben aus dem deutschen Aufsatz« an Realschulen im Jahr 1970. Ein anderes Aufsatzthema lautete: »Was halten Sie vom Vorstoß des Menschen zum Mond?« Ein weiteres: »Was sagen Sie zur Teilzeitbeschäftigung der verheirateten Frau?« Jüngeren Leserinnen muss vielleicht erläutert werden, dass es nicht etwa darum ging, ob die verheiratete Frau nur in Teilzeit arbeiten, sondern darum, ob sie überhaupt arbeiten solle, und wenn ja, dann allenfalls in Teilzeit. Drei Jahre später tauchte im Prüfungskatalog die Frage auf: »Warum erscheint es heute für viele Mädchen erstrebenswert, einen qualifizierten Beruf zu erlernen?« Man beachte das etwas irritierte (und deshalb heute irritierende) ›erscheint‹.

Zwei Jahre nach diesen Prüfungsausgaben wurde im Fernsehen eine »Vorschau auf die Welt von morgen« gezeigt mit dem Haupttitel *Richtung 2000*. Diese Zukunft von gestern sieht von heute aus betrachtet – etwa auf Youtube – recht komisch aus. Am Morgen klingelt der »Fernsehwecker« (heute piepst das Smartphone auf dem Nachttisch), aus der vollautomatischen Küche kommt ein Frühstück auf Plastikgeschirr (heute trinkt man seinen Frühstückskaffee unterwegs aus dem Pappbecher), und bevor man mit einem »elektrischen Stadtauto« (es wird mit »Münzeinwurf« in Betrieb genommen) zur Arbeit fährt (für 25 Stunden die Woche), kann man über ein »drahtloses Haushaltsschaltpult« seine Einkäufe erledigen. Die Rente übrigens beginnt für die Visionäre der frühen 70er im Jahr 2000 mit 50. In unserer derzeitigen Zukunft wird die Rente eher mit 70 beginnen. 2.0 war gestern. Oder vorgestern. Inzwischen wird vom Web 3.0 oder von der Arbeitswelt 4.0 gesprochen. Trotzdem will ich aus Anhänglichkeit am guten alten Futur II festhalten. Diese Zeitform der deutschen Sprache ermöglicht es, die historische Elementarerfahrung, dass auch der Zukunft eine Vergangenheit bevorsteht, in erzählerische Form zu fassen. Außerdem sieht die Zukunft des Öfteren schon alt aus, bevor sie überhaupt eingetroffen ist. Prognostiker und Propheten könnten aus den verfehlten Prognosen und gescheiterten Prophezeiungen der Vergangenheit lernen, wie oft und wie sehr die Menschen danebenliegen, wenn sie auf das setzen, was sie für unmittelbar bevorstehend halten, oder das Nächstliegende aus lauter Weitblick übersehen. In dem schönen (und sehr sentimentalen) Lied *Que sera, sera?* ist dazu das Nötige – gesungen: »The future's not ours to see«.

Die Bewertung vergangener Zukunftsvisionen ist abhängig von dem, was wir von und in der Gegenwart wollen. Das bringt wiederum Ausgriffe auf die Zukunft mit sich. Ohne Minimalvision, und sei es nur eine des nächsten Tages, scheint der Mensch im Unterschied zur übrigen Flora nicht leben zu können. Wollte man das Philosophieren zum Äußersten treiben, wäre daran zu erinnern, dass die Zukunftserwartung eine Erwartung des Todes ist, denn auf ihn läuft am Ende alles hinaus. Womöglich ist die Gegenwart nur eine Art Jetlag zwischen der Vergangenheit und der Zukunft, wie sie einmal gewesen sein wird.

Leserinnen und Lesern, denen das zu trübsinnig klingt, sei versichert, dass dieses Buch in heiterer Verfassung geschrieben wurde. Außerdem in der Überzeugung, dass Bücher moderne Medien sind und es noch eine Weile bleiben werden. William

Gibson, der amerikanische Schriftsteller, dem die Erfindung des Wortes ›Cyberspace‹ zu verdanken (oder anzulasten) ist, sagte Anfang 2017 in einem Interview über das Buch als Medium: »Ein physisches Objekt, das 300 unterschiedliche Screenshots darstellt, aber keine Elektrizität benötigt und für die Ewigkeit ist, wenn Sie es einigermaßen warm und trocken halten, ist eine verblüffende, hochmoderne Technologie.« In einem Online-Kommentar zu diesem Interview ist zu lesen: »Früher war die Zukunft besser«. Ich bin nicht dieser Meinung. Aber wir werden sehen.

Anhang

*Nachweise – Quellen – Komisches Glossar –
Zeittreppe – Personenregister*

Nachweise

Titel, auch die von Programmen, werden *kursiv* wiedergegeben, Marken-
und Firmennamen dagegen in Normalschrift. Untertitel und Zitate werden in »Anführungszeichen« gesetzt. Einfache ›Anführungen‹ signalisieren
Phrasen und Paraphrasen, Redewendungen und Gemeinplätze.
Obwohl es unhöflich ist, Leute im Satz zu unterbrechen, lässt sich das nicht
immer vermeiden. Das gilt auch für Zitate. Um die Unterbrechung wenigstens anzuzeigen, steht bei abgebrochenen Sätzen der Punkt außerhalb der
Anführungszeichen, bei vollständig wiedergegebenen innerhalb.

Motti: Rodney Brooks nach *FAZ* v. 4. 9. 2000. Ada Lovelace nach Eder, *Babbage*, S. 73. Douglas Adams: *Lachs im Zweifel*, S. 134.

Einleitung: Trentmann, *Herrschaft der Dinge*, S. 11. *World Media taz* Ausgabe von 1991, S. 44.

1.: Benjamin, *Berliner Kindheit*, S. 85. Sasse nach *Die Zeit* v. 24.3.2011. Ray
Werbezitat nach schneiderpen.com. Woolf, *Tagebücher 4*, S. 300. Prü-
fungstext Schreibfertigkeit in Oberwallner, *Abschlussprüfungen*, S. 152.
Die Aristo-Gebrauchsanweisung als pdf: rechenschieber.org/Aristo. *Wirtschaftslehre für Realschulen*, S. 24. Babbage, *Passagen*, S. 30. Athen, *Blitzrechnen*, S. 23. Ratgeber aus den 80ern: Brecher, *Frauen Computer Buch*,
S. 216. *Blitzrechnen*, S. 88. Adams, *Lachs im Zweifel*, S. 130. Die Beschreibung
der »rechentechnischen Sammlungen« trägt keine Verfasserangabe und ist
als pdf abrufbar: wwwpub.zih.tu-dresden.de/~ss17/MUSEUM98.pdf. (Hinweis: Zwischen www und pub steht kein Punkt.) *Frauen Computer Buch*,
S. 81. Die Gebrauchsanweisungspoesie nach *gabriele Bedienungsanleitung*,
S. 15. Olivetti-Werbung in *Liber* Nr. 1, Oktober 1989. *Frauen Computer Buch*,
S. 29. Microsoft Benutzerhandbuch S. 295. *Frauen Computer Buch*, S. 180.
Spiegel v. 27.7.1955 nach *Die Zeit* v. 15. 9. 2016. »Blue Gene« Zahlen nach *Tagesspiegel* v. 8. 12. 1999. *ZEITmagazin* v. 7. 3. 1997. pcwelt.de v. 21. 6. 2016.
pcwelt.de v. 31.8. 2016. Steno-Prüfungstext in Oberwallner, *Abschlussprü-
fungen*, S. 127. **Erinnerung an hilfreiche Mädchen:** TA-Zitate hier und im
Folgenden nach der ›Zeitleiste‹ der TA-Website. Weiberrat nach wikiman-
nia.org/Weiberrat. Sarotti-Werbung: youtube.com/watch?v=Crs3u1wI5F8.
Bauknecht-Werbung nach Hars, *Lexikon der Werbesprüche*, S. 31 f. Das be-

kannte Mohrenzitat in der Fußnote aus Schillers *Fiesco* nach friedrich-schiller-archiv.de. *Emma*, Ausgabe Jan./Febr. 1977, S. 26. **»Welcome in the wonderful world of cyberspace«:** Penny nach Basil, *Woher kommst du?*, und nach *SZ* v. 22.3.2016. Čapek nach Coy, *Industrieroboter*, S. 154. Gibson, *Neuromancer*, S. 17. Horx nach einem Artikel von Stefan Adelmann v. 29.5.2015 auf http://www.crn.de/telekommunikation/artikel-106711.html. Bogner am 10. 4. 2016 auf vice.com. Die Medienberaterin nach *Märkische Oderzeitung* vom 18.11.2016. *ZEITmagazin* vom 7.3.1997, S. 21. Gigabyte-Zahlen nach *Biorama*, Nr. 46-2016, S. 29. Online-Erläuterung und Modem-Definition bei Schwarz, *go!*, S. 11. Modem in den 80ern bei Brecher, *Go Stop Run*, S. 75. *telepolis*, Nullnummer 1996, S. 103.

2.: Sämtliche Grundig-Zitate nach hifimuseum.de/1957-grundig-musikschaenke.html. Kästner, *35. Mai*, S. 98. Pavel und seine Kleinanlage nach *Spiegel* Nr. 23, 2004. Adams, *Lachs*, S. 155. Bravo nach Weber, *Versprechen*, S. 188. Ottens nach zeit.de/wissen/geschichte/2013-07/audiokassette-entwicklung.de. Peter Glaser nach Andreas Schätzlein, *Mobile Klangkunst*, in: Stuhlmann, *Radio-Kultur*, S.181. Hörwarnung in der Gebrauchsanweisung zum Soundmaster CD9110. Statistisches Bundesamt, Mail vom 2. 11. 2016. *Spiegel* Nr. 12, 2001. Jobs nach Sascha Wundes, *Music to go*, swr2 Featue von 2013, Skript S. 28. Meckel, *Unerreichbarkeit*, S. 55. Mirko Borsche im *ZEITmagazin* vom 24.5.2017. **Liebeserklärung an Lissy:** Werbung für das »Mini-Streaming-System« auf teufel.de. »Radioglück« nach *Der totale Neuss*, S. 124. Zum Sternradio: *top-magazin Dresden*, Frühjahr 2017.

3.: LP Verkaufszahlen nach Bruhn, *Musikpsychologie*, S. 177, Weber, *Versprechen*, S. 215 f. und Frank Junghänel, *Schwarze Magie*, in: *Berliner Zeitung* v. 18./19.4.2015. Kuss-Zitat: Junghänel, *Schwarze Magie*. Schellack-Zahlen nach Zander, *PC-gestützte Restaurierung*. Ein Ausschnitt der *Tagesschau* Ausgabe vom 22.8.1982 auf youtube.com/watch?v=pV8LZASbadA. Die zitierten Foren: hifi-forum.de und hifimuseum.de. Leerkassettenschätzung im *Spiegel* Nr. 28, 1986. MC Zahlen nach Weber, *Versprechen*, S. 216. Schwennicke auf *SpiegelOnline*, 5. Feb. 2010. Nostalgiekritisches Zitat nach focus.de v. 27. 2. 2017. *Die Woche* nach *Ästhetik & Kommunikation*, Nr. 88, 1995, S. 14. AFP v. 5. 6. 2015. Deezer nach *Tagesspiegel* v. 23. 3. 2017. Leonhard nach dem *ZeitInternet Spezial* vom Mai 2008, S. 25. **Generationskontroverse:** Onkel Willi und sein Widersacher stritten sich 2016 auf einer Seite von Ama-

zon, wo es um die Bewertung eines Discman ging. Kaléko, *Träume*, S. 40.
Giordano in *James Joyce 2.0.* in *Lettre International*, Nr. 115, S. 51 f. Der Kommentar zum *Blade Runner* Soundtrack auf Youtube stammt vom Juli 2016.
SternOnline v. 14.9.2017.

4.: samsung.com/de/entdecken/entertainment/unterschied-zwischen-led-und-lcd-willkommen-im-lichtermeer. Adorno, *Prolog zum Fernsehen;* in: *Eingriffe*, S. 71 f. LG Werbung: lg.com/de/lgoled/01_SIGNATURE.html. Zahlen nach Zielinski, S. 66, 128. DDR-Zahl nach *DDR heute;* Dresden 1977, S. 73. (*SpiegelOnline* v. 16.5.2014. Optaport-Reklame bei ebay.de/itm/Loewe-Opta-Optaport-305-1963-Reklame-Werbung-genuineAdvertising-nl-Versandhandel-/222029316554. Kuba-Imperial-Reklame auf kuba-museum.de. Carmen Thomas im Deutschlandfunk, Sendung *Corso* am 2.8.2017. *Berliner Zeitung* v. 29.11.1952. *Zahlenspiegel*, S. 25, 27. Flegel nach *Der Alltag*, Nr. 3-90, S. 72. Breitner nach *Tagesspiegel* v. 10.6.2010. Aldrin nach *Wochenpost Extra* v. 14.7.1994. Anders: *Der Blick vom Mond*, S. 119. *Spiegel* Nr. 12-2001. Zu den psychologischen Untersuchungen, ob wir farbig oder Schwarz-Weiß träumen, siehe Eric Schwitzgebel: *Why did we think we dreamed in black and white?* (Zugriff auf das Dokument über: faculty.ucr.edu/~eschwitz/SchwitzPapers/DreamB&W.pdf). Zitat zur Kommunikationsgefährdung und Reizüberflutung in Koszyk, *Handbuch der Massenkommunikation*, S. 211. Sichtermann, *Fernsehen*, S. 7. Winn nach Maletzke, *Kulturverfall durch Fernsehen?*, S. 77. *Die Zeit* v. 30.3.1979. Kabelkilometer nach Kaumans u. a., *Auslaufmodell Fernsehen?*, S. 44. Papst Pius nach McLuhan, *Die magischen Kanäle*, S. 42. *Handbuch der Massenkommunikation*, S. 211. Brief an die *New York Herald Tribune* nach McLuhan, *Die magischen Kanäle*, S. 381. Luther nach Dülmen, *Kultur und Alltag*, S. 202. *Die Zeit* v. 29.8.1997. Monika Piel nach *Die Zeit* v. 28.12.2006. **Bügeltest:** Nipkows Patentschrift nach Zielinski, *Geschichte des Video-Recorders*, S. 57. Kogon nach Bruhn, *Musikpsychologie*, S. 195. McLuhan, *Die magischen Kanäle*, S. 482 f. Chefredakteur zur *Tagesschau*-Melodie nach *SpiegelOnline*, 11.9.2012. Sichtermann, *Fernsehen*, S. 83. Werbebroschüre, herausgegeben von der ZDF Zuschauerredaktion, keine Seitenzählung. Herres nach *Tagesspiegel* v. 6.3.2011. Hartmann nach *Die Zeit* v. 28.12.2006. Kapuściński, *Die große Reporterarmee*, in *FAZ* v. 13.2.1999. **Nachruf aufs Fernsehen:** Fernsehlaufzeiten und Absatzzahlen nach *Tagesspiegel* v. 1.2.1997, *Rheinischer Merkur* v. 28.8.2008, *M-Menschen machen Medien*, Ausgabe Februar 2016, *Süddeutsche Zeitung* v. 29./30.10. 2016 und

Berliner Zeitung v. 25.8.2017. Böckelmann, *Theorie der Massenkommunika-*
tion, S. 300 f. Koszyk, *Handbuch der Massenkommunikation*, S. 209. Rötzer,
Cyberspace, S. 13. *Die Zeit* v. 28. 12. 2006. TELEKOM* TREND, S. 65. Reim im
Rheinischen Merkur v. 28.8.2008. *Tagesspiegel* v. 2.9.2011. Stenodiktat nach
Oberwallner, *Abschlussprüfungen*, S. 133.

5.: Zahlen nach Zielinski, *Geschichte des Videorecorders* (S. 291), *Tagesspie-*
gel (11.4.2015), *Die Zeit* (22.6.2016), Interessenverband des Video- und Medi-
enfachhandels (ivd-online.de). Godard nach Zielinski, *Geschichte des Video-*
recorders, S. 277. USB-VHS-Rekorder: *pc-magazin.de*, Zugriff im Juni 2017.
JVC-Anzeige in der *TransAtlantik* vom Nov. 1980. Zitat aus dem Forum: fo-
rum64.de/index.php?thread/46602-finde-kanal-36-nicht. Baker nach *Ta-*
gesspiegel v. 6.7.2016. Nolan nach *Stern* v. 21. 7. 2017. Amazon-Zahl nach
M, Februar 2016. **Mondlandung auf VHS:** Hawking nach *SpiegelOnline* v.
25.4.2010. Astronautenzitate nach *FAZ* v. 20.7.1994.

6.: Faksimiles der zitierten Briefe sind eingestellt auf der von Udo Kell ver-
antworteten Webseite ddr-fernmeldetechnik.de. Anschlüsse nach *Zahlen-*
spiegel, S. 25 und Koszyk, *Massenkommunikation*, S. 306 f. Das Plakat ist im
Berliner Museum für Kommunikation zu sehen. McLuhan, *Die magischen*
Kanäle, S. 407. Mondscheintarif und Maiproblem nach *Die Zeit* v. 9.1.1981.
Flusser in Pias u. a., *Kursbuch Medienkultur*, S. 185. *World Media* Nr. 3, S. 43,
45. Ballmer nach pcwelt.de/ratgeber/Die_spektakulaersten_Fehlprogno-
sen_der_IT-Geschichte-6948150.html. Das Interview, in dem die Äußerung
fiel, kann man auf youtube nachsehen. Umsatzzahlen des iPhone nach *FAZ*
v. 9.1.2017. Deutsche Bank nach *Perspektiven* 01-02/2017. Kästner, *35. Mai*,
S. 103. *Die Zeit* v. 2.3.2017. Bohnet nach seiner Website i-stone.ch. Kobald-
Zitate im *Amnesty Journal* 4-5/2016. Overath in der *NZZ*, hier zitiert nach
ihrem Buch *Vom Sekundenglück brennender Papierchen*, Lengwil 2000, S. 9.
Hagenuk-Reklame nach hagenuk-germany.de. Glaser, *24 Stunden*, S. 12 f.
Kretschmann-Parodie auf swr3.de/comedy/downloads/Promis-fuer-dei-
nen-Anrufbeantworter/-/id=47446/did=1172188/1rrwled/index.html. Ra-
diokissen-Reklame auf pearl.de. Nutzerzahlen nach *Spiegel* 12-2004. Zahl
der gelben Zellen in den frühen 80ern nach achtziger-forum.de. Etui-Re-
klame nach meintrendyhandy.de. »Mach es Dein«-Seite: deindesign.de. **Ver-**
such über Selfies: Selfie-Erklärung nach selfiestick-test.de. **Highsmith mit**
Handy: Highsmith, *Der Schrei der Eule*, S. 23, 25. Gates, *Der Weg nach vorn*,

hier zitiert nach *FAZ* v. 17.4.1996. Negroponte nach Silverstone, *Anatomie der Massenmedien*, S. 46. Kurzweil, *Homo S@piens*, S. 302, und in einem Interview mit der *Zeit* v. 3.1.2002.

Zukunft 2.0: Prüfungsaufgabenzitat: Oberwallner, *Abschlußprüfungen*, S. 9, 12. Gibson nach *ZeitOnline* v. 12.1.2017.

Quellen

Bücher

Adams, Douglas: *Lachs im Zweifel. Zum letzten Mal per Anhalter durch die Galaxis;* Hamburg 2003.

Adorno, Theodor W.: *Eingriffe. Neun kritische Modelle;* Frankfurt a. M. 1974.

Anders, Günther: *Der Blick vom Mond. Reflexionen über Weltraumflüge;* München 1994.

Athen, Hermann und **Bruhn,** Jörn: *Blitzrechnen mit dem Taschenrechner;* München, Gütersloh, Wien 1975.

Babbage, Charles: *Passagen aus einem Philosophenleben;* Berlin 1997.

Basil, Priya: *Woher kommst du?;* in: *Lettre International* 112-2016.

Benjamin, Walter: *Berliner Kindheit um Neunzehnhundert;* Frankfurt a. M. 1979.

Böckelmann, Frank: *Theorie der Massenkommunikation. Das System hergestellter Öffentlichkeit, Wirkungsforschung und gesellschaftliche Kommunikationsverhältnisse;* Frankfurt a. M. 1975.

Brecher, Deborah L.: *Go Stop Run. Das Frauen Computer Lehrbuch;* Berlin 1988.

Brödner, Peter u. a.: *Der programmierte Kopf. Eine Sozialgeschichte der Datenverarbeitung;* Berlin 1982.

Bruhn, Herbert u. a. (Hg.): *Musikpsychologie. Ein Handbuch;* Reinbek 1993.

Coy, Wolfgang: *Industrieroboter. Zur Archäologie der zweiten Schöpfung;* Berlin 1985.

Delius, Friedrich Christian: *Der Sonntag, an dem ich Weltmeister wurde;* Reinbek 1994.

Dülmen, Richard van: *Kultur und Alltag in der frühen Neuzeit. Dritter Band: Religion, Magie, Aufklärung;* München 1999.

Ellis, Bret Easton: *American Psycho;* Köln 2000.

Enghofer, Paul: *WORD 5.0 einrichten + einsetzen. Arbeitstechniken für Textschaffende;* München 1989.

Gates, Bill: *Der Weg nach vorn. Die Zukunft der Informationsgesellschaft;* Hamburg 1995.

Gibson, William: *Neuromancer;* in Gibson: *Die Neuromancer Trilogie. Neuromancer. Biochips. Mona Lisa Overdrive;* Frankfurt a. M. 1996.

Glaser, Peter: *24 Stunden im 21. Jahrhundert. Onlinesein. Zu Besuch in der Neuesten Welt;* Frankfurt a. M. 1995.

Grüne, Anne: *Formatierte Weltkultur? Zur Theorie und Praxis globalen Unterhaltungsfernsehens;* Bielefeld 2016.

Hars, Wolfgang: *Lexikon der Werbesprüche. 500 bekannte deutsche Werbeslogans und ihre Geschichte;* Frankfurt a. M. 1999.

Highsmith, Patricia: *Der Schrei der Eule;* Zürich 2002.

Hörisch, Jochen; **Kamman,** Uwe (Hg.): *Organisierte Phantasie. Medienwelten im 21. Jahrhundert;* Paderborn 2014.

Hosokawa, Shuhei: *Der Walkman-Effekt;* Berlin 1987.

Kästner, Erich: *Der 35. Mai oder Konrad reitet in die Südsee;* München 2004.

Kaléko, Mascha: *Träume, die auf Reisen führen. Gedichte für Kinder;* München 2016.

Kaumanns, Ralf; **Siegenheim,** Veit; **Sjurts,** Insa (Hg.): *Auslaufmodell Fernsehen? Perspektiven des TV in der digitalen Medienwelt;* Wiesbaden 2008.

Kimmel, Elke; **Ludwig,** Andreas; **Merkel,** Marcus, u. a. (Hg.): *Alltag: DDR. Geschichten/Fotos/Objekte. Dokumentationszentrum Allltagskultur der DDR;* Berlin 2014.

Koszyk, Kurt und **Pruys,** Karl Hugo: *Handbuch der Massenkommunikation;* München 1981.

Kurzweil, Ray: *Homo S@piens. Leben im 21. Jahrhundert – Was bleibt vom Menschen?;* Köln 1999.

Maletzke, Gerhard: *Kulturverfall durch Fernsehen?;* Berlin 1988.

McLuhan, Marshall: *Die magischen Kanäle. Understanding Media;* Dresden, Basel 1995.

Meckel, Miriam: *Das Glück der Unerreichbarkeit. Wege aus der Kommunikationsfalle;* Hamburg 2007.

Neuss: *Der totale Neuss. Wolfgang Neuss Gesammelte Werke. Herausgegeben von Volker Kühn;* Hamburg 1997.

Oberwallner, Wilhelm (Hg.): *Abschlußprüfungen an den Realschulen in Bayern 1970–73;* Pfaffenhofen 1973.

Pias, Claus; **Vogl,** Joseph; **Engell,** Lorenz, u. a. (Hg.): *Kursbuch Medienkultur. Die maßgeblichen Theorien von Brecht bis Baudrillard;* Stuttgart 2002.

Reischl, Gerald; **Sundt,** Heinz: *Die mobile Revolution. Das Handy der Zukunft und die drahtlose Informationsgesellschaft;* Wien, Frankfurt 1999.

Ritter, Heinz: *Wirtschaftslehre für Realschulen;* Darmstadt 1969.

Röthlein, Brigitte: *Mare Tranquillitatis, 20. Juli 1969. Die wissenschaftlich-technische Revolution;* München 1997.

Rötzer, Florian und **Weibel,** Peter (Hg.): *Cyberspace. Zum medialen Gesamtkunstwerk;* München 1993.

Schwarz, Manfred und **Kramer,** Patrick: *go! Das Einsteigerbuch Internet. Leicht, kompakt, clever;* Unterschleißheim 2000.

Sichtermann, Barbara: *Fernsehen;* Berlin 1994.

Silverstone, Roger: *Anatomie der Massenmedien. Ein Manifest;* Frankfurt a. M. 2007.

Stuhlmann, Andreas (Hg.): *Radio-Kultur und Hör-Kunst. Zwischen Avantgarde und Popularkultur. 1923–2001;* Würzburg 2001.

Trentmann, Frank: *Herrschaft der Dinge. Die Geschichte des Konsums vom 15. Jahrhundert bis heute;* München 2017.

Weber, Heike: *Das Versprechen mobiler Freiheit. Zur Kultur- und Technikgeschichte von Kofferradio, Walkman und Handy;* Bielefeld 2008.

Williams, Jim: *Schrift wirkt! Einfache Tipps für den täglichen Umgang mit Schrift;* Mainz 2015.

Winn, Marie: *Die Droge im Wohnzimmer;* Reinbek 1979.

Woolf, Virginia: *Tagebücher 4. 1931–1935;* Frankfurt a. M. 2003.

Zander, Horst: *PC-gestützte Restaurierung von Audiosignalen;* Berlin 2009.

Zielinski, Siegfried: *Zur Geschichte des Videorecorders;* Berlin 1986.

Nachschlagewerke, Zeitschriften, Broschüren, Bedienungsanleitungen

(Einzelaufsätze und Artikel sind in den Nachweisen dokumentiert.)

Bibliographisches Institut (Hg.): *Duden. Bildwörterbuch der deutschen Sprache;* Mannheim 1958.

brand eins. Wirtschaftsmagazin; Mai 2008.

Eder, Christian u. a. (Red.): *Charles Babbage. Eine Geschichte aus der Geschichte des Computers. Museum industrielle Arbeitswelt;* Steyr 1994.

Fraunhofer-Institut für Integrierte Schaltungen (Hg.): *MP3 – Forschung, Entwicklung und Vermarktung in Deutschland;* Erlangen o. J. (Als pdf auf mp3-history.com)

gabriele. Bedienungsanleitung; T.-A. Vertriebs-GmbH, Nürnberg o. J.

Ich rufe an ... Ratschläge eines fortgeschrittenen »Fern«sprechers. Die Deutsche Bundespost informiert. (Die Broschüre als pdf-Datei: grauepost. files.wordpress.com/2010/03/ichrufean.pdf.)

Kretschmer, Birte; **Werner,** Frederic (Hg.): *Die digitale Öffentlichkeit. Wie das Internet unsere Demokratie verändert;* Friedrich Ebert Stiftung, Hamburg 2011. (Darin mein Aufsatz »Demokratie als click'n'go?«)

Microsoft Benutzerhandbuch Windows & MS-DOS 6.2.; Microsoft 1993. (Auf dem Umschlag der Warnhinweis: »Darf nur mit einem neuen PC vertrieben werden.«)

Network. Medien-Magazin. Die Zeitschrift der Network Medien-Cooperative; o-Nr. o. J. [1980]

Samsung. Mobiltelefon. Benutzerhandbuch. o. J. (um 2010).

TELEKOM* TREND. Alles aus einer Hand – Für unterwegs und zuhause; September–Oktober 2006.

telepolis. Die Zeitschrift der Netzkultur; Nummer 0, September 1996.

WORLD MEDIA NR. 3/*taz* v. 24. Dez. 1991

Zahlenspiegel. Ein Vergleich. Bundesrepublik Deutschland/Deutsche Demokratische Republik. Eine Information des Bundesministers für innerdeutsche Beziehungen; Bonn 1974.

ZDF Zuschauerredaktion *(Hg.): Von gestern bis heute: Die Geschichte der Nachrichten;* Mainz 2009.

www.

achtziger-forum.de
bildwoerterbuch.com
chamer-rundfunkmuseum.de
classic-computing.de
computerhistory.org
ddr-fernmeldetechnik.de (Seite von Udo Kell, Leipzig)
ddr-museum.de
deutsche-kinemathek.de (Museum für Film und Fernsehen der Deutschen Kinemathek in Berlin)
fernmeldemuseum-dresden.de
fernmeldezeugamt.de (Seite von André Hüsemann mit Bildergalerie)
hifimuseum.de
hts-homepage.de/hts-homepage.html (Seite von Hans-Thomas Schmidt u. a. mit Infos zur Technikgeschichte des DDR-Fernsehens)
kuba-museum.de (Museum der Firma Kuba)
mfk-berlin.de (Museum für Kommunikation)
musikindustrie.de (Seite des Bundesverbands Musikindustrie)
radiomuseum.org (unter radiomuseum.org/museum/d/#eom findet sich eine Liste mit Links zu 2286 Museen!)
rechenschieber.kesto.de (online-Schieber zum Üben)
sdtb.de/technikmuseum (Seite des Berliner Technikmuseums)

Komisches Glossar

@: Das Geschäftszeichen mit dubioser Vergangenheit (auf spanischen Weinfässern des 17., in deutschen Gerichtsakten des 18. und auf englischen Schreibmaschinentastaturen des späten 19. Jahrhunderts) wurde von E-Mail Erfinder Ray Tomlinson zur Adressierung elektronischer Botschaften verwendet. Auf Deutsch wird es als ›Klammeraffe‹ bezeichnet, auf Griechisch heißt es sinngemäß ›kleines Entchen‹, auf Russisch ›kleines Hündchen‹, auf Italienisch ›chiocciola‹ (›Schneckenhaus‹, aber auch ›Schraubenmutter‹). Das moderne Hebräisch bezeichnet es mit dem deutschen Wort ›Strudel‹.

Algorithmus: Schon mal was von al-Chwarismi (latinisiert: Algorismi) gehört? Der Mathematiker stammte aus Choresmien, einer Weltgegend im Süden des Aralsees, die heute teilweise zu Usbekistan und teilweise zu Turkmenistan gehört und damals von einer iranischen Bevölkerungsmehrheit besiedelt war. Der Mathematiker schrieb seine wichtigsten Werke zwischen 813 und 833 in Bagdad auf Arabisch. Er operierte mit dem Dezimalsystem und mit der Ziffer 0, beides elementare Voraussetzungen der abendländischen Mathematik. Der Algorithmus leitet sich von seinem Namen ab. Als Mathe-Null sollte ich es eigentlich bei dieser kulturgeschichtlichen Auskunft bewenden lassen. Aber einen Erklärungsversuch wage ich: Beim Algo scheint es sich um eine Art Verkehrsregel zu handeln, an die sich die Probleme halten müssen, wenn sie gelöst werden wollen.

Amazon: Was im Deutschland der Wirtschaftswunderzeit die Versandhäuser Quelle, Neckermann und Otto waren, das ist Amazon im Zeitalter digital potenzierter Globalisierung. Zum Erfolg trugen und tragen die Kunden gleich mehrfach bei: Sie konsumieren über Amazon, sie kommunizieren auf Amazon, sie kritisieren auf Amazon. Die Arbeitsbedingungen in den Logistikzentren sind berüchtigt wie die Krokodile des Amazonas.

Amiga: Von 1985 bis Anfang der 90er verkaufter Spielcomputer in verschiedenen Versionen und Preisklassen (von 1000 bis über 3000 DM).

App: Verkürzt für »Application«, »Anwendung«. Meist in Form eines Icons dargebotenes Angebot vor allem auf Smartphones.

Apple: Das Logo ist Kult. Und Steve Jobs (Personenregister) war eine ›Kultfigur‹. Bevor er mit noch ein paar Leuten die Garagenfirma gründete, hatte er eine Hippie-Phase durchgemacht und zeitweise auf einer Apfelfarm gearbeitet. Die Wahl eines stilisierten angebissenen Apfels zum Firmenlogo war ein Signal der Fröhlichkeit. Die Apple-Gründer werden nicht gewusst haben, dass nach dem tragischen Tod des englischen Computer-Pioniers Alan Turing ein Apfel auf dessen Nachttisch gefunden wurde. Der Apfel war angebissen. Ob er mit Zyankali vergiftet war, ist ungeklärt.

Aristo: Das Warenzeichen mit aristotelischem Touch geht auf die Mitte der 1930er, die Einführung des mit ihm vermarkteten Rechenschiebers auf das Ende der 40er-Jahre zurück. Ende der 70er wurde die Produktion eingestellt.

Bit: Die Begriffsprägung, eine Kurzform von »binary digit«, meint die kleinste Informationseinheit, die sich mit 0 und 1 ausdrücken lässt, und geht auf Arbeiten des amerikanischen Mathematikers Claude Shannon in den 30er-Jahren zurück. 8 Bites kodieren ein Zeichen und werden als Byte bezeichnet. 1 Kilobyte sind 1000 Bytes, 1 MB 1000 KB, 1 GB 1000 MB.

Bluetooth: Harald Blatand (auf Deutsch Blauzahn, auf Englisch Bluetooth) ist der Name eines dänischen Königs, der im zehnten Jahrhundert Teile des heutigen Dänemark, des heutigen Schweden und des heutigen Norwegen vereinigte. Der von schwedischen und niederländischen Wissenschaftlern in den 1990ern entwickelte Industriestandard ermöglicht die ›Vereinigung‹ verschiedener Geräte über Funk auf kurze Distanz. Das Logo, ein ineinander verschränktes runenartiges H und B, nimmt die Initialen des Königs auf.

Blu-Ray: Als Nachfolger der DVD entwickelter optisch digitaler Speicher, endgültig durchgesetzt seit 2008, als die konkurrierende Entwicklung einer DVD-HD abgebrochen wurde. Wie die übrigen Silberscheiben (CDs, DVDs, CD-ROMs) hat sie einen Durchmesser von 12 Zentimetern.

CD-ROM: »Compact Disc Read-Only Memory«, nicht lösch- oder überspielbarer Datenträger in Scheibenform. In den 2000ern vor allem benutzt für »Digitale Bibliotheken« und Nachschlagewerke.

Commodore: Taschenrechner unter diesem Namen gab es ab 1971, Spielkonsolen ab 1975, PET-Personal Computer ab 1977. In den 70ern hieß auch ein Auto so: der Opel Commodore. Es gab noch einen Opel Admiral, einen Opel Kapitän und den Opel Kadett. Einen Opel Matrose gab es nicht. Auch Arbeiter wollten mindestens einen Opel fahren, der hieß wie ein Offiziersanwärter.

Community: Niemand weiß genau, was das eigentlich ist, wie viele davon es gibt, wer jeweils dazugehört und wie intelligent das alles zusammen ist.

Cookies: Datenkekse, deren Verwendung durch Webseitenbetreiber man gewohnheitsmäßig zustimmt, ohne zu wissen, worum es sich dabei im Einzelnen handelt: »Cookies erleichtern die Bereitstellung unserer Dienste. Mit der Nutzung unserer Dienste erklären Sie sich damit einverstanden, dass wir Cookies verwenden.«

Desktop: Als Top wird in der Damenmode ein ärmelloses Oberteil bezeichnet. Ein Desktop hat ebenfalls keine Ärmel. Es handelt sich um eine Schreibtischoberfläche, aber nur metaphorisch. Und zwar insofern, als die Symbole, die auf dem Bildschirm eines Computers zu sehen ist, an die Gegenstände auf der Schreibtischplatte erinnern. Obwohl bei mir der Papierkorb nicht auf, sondern unter dem Schreibtisch steht.

DVD: »Digital Video Disc«, auch »Digital Versatile Disc«. Was die CD für die Musik und die Musikindustrie war, war (und ist immer noch ein bisschen) die DVD für den Film und die Filmindustrie.

ENIAC: »Electronic Numerical Integrator and Computer«. Das von 1946 bis 1955 rechnende Ungeheuer der amerikanischen Streitkräfte beherrschte die vier Grundrechenarten und konnte Quadratwurzeln ziehen, aber nur, wenn nicht gerade wieder eine der 17 468 Elektronenröhren kaputt war.

Facebook: Auf eine Plattform zur Bewertung des Aussehens von Harvard-Studentinnen zurückgehendes, 2004 gegründetes Netzwerk. Es hat inzwischen (Stand 2. Quartal 2017) angeblich zwei Milliarden Mitglieder, die mindestens einmal im Monat vorbeischauen. Bei ganz jungen Leuten scheint Facebook eher uncool zu sein, weil auch Mami und Papi dort ›Profile‹ haben.

Fax: Kurzform für Telefax, was wiederum die Kurzform ist für Telefaksimile. Ein Faksimile könnte man definieren als nicht handschriftliche Vervielfältigung und/oder Verbreitung einer Handschrift. Das Fax hatte viele Vorteile (man musste nicht mehr so viel telefonieren, weil man Botschaften schriftlich übermitteln konnte) und viele Nachteile (man musste noch mehr telefonieren, weil man nachfragen musste, ob das Fax auch angekommen war). Es handelte sich um eine effiziente Nervensäge, der der Lebensnerv von der noch effizienteren und noch nervensägerischen E-Mail abgeschnitten wurde.

Flat: Verkürzt für Flatrate, eine Art Pauschaltarif fürs Telefonieren und Surfen, mit dem man entweder unbegrenzt online sein kann oder bis zur Ausschöpfung des gebuchten Datenvolumens.

Game Boy: Eine auch von Mädchen eifrig benutzte tragbare Spielkonsole, die 1989 auf den Markt kam und sich insgesamt 120 Millionen mal verkaufte. Seit 1996 konnten auf dem Minidisplay des handlichen Schächtelchens Pokémons (›Taschenmonster‹) eingefangen und erzogen werden. Seit es Pädagogik gibt, macht Erzogenen nichts mehr Spaß, als ihrerseits zu erziehen: kleine Hunde, kleinere Geschwister oder kleine Monster.

Google: Wenn man Google ›googelt‹ bekommt man 12 Milliarden Ergebnisse, ungefähr für jeden Erdbewohner zwei. Das Wort hat 1938 ein Neunjähriger erfunden. Der Neffe eines amerikanischen Mathematikers bezeichnete mit den damals sinnfreien Lauten eine Riesenzahl. Der Ausdruck wurde vom Mathematiker-Onkel zur Bezeichnung der 1 mit hundert Nullen benutzt und später von der Suchmaschinenfirma übernommen.

Hate-Speech: Die Hasstiraden und das Shit-Storming, das massenhafte Beschweren und Berüpeln, erfolgen meist anonym. Die Meinungsmeute bellt aus dem Dunkel heraus.

Hotspot: Mein *Webster‹ Dictionary* von 1989 definiert: umgangssprachlich für ›nightclub‹. In *Langenscheidts Großwörterbuch Englisch-Deutsch* von 1981 kommt das Wort überhaupt nicht vor. Heute wimmelt es von Hotspots: auf öffentlichen Plätzen, in Cafés, in Kaufhäusern, im Zug (bei der Deutschen Bahn seit Anfang 2017). An Hotspots gibt es (meist kostenlosen) drahtlosen Zugang zum Internet.

i: Der kleine Buchstabe steht für die große Ich-Marke mit Produkten wie iMac (1998), iBook (1999), iPod (2001), iPhone (2007) und iPad (2010).
Interface: Bedeutender Teppichbodenhersteller für »inspirierende und positive Räume mit modularem Bodenbelag« (Selbstbeschreibung). Neben

modularen Bodenbelagschnittstellen gibt es noch Schnittstellen zwischen Maschinen und zwischen Maschinen und Menschen. Schnittstellen zwischen Menschen ohne Maschinen sind selten geworden.

ISDN: »Integrated Services Digital Network«. Seit Mitte der 90er deutschlandweit verfügbare ›Zukunftstechnologie‹, die bei der Telekom ab 2018 der Vergangenheit angehören wird.

Jotpen: Was einst der Griffel für die Schiefertafel war, ist heute der aus Aluminium gefertigte Jotpen für Touchscreens.

Kofferradio: In der Sprache ist das ›Kofferradio‹ ein Kofferwort aus Koffer und Radio. Im Leben war das Kofferradio ein tragbares Radio, ursprünglich an die Form eines Koffers oder einer Tasche angelehnt. Heute gibt es Handys, die aussehen wie Taschen, aber auch Taschen, die designt sind wie Handys.

Likes: Von Facebook 2009 eingeführt, hat sich das Daumenzeigen wie das Sternchenvergeben epidemisch in den sozialen Medien und auf Bestellseiten verbreitet. Die Konsumenten sind der neue Cäsar. Der klickende Kaiser hebt und senkt den Daumen im Internet wie einst der römische im Colosseum.

Link: Verkürzt für Hyperlink. Verweis einer Internetseite auf eine andere. Links sind in der Regel unterstrichen, und meist erscheint eine stilisierte Hand, wenn man mit dem Cursor darüberfährt.

Macintosh: Der erste ›Mac‹ kam 1984 auf den Markt. Von heute aus betrachtet wirkt er trotz seiner eiernden Form etwas vierschrötig. Die damalige Käuferschaft hielt ihn für elegant und war dankbar für die neuartige grafische Benutzeroberfläche und die Maus.

Maus: Seit 1973 in Anwendung, aber erst seit dem Macintosh von 1984 halb mythische, halb banale ›Schnittstelle‹ zwischen Mensch und Maschine. Die Maus war an der Maschine festgebunden, und der Mensch band sich fest an die Maus. Unentwegt schob er sie auf einer Art Plastikuntersetzer hin und her und drückte dabei auf ihren Tasten herum. Das nannte und nennt man Klicken. Die zeitgemäße Maus hat kein Kabel mehr, aber der Übernutzer immer noch Sehnenscheidenentzündung vom vielen Klicken. Das sucht die ergonomische Maus zu verhindern.

Microreiniger: Ein durch und durch analoger Gegenstand, der bei seiner Anwendung (das Befreien der Schallplattenrillen von Staub und statischer Aufladung) eine ruhige Hand erfordert.

Mikrochip: Er kam 1958 auf den Markt. Man könnte die kalendarische Jahreszählung in vor und nach dem Mikrochip einteilen statt in vor und nach Christus. So gesehen leben wir immer noch in der Antike des elektronischen Zeitalters. In dieser Epoche ist die Vergrößerung der Rechengeschwindigkeit mittels Verkleinerung der Transistoren auf einem Chip das Treibmittel der technischen Entwicklung. 1972 waren auf einem Intel-Chip 3500 Transistoren ›befestigt‹ (oder wie sagt man?), vier Jahre später waren es fast dreimal und acht Jahre später sechsmal so viel. 1984 brachte Intel den 286er- und 1986 den 386er-Chip heraus. Männer konnten stundenlang über 286er und 386er reden, wie sie stundenlang über PS und Hubraum reden konnten. 1997 befanden sich 7.500.000 Transistoren auf einem Chip. Inwischen wird in Milliarden gezählt.

MS-DOS: »Microsoft Disk Operating System«. In den Jahren um 1990 aufgrund der Ausrüstung der IBM-PCs mit diesem Programm das unangefochtene Betriebssystem für PCs. In dieser Zeit war ›IBM-kompatibel‹ eine von vielen erwünschte Charaktereigenschaft von Hard- und Software.

Nadeldrucker: Mit 8, 12, 24 oder gar 48 Nadeln wird Papier bedruckt. Die Methode herrschte in den 80ern in den Heimbüros vor. Benutzt wurde häufig Endlospapier, das über belochte, nach dem Druck abreißbare Ränder in die Maschine gezogen wurde. Der Nadeldrucker wurde vom Tintenstrahldrucker abgelöst, der Tintenstrahldrucker vom Laserdrucker. Die Geräte sind billig, die Patronen sehr teuer, denn mit ihnen wird der Profit gemacht.

Nerd: Einst ein Schimpfwort für spinnerte Sonderlinge ist es unter ›Computerfreaks‹ inzwischen zu einer Art Adelsprädikat geworden.

Netflix: Zusammengesetzt aus dem amerikanischen Wort für ›Netz‹ und dem Wort ›flick‹, das Schnipsel oder Klaps und im Plural (flicks) umgangssprachlich ›Film‹ bedeutet. Das US-amerikanische Unternehmen wurde 1997 als Online-Videothek gegründet und gilt heute als einer der ›innovativsten‹ Filmvermarkter, der inwischen nicht nur selbst Serien produziert, sondern auch Kinofilme.

Netiquette: Zweisprachiges (Englisch, Französisch) Kofferwort, das diffuse Benimmregeln im Umgang mit der ebenso diffusen Community bezeichnet. Weil Benimmregeln unabsichtliche und absichtliche Falschnachrichten (Enten und Fake News) so wenig verhindern können wie Beschimpfungen und Verhetzungen (Hate-Speech), gibt es Versuche, die sozialen Medien gesetzgeberisch zur Löschung von Einträgen zu veranlassen, die Persönlichkeitsrechte verletzen.

Olivetti: Italienische Traditionsmarke, deren erstes Modell 1911 auf Plakaten mit einer Darstellung des Dichters Dante beworben wurde und deren Schreibmaschinen der Schriftsteller Günter Grass verfallen war. Unter der Marke wurden außerdem Rechenmaschinen, Fotokopierer, PCs und Laptops verkauft. In den 90ern zog man sich aus diesen Geschäftsfeldern in die Telekommunikation zurück, bis man ab 2010 das OliBook, das OliTab und das OliPad präsentierte.

Pelikan: Patronenfüller eines heute in der Schweiz ansässigen Unternehmens, das 1838 in Hannover als Tintenfabrik gegründet wurde.

PIM: »Personal Information Manager«. Ende der 90er kursierender Namensvorschlag für das, was wir heute Smartphone nennen.

Privileg: 1964 vom Versandhaus Quelle als Massenmarke für Haushaltsgeräte und Büromaschinen aufgebaut. Wie oft beim Branding simuliert der Markenname eine Exklusivität, die von der Massenware gar nicht angestrebt wird.

QWERTZ: Die ersten sechs Buchstaben von links in der oberen Buchstabenreihe einer Tastatur – einer deutschen Tastatur. Auf amerikanischen beispielsweise steht am Platz des Z das Y. Die nichtalphabetische Anordnung der Buchstaben geht (vermutlich) darauf zurück, dass häufig verwendete Tasten in der mechanischen Eisenzeit des Schreibmaschineschreibens weit genug auseinanderliegen sollten, damit beim Schnellschreiben die über die Tasten bewegten Anschlaghebelchen die Typen nicht zur Kollision brachten. Obwohl das bei Computertastaturen ausgeschlossen ist und obwohl es alternative (und angeblich ergonomischere) Anordnungen gibt (z. B. die Dvorak-Belegung), wird QWERTZ bis auf Weiteres sein Quasi-Monopol behalten. Die Buchstabenfolge qwertz steht übrigens auf der Rangliste der unsichersten Passwörter, nicht weit unter 123456.

Router: Ohne die elektronische Vernetzungsschachtel kein Zugang ins Internet. Die Geräte haben die Eigenart, in schwer einschätzbaren Abständen vom Netz genommen werden zu wollen. Meistens genügt eine Verschnaufpause von wenigen Sekunden, damit sie problemlos den Dienst wieder aufnehmen.

SMS: »Short Message Service«, was eigentlich den Dienst bezeichnet. Dennoch ist im Alltag ›die SMS‹ (schweizerisch ›das SMS‹) die Nachricht selbst gemeint. Vielleicht, weil SM ohne Hinter-S irgendwie ›komisch‹ klingt. Das Verfassen und Versenden wird ›simsen‹ genannt. Die Beschränkung der Textlänge auf 160 Zeichen führt zu Abkürzungsakrobatik und Satzzeichenmalerei ;-).

Sputnik: Deutsch so viel wie Weggenosse. Satellitenreihe der Sowjetunion, beginnend mit Sputnik I, der 1957 im Westen den ›Sputnikschock‹ auslöste.

Tablet: Das englische Wort bedeutet auf Deutsch so viel wie ›Schreibtafel‹. Doch braucht man weder Griffel noch Schwamm. Man muss nur den Touchscreen antatschen.

TAN: »Transaktionsnummer«, der seltene Fall eines (halbwegs) deutschen Akronyms. Die nur einmal verwendbare Nummer soll zusammen mit der PIN (Persönliche Identifikationsnummer) beim Online Banking für Sicherheit sorgen.

Tastentelefon: Die Nachfolger der Apparate mit Wählscheibe hatten den Vorteil, dass nun alle Zahlen gleich waren. Früher war die 0 am weitesten weg vom Anschlag, die 1 am nächsten dran. Entsprechend brauchte die Scheibe bei der 0 am längsten, bei der 1 am kürzesten für den Rücklauf in die Ausgangsposition. In frühen Broschüren der Bundespost wird ausdrücklich darauf hingewiesen, dass man beim Rücklaufen der Scheibe den Finger aus dem Loch zu nehmen habe, jedenfalls unter keinen Umständen den Lauf der Scheibe beschleunigen oder verzögern dürfe.

Twitter: Eine gezwitscherte Botschaft durfte bis November 2017 nicht länger als 140 Zeichen sein. Seitdem sind es 280 Zeichen.

UMTS: Das »Universal Mobile Telecommunications System« geht auf europäischer Ebene konzeptionell bis in die späten 1980er-Jahre zurück. Im Jahr 2000 wurden sechs deutsche Lizenzen versteigert und verschafften dem Fiskus Einnahmen von fast 100 Milliarden DM. Das erste Mobilfunknetz wurde 1958 von der Deutschen Bundespost in Betrieb genommen. Die behördliche Abkürzung dafür war öbL: »öffentlicher beweglicher Landfunkdienst«. Der urbane Mobiltelefonierer ist historisch betrachtet also ein Landei.

USB-Stick: Der »Universal Serial Bus« ist ein kleines Stäbchen mit großem Speicher. Manchmal hat er ein Lämpchen am Hinterteil, das aufleuchtet, wenn sich etwas tut.

VHS: Das »Video Home System«, von der japanischen Firma JVC Anfang der 1970er entwickelt, setzte sich im Lauf dieser Dekade gegen die Konkurrenzformate VCR (»Video Cassette Recording«) und Video 2000 von Philips und Grundig durch. Die VHS-Kassette wurde durch die DVD abgelöst, so, wie die Tonkassette durch die CD.

VoD: »Video on Demand«. Wo das hinführen wird, ist derzeit noch offen. Die Marktanteile sind niedrig, aber sie wachsen.

Waterman: Die Füller mit dem Namen eines 1883 gegründeten amerikanischen Unternehmens (Eintrag im Personenregister unter Waterman, Lewis Edson) für Federn und Schreibgeräte gibt es immer noch. Sie werden aber seit Jahrzehnten in Frankreich hergestellt.

Windows 95: Je nach Standpunkt als eigenständiges Betriebssystem aufgefasst oder eher als eine Art Benutzeroberfläche für MS-DOS.

WLAN: »Wireless Local Area Network«, drahtloses lokales Funknetz, häufig auch mit dem analog (!) zu Hi-Fi gebildeten Kunstwort Wi-Fi bezeichnet. Genau genommen bezeichnet Wi-Fi jedoch nicht das Netz, sondern eine Zertifizierungsorganisation für die Kompatibilität der Geräte verschiedener Hersteller.

Word 5.0: Mausgesteuertes Textverarbeitungsprogramm von Microsoft. Die MS-DOS-Version wurde 1989 eingeführt.

Xbox: Anfang der 2000er von Microsoft in Konkurrenz zu Sonys Playstation promotete Spielkonsole. Ende der 2000er hat sich Microsoft aus dieser Sparte massenmedialer Unterhaltung wieder zurückgezogen.

Yahoo: Wie sind die Suchmaschinisten nur auf diesen Namen gekommen? Vielleicht, weil sie in ihrer Jugend *Gullivers Reisen* gelesen haben. In diesem Roman, der alles ist, bloß kein Kinderbuch, sind die Yahoos halb-

menschliche Arbeitssklaven im Land der vernünftigen Pferde. Das Un-
ternehmen Yahoo wurde im Juli 2016 von Verizon übernommen und im
Juni 2017 mit AOL und weiteren zwei Dutzend Firmen verschiedener
Größe zu Oath fusioniert.

Y2K: Das Jahr-2000-Problem, das in den letzten Jahren des 20. Jahrhunderts
vielen große Sorgen machte, hat sich in den ersten Tagen des 21. Jahrhunderts als nahezu harmlos erwiesen, obwohl manche Computer, wie
vorhergesagt, das Jahr 2000 mit dem Jahr 1900 verwechselten. Der Untergang blieb aus. Ob das daran lag, dass er gar nicht bevorstand oder
dass er durch Vorbeugemaßnahmen verhindert wurde, ließ sich nicht
klären.

Zugriffszahl: Wie oft eine Internetseite aufgerufen wird, bestimmt maßgeblich ihren Werbewert. Mithin dreht sich alles darum, den ›Traffic‹ zu
steigern. Die gängige Methode der Laienbetreiber und Semiprofessio-
nellen folgt der Losung: Verlinkst du mich, verlink ich dich.

Zeittreppe

Vermischtes aus der ›Vorgeschichte‹

1923 beginnt die Geschichte des Rundfunks in Deutschland. 1931 demonstriert Manfred von Ardenne (Personenregister) auf der Berliner Funkausstellung die elektronische Bildübertragung. Auf der Funkausstellung 1935 wird das Tonband präsentiert. Im gleichen Jahr (und nur zwölf Jahre nach Beginn des Rundfunks) geht in Berlin der erste öffentliche Fernsehsender der Welt in Betrieb: »Achtung, Achtung. Fernsehsender Paul Nipkow. Wir begrüßen alle Volksgenossen und Volksgenossinnen in den Fernsehstuben Großberlins mit dem deutschen Gruß: Heil Hitler!« Es stehen 15 dieser Fernsehstuben mit jeweils ein paar Dutzend Plätzen zur Verfügung. 1944 wird der Sendebetrieb eingestellt.

1938 macht Chester Carlson die erste Fotokopie, Konrad Zuse bastelt im Wohnzimmer seiner Eltern in Berlin-Kreuzberg seine mechanische Rechenmaschine (Z-1) zusammen. Die Z-3 (1941/43) gilt als erster binär funktionierender Computer. Sie brauchte für eine Multiplikation fünf Sekunden. Im Jahr 1939 startet in Rostock das erste Düsenflugzeug der Welt.

Der Transistor wird 1947 entwickelt, 1949 das Modem: in einem Forschungszentrum der US-Luftwaffe.

1950

Der über Lochkarten programmierte Großrechner UNIVAC kommt bei der amerikanischen Volkszählung zum Einsatz. Ebenfalls in den USA beginnt die Vermarktung des Farbfernsehens. In der BRD wird das Versandhaus Neckermann gegründet.

1951

Im November findet in den USA die erste Vorführung schwarz-weißer Fernsehbilder vom Magnetband statt. Erste deutsche Automobilausstellung in Frankfurt am Main, erste internationale Photokina in Köln. Die Deutsche Grammophon stellt in Düsseldorf ihre Langspielplatte mit 33 1/3 Umdrehungen pro Minute vor.

1952

Einführung des tragbaren Transistorradios. Am ersten Weihnachtsfeiertag beginnt der Nordwestdeutsche Rundfunk mit der Ausstrahlung des ersten regelmäßigen Fernsehprogramms in der Bundesrepublik. Der Testbetrieb lief seit September 1950. In der DDR war der Sendebetrieb eines »offiziellen Versuchsprogramms« ein paar Tage früher aufgenommen worden, am 21. Dezember, Stalins Geburtstag.

1953

Watson und Crick basteln ihr Modell der Doppelhelix der DNS und bieten damit eine Erklärung für den »Vervielfältigungsmechanismus des genetischen Materials«, wie sie es in einem Zeitschriftenaufsatz formulieren.

1954

Die USA lassen das erste Atom-Unterseeboot vom Stapel laufen. Es heißt *Nautilus*, wie die Unterseeboote in den Romanen von Jules Verne. IBM liefert mit IBM 650 die erste in Serie produzierte Rechenanlage aus (1800 Stück).

1955

Erster Transistorrechner von Bell, erster (Relais-)Computer der DDR: OPREMA, erstes europäisches Überschallflugzeug, erste Karnevalssitzung (»Mainz bleibt Mainz wie es singt und lacht«) im bundesdeutschen Fernsehen.

1956

Die amerikanische Ampex Corporation präsentiert einen Video Tape Recorder. Der amerikanische Informatiker John McCarthy prägt den Begriff »artificial intelligence«.

1957

Siemens stellt den ersten deutschen Transistorrechner vor, den Computer 2002 (zehn Millionen Additionen in der Sekunde). Die Sowjetunion schockt die westliche Welt, indem sie mit Sputnik (so viel wie »Weggenosse«) den ersten Satelliten ins All schießt. Auf der Büromaschinenmesse in Hannover wird die erste transportable elektrische Schreibmaschine vorgestellt. Die Polizei fängt an zu ›blitzen‹ und stellt die ersten Foto-Radargeräte auf, um Geschwindigkeitssünder zu überführen.

1958

Jack Kilby bastelt auf einem Glasplättchen einen »integrierten Schaltkreis«, den ersten Mikrochip. Den ersten Mikrochip mit Silizium präsentiert im Folgejahr Robert Noyce.

1959

Xerox bringt den ersten Fotokopierer, Mattel die erste Barbiepuppe auf den Markt, die UdSSR die erste Sonde auf den Mond (Lunik 2).

1960

Theodore Maiman baut den ersten Laser. Der Strahl ›liest‹ aber noch keine Informationen von Silberscheiben, sondern schneidet und schweißt. Die Halogenlampe erreicht Marktreife. Bevor sie in Gestalt von Deckenstrahlern die Wohnungen ausleuchtet, kommt sie in Autoscheinwerfern zum Einsatz. In den USA beginnt der Vertrieb der ›Antibaby‹-Pille. Die BRD folgt zwei, die DDR fünf Jahre später.

1961

Am 13. August wird die innerdeutsche Grenze geschlossen (Mauerbau). Die BRD und die DDR entwickeln sich für die Dauer einer Generation in der Technik, im Alltag und in der Alltagstechnik getrennt. Die Sowjetunion schießt Wostok 1 ins All und holt ihn wieder herunter, denn an Bord war diesmal keine Hündin wie beim Sputnik, sondern Juri Gagarin.

1962

Die USA schicken mit Telstar den ersten Kommunikationssatelliten auf eine Erdumlaufbahn. Die Bahn ist elliptisch. Telstar umkreist mithin nicht auf einem ›festen Punkt‹ die Erde und kann auf jeder Umrundung höchstens 20 Minuten senden. Das genügt jedoch für die erste Live-Übertragung von den USA nach Europa: eine Rede von Präsident John F. Kennedy.

1963

Die Firma Loewe entwickelt den ersten tragbaren Fernseher mit Transistor. Das Farbfernsehsystem PAL wird patentiert. Das ZDF geht auf Sendung.

1964

Start des ersten geostationären Fernsehsatelliten Syncom III. Der Bayerische Rundfunk beginnt als erste ARD-Anstalt mit einem dritten Programm.

1965

Die Programmiersprache BASIC kommt auf den Markt. Die Bundespost nimmt die erste elektronische Briefsortieranlage weltweit in Betrieb.

1966

Der Sowjetunion gelingt am 3. Februar mit Luna 9 die erste ›weiche‹ Landung auf dem Mond. Die USA folgen mit Surveyor 1 vier Monate später.

1967

Mit einem symbolischen Knopfdruck von Außenminister und Vizekanzler Willy Brandt auf der Ifa beginnt das Farbfernsehen in der Bundesrepublik. In der DDR drückt zwei Jahre später Walter Ulbricht den Knopf.

1968

Gründung des Arpanet, ein Vorläufer des Internets im amerikanischen Militär. Gründung der Firma Intel. Einführung des Dolby-Systems zur Rauschunterdrückung.

1969

Die Amerikaner wetzen mit der Mondlandung des Eagle (Adler) bei der Mission Apollo 11 die Sputnikscharte von 1957 aus. Nahezu zeitgleich scheitert eine sowjetische Mission, die unbemannte Fähre Lunik 15 zerschellt auf der Mondoberfläche. Der Fernsehturm auf dem Berliner Alexanderplatz wird eröffnet. Edward Hoff präsentiert den ersten Mikroprozessor.

1970

Intel beginnt mit der ersten Serienproduktion eines Mikroprozessors. 1982 folgte der 80286 Prozessor, 1986 der 386er, 1989 der 486er, 1993 der Pentium.

1971

Die ersten Taschenrechner können zwei und zwei zusammenzählen, außerdem subtrahieren, multiplizieren und dividieren.

1972

Gründung von SAP (»Systeme, Anwendungen und Produkte in der Datenverarbeitung«), einer deutschen ›Softwareschmiede‹.

1973

Erstes Telefonat über ein Mobiltelefon: am 3. April durch den amerikanischen Elektroingenieur Martin Cooper. Am nächsten Tag wird das World Trade Center in New York eröffnet, das wir heute unweigerlich mit einem Tag im September in Verbindung bringen.

1974

Auf der Nürnberger Spielwarenmesse werden die ersten Playmobil-Figuren präsentiert. Niemand konnte ahnen, dass gut 40 Jahre später im Vorfeld des 500. Reformationsjubiläums ein Luther-Püppchen zur am weitesten verbreiteten Figur der Firmengeschichte werden würde.

1975

Gründung von Microsoft. Der märchenhafte Aufstieg der Firma begann 1980 durch die Zusammenarbeit mit IBM. Dabei spielte nicht nur die Genialität und Raffiniertheit von Bill Gates (Personenregister) eine Rolle, sondern auch das ›Vitamin B‹ seiner Mama, die Kontakt zum damaligen IBM-Chef hatte.

1976

Gründung der Apple Computer Corporation. Im Jahr 2016 kann die Corporation ihr vierzigjähriges Bestehen feiern, nunmehr als Unternehmen mit dem höchsten Börsenwert der Welt, das zwischendurch (1997) von Microsoft mit einer Kapitalspritze gerettet wurde. Die Deutsche Bundespost stellt in Westberlin das Tastentelefon vor. Die amerikanische Raumsonde Viking I landet auf dem Mars.

1977

Die Datasette verwandelt im Commodore PET digitale Informationen in analoge Töne zur Speicherung auf Tonkassetten.

1978

Der letzte in Deutschland produzierte Käfer läuft im VW-Werk Emden vom Band. In einer Klinik bei Manchester kommt Louise, das erste ›Retor-

tenbaby‹, zur Welt. Sie hat inzwischen ebenfalls Kinder, ›selbst gemachte‹,
wenn sich das so sagen lässt. Vier Jahre nach Louise folgt mit Oliver das erste
›Retortenbaby‹ Deutschlands.

1979

Die Deutsche Bundespost führt ihren FAX-Dienst ein. Die CD (Compact
Disc) kommt auf den Markt. Im amerikanischen Harrisburg ereignet sich
der bis dahin schwerste Unfall in einem Kernkraftwerk. Ein Reaktorbrand
wird knapp verhindert.

1980

Der »Zauberwürfel« des ungarischen Architekten Erno Rubik wird Kult.
Zwei Jahre später gibt es in Budapest eine Weltmeisterschaft, die ein amerikanischer Student gewinnt, indem er in 23 Sekunden die Würfelelemente
so dreht, dass alle sechs Seiten einfarbig sind. Das ist aus jedem Mischzu-
stand in maximal 52 Drehungen möglich. (Mir ist es auch nach 520 Drehungen nicht gelungen.)

1981

IBM stellt seinen PC vor. Er läuft mit dem Betriebssystem MS-DOS von
Microsoft. Canon entwickelt den Tintenstrahldrucker. Sony bringt die
Dreieinhalb-Zoll-Diskette heraus.

1982

Es beginnt die Ära des Heimcomputers Commodore, die Ende der 80er en-
det. Im 1968 installierten Arpanet des amerikanischen Militärs kursiert der
Zeichensmiley. Am 11. Juni, meinem 25. Geburtstag, startet E. T. seine Karri-
ere in den amerikanischen Kinos :-)

1983

Apple bringt den Rechner Lisa, pardon: die Rechnerin Lisa auf den Markt
und mit ihr eine grafische Benutzeroberfläche, die über eine Maus bedient
wird. Lisa speichert auf Floppy Disk (fünfeinhalb Zoll) und hat einen Arbeitsspeicher von 1 (in Worten: einem) MB. 15 Jahre später verfügt der iMac
über 32mal so viel.

1984

Hewlett-Packard präsentiert den Laserdrucker. Der Apple Macintosh kommt auf den Markt, mit Maus und Desktop.

1985

Am 8. Dezember startet die *Lindenstraße*, die ausdauerndste, heute noch bestehende und mindestens bis 2019 laufende deutsche Fernsehserie. *Gute Zeiten, schlechte Zeiten* auf RTL, die erste jeden Werktag ausgestrahlte deutsche Fernsehserie, läuft seit dem 11. Mai 1992.

1986

»Tschernobyl« wird durch den Brand des Atomreaktors zur Chiffre der Nuklearkatastrophe. Das Hauptmodul der sowjetischen Raumstation Mir wird auf ihre Bahn um die Erde geschossen, die sie bis 2001 umkreist.

1987

Der im Februar zur Mir geflogene Kosmonaut Romanenko kehrt nach fast einem Jahr im All am 29. Dezember zur Erde zurück. Eureka TV, das spätere ProSieben, nimmt den Sendebetrieb auf.

1988

Rias TV startet das Frühstücksfernsehen. Die Bundesregierung beschließt die Aufspaltung der Deutschen Bundespost in die Bereiche Post, Bank und Telefonie. Heute sind alle drei Sparten als Aktiengesellschaften organisiert. Die Telekom hat eine unrühmliche Geschichte als ›Volksaktie‹ hinter sich. Ihr Ankauf durch Kleinsparer wurde mit Plakaten beworben. Eine Aktie kostete im Jahr 2000 zeitweise über 100 Euro, heute ist sie keine 20 Euro wert.

1989

Die japanische Firma Nintendo bringt den Game Boy auf den Markt und verkauft 120 Millionen Stück, bis das Gerät 2004 durch den Nintendo DS ersetzt wird, von dem sich innerhalb von zehn Jahren 155 Millionen Stück verkaufen.

1990

Beginn des Projekts zur vollständigen ›Entzifferung‹ des menschlichen Genoms. Das zunächst amerikanische, später internationale Vorhaben wurde 2003 offiziell abgeschlossen. Seitdem sind ›die Gene‹ an vielem schuld.

1991

In den Ötztaler Alpen wird die von Gletschereis konservierte Leiche eines Mannes gefunden (›Ötzi‹), der vor etwa 10 000 Jahren gestorben ist. Zu den Dingen, die er mit sich führte, gehörten Pfeile und Bogen, ein Dolch mit einer Feuersteinklinge, ein Beil mit einer Klinge aus dem damals besonders wertvollen Kupfer und eine Gürteltasche, in der sich ein Bohrer und eine Ahle befanden. Wie würden die Forscher der Zukunft die Utensilien eines Menschen interpretieren, der in unseren Tagen in eine Gletscherspalte fällt und erst in 10 000 Jahren wieder zum Vorschein kommt?

1992

Der deutsch-französische Fernsehsender arte nimmt den Betrieb auf. Das D-Netz für Funktelefonie geht in den Regelbetrieb.

1993

Die neuen Postleitzahlen werden eingeführt. Die heftig befehdete Umstellung wurde von der Post penetrant mit der fünffingrigen Cartoonfigur »Rolf« beworben.

1994

Die Playstation von Sony kommt auf den Markt. Bill Gates ersteigert für 30,8 Millionen Dollar den sogenannten ›Codex Leicester‹, eine gebundene Sammlung von Notizen und Zeichnungen von Leonardo da Vinci. Die Blätter sind inzwischen als Digitalisat einsehbar.

1995

Microsoft präsentiert das Betriebssystem Windows 95. Die führenden Elektronikhersteller einigen sich auf einen gemeinsamen technischen Standard für die DVD. Der erste vollständig am Computer entstandene Kinofilm, *Toy Story*, kommt heraus.

1996

Yahoo geht an die Börse, die Zahl der Mitarbeiter liegt unter 50. ›Klonschaf‹ Dolly kommt zur Welt. Der Schachcomputer *Deep Blue* (Gewicht anderthalb Tonnen) gewinnt das erste Spiel gegen das Gehirn (Gewicht knapp 1400 Gramm) des Schachweltmeisters Garry Kasparow. Im Jahr darauf gewinnt der nachgerüstete Rechner ein Turnier gegen den Weltmeister. Bereits 1989 hatte das Programm Deep Thought den Schachmeister David Levy besiegt. Schach spielt auch HAL, der Bordcomputer des Raumschiffs in Stanley Kubricks *2001: Odyssee im Weltraum* von 1968.

1997

Die amerikanische Raumsonde Pathfinder landet auf dem Mars. Die Beisetzung von Diana, Princess of Wales, wird weltweit von schätzungsweise zweieinhalb Milliarden Zuschauern verfolgt und gilt als größtes Medienereignis der TV-Geschichte. Die allermeisten Zuschauer sehen das noch nicht auf einem Fernseher mit Plasmabildschirm, dessen erstes Exemplar Pioneer in diesem Jahr auf den Markt bringt.

1998

Entwicklung der Bluetooth-Technik. Apple führt den iMac ein. Das amerikanische Pharma-Unternehmen Pfizer bringt Viagra auf den Markt. In den deutschsprachigen Ländern tritt die Rechtschreibreform in Kraft.

1999

Der Computerwurm »Melissa« verschickt Milliarden von Mails und zwingt unter anderem IBM und Microsoft, mit ihren Netzen vom Netz zu gehen. Im September startet RTL die Quizshow *Wer wird Millionär?* mit Günther Jauch. Der Rateonkel wurde selber einer und moderiert noch immer.

2000

Der Millennium-Bug findet nur ein bisschen statt. Das erste Mobiltelefon mit Kamera, hergestellt von Sharp, kommt auf den Markt. Der USB-Stick (»Memory Stick«) wird eingeführt. Die Versteigerung der UMTS Lizenzen für den Mobilfunk in Deutschland spielt für den Fiskus an die 100 Milliarden DM ein.

2001

Apple bringt den iPod, Microsoft Windows XP auf den Markt. In Europa wird das Rindvieh verrückt (BSE Skandal), in New York werden zwei Türme zum Einsturz gebracht (Terroranschlag auf das WTC).

2002

Einführung des Euro in zwölf Staaten der EU. Google steigt in großem Maßstab bei der Digitalisierung von Büchern ein. RTL beginnt im Herbst mit der Castingshow *Deutschland sucht den Superstar*.

2003

Das für August geplante deutsche elektronische Mautsystem für Lkws kommt nicht in Fahrt (es funktioniert richtig und vollständig erst ab 2006).

2004

Die universitäre Keimzelle von Facebook entsteht. Der Aufstieg des Unternehmens bedarf keiner Erläuterung. 2016 hat es weltweit rund 17.000 Mitarbeiter und macht einen Umsatz von über 27 Milliarden Dollar. Das 2005 gegründete deutsche Nachahmerportal studiVZ war in den ersten Jahren ebenfalls erfolgreich, ist aber inzwischen eine Sozialwüste.

2005

Im April startet Youtube mit dem Slogan »Broadcast Yourself«. Anderthalb Jahre später wird Youtube für 1,65 Milliarden Dollar von Google gekauft. Kurz nach Weihnachten wird der erste Satellit des europäischen Navigationssystems Galileo in den Orbit geschickt, um dem amerikanischen GPS (»Global Positioning System«) Konkurrenz zu machen. Das System mit bisher 18 (von geplanten 30) Satelliten ist seit Dezember 2016 allgemein zugänglich.

2006

Während der medial zum »Sommermärchen« verklärten Fußballweltmeisterschaft in Deutschland wandelt sich die »öffentliche Übertragung« (erstmals in den »Fernsehstuben« während der Olympiade 1936) zum »Public Viewing« vor riesigen Videowänden auf städtischen Plätzen. Der Kurznachrichtendienst Twitter wird gegründet.

2007

Mit dem iPhone von Apple beginnt die rasante Geschichte des Smartphones als Design- und Kultobjekt. Microsoft veröffentlicht Windows Vista.

2008

Google macht mit Android, einem Betriebssystem für Smartphones und Tablets, den iPhones erfolgreich Konkurrenz. Der Marktanteil des Systems liegt 2016 bei gut 87 Prozent.

2009

In der Erdumlaufbahn kollidieren zwei Kommunikationssatelliten. Es ist der erste Unfall dieser Art. Die Geschichte der Kryptowährung Bitcoin beginnt. Sie unterliegt sehr starken Schwankungen. Seit 2017 gibt es daneben noch Bitcoin Cash. Die World Digital Library, die »digitale Weltbibliothek«, wird von der Washingtoner Kongressbibliothek und der UNESCO installiert. WhatsApp wird gegründet. 2014 erfolgt für 19 Milliarden Dollar die Übernahme durch Facebook.

2010

Mit dem iPad von Apple kommt das erste erfolgreiche Tablet auf den Markt. Vorgängerprodukte wie das bereits 2001 von der Telekom eingeführte T-Sinus Pad hatten sich nicht durchgesetzt.

2011

»Fukushima« wird durch die Reaktorkatastrophe infolge eines Tsunamis zur neuen apokalyptischen Chiffre nach »Tschernobyl«.

2012

Die neugierige Sonde Curiosity landet auf dem Mars. Seitdem kriecht das kleinwagengroße Forschungsfahrzeug vorsichtig über die Oberfläche des Planeten (bis 2017 zurückgelegt ein gutes Dutzend Kilometer) und schickt Bilder zur Erde.

2013

Das erst 2006 gegründete Unternehmen Twitter geht an die Börse. Zu Beginn des Handelstages beläuft sich der rechnerische Unternehmenswert auf 14,1 Milliarden Dollar, am Ende des Handelstages sind es 24,6 Milliarden.

2014

Apple präsentiert die Apfeluhr. Smarte Uhren waren bereits von Microsoft (2003), Sony Ericsson (2008), Samsung (2012) und anderen auf den Markt gebracht worden. Google probiert die Marktfähigkeit eines Mikrocomputers in Brillenform aus und stellt fest, dass Google Glass ein Flop ist.

2015

Microsoft demonstriert seine »mixed reality«-Brille HoloLens im Rahmen der Präsentation von Windows 10. Die Hoverboard-Scooter verbreiten sich epidemisch, zunächst in den USA. Es handelt sich um ein Zweirad, bei dem die Räder nicht hintereinander, sondern parallel angeordnet sind und der Fahrer nicht zwischen ihnen sitzt, sondern steht. Wem die Patente gehören beziehungsweise zustehen, ist – wie oft bei solchen Erfindungen – umstritten.

2016

Das Programm *AlphaGo* schlägt den weltbesten Go-Spieler Lee Sedol. Der chinesische Sunway TaihuLight ist der schnellste Computer aller Zeiten. Die Zahl der App-Downloads weltweit wird auf 90 Milliarden beziffert. In Deutschland führt WhatsApp die Rangliste der Beliebtheit an.

2017

Google und Walmart, die weltgrößte Einzelhandelskette (11.600 Filialen; 2, 3 Millionen Beschäftigte), beschließen ihre Zusammenarbeit beim Online-verkauf. In Dubai wird eine Taxi-Drohne getestet (Höhe bis zu 300 Metern, Geschwindigkeit bis zu 100 km/h). Amerika schließt die Grenzen und hält seine Bevölkerung mit Fernsehserien wie *Running Man* bei Laune. So jedenfalls geht es in dem gleichnamigen Kinofilm von 1987 zu, der im Jahr 2017 spielt.

Vermischtes aus der Zukunft

Die Telekom stellt bis Ende 2018 ihren seit Mitte der 1990er verfügbaren ISDN-Service ein. Die Verteilung von Telefonbüchern, in Berlin erstmals 1881 herausgebracht, wird in naher Zukunft auslaufen. Für 2020 werden weltweit 30 Milliarden Geräte mit Internetanschluss prognostiziert.

In fernerer Zukunft werden Pakete durch Drohnen zugestellt, das »Internet der Dinge« (auf Tenglisch IoT) vernetzt alles mit allem, ›3-D-Drucker‹ drucken allen alles aus, und mithilfe von Interfaces können alle mit allen und allem kommunizieren.

Und irgendwann wird es eine »Stammzellen-Zeitreise« geben. So nennt es zumindest Steven Clausnitzer vom kalifornischen Start-up Forever Labs. Man friert seine Stammzellen mit dreißig ein, und wenn man sechzig ist, taut man sie auf, macht eine Kur und fühlt sich danach so jung, wie man niemals gewesen sein wird.

Personenregister

(Ohne Verweise auf den Anhang)

Berliner, Emil (1851–1929), deutsch-amerikanischer Erfinder der Schallplatte und des Grammophons: 97

Berners-Lee, Thimothy (geb. 1955), englischer Physiker, gilt als ›Gründungsvater‹ des www: 55

Bertuch, Friedrich Justin (1747–1822), Weimarer Verleger, Zeitschriftenherausgeber, Schriftsteller, Übersetzer, Finanzmann, Kunstblumenproduzent: 104

Bezos, Jeff (geb. 1964), Gründer von Amazon: 56

Blattschuss, Gebrüder, vor allem in den späten 70ern und 80ern erfolgreiche Musikgruppe, seit 1988 als Duo (Beppo Pohlmann, Kalle Ricken) auftretend: 164

Blocksberg, Bibi (erfunden 1980 von Elfie Donelly), ewig junges Hexenmädchen über zehn, das in Büchern, Hörbüchern und Kinofilmen Abenteuer für Kinder unter zehn erlebt: 101

Blümchen, Benjamin (erfunden 1977 von Elfie Donelly), sprechender und wie ein Mensch handelnder Elefant, der in Büchern, Hörbüchern und Kinofilmen Abenteuer für Kinder unter zehn erlebt: 101

Bogart, Humphrey (1899–1957), amerikanischer Schauspieler: 190

Bogner, Verena (Jahrgang nicht ermittelt), österreichische Online-Journalistin: 57

Bohnet, Horst (geb. 1962), Schweizer Bildhauer: 191

Bond, James (erfunden 1953 von Ian Fleming), maskuliner oder die Männlichkeit karikierender britischer Geheimagent mit einer Vorliebe für technische Spielereien: 213

Borsche, Mirko (geb. 1971), Grafikdesigner: 85

Brandenburg, Karlheinz (geb. 1954), Elektrotechniker, einer der Entwickler des MP3-Formats am Fraunhofer-Institut: 83 f.

Brandt, Willy (1913–1992), SPD Politiker, Vizekanzler, Bundeskanzler von 1969–1974: 134

Braun, Wernher von (1912–1977), Ingenieur und Raketenbauer erst in Deutschland und nach dem Ende des Zweiten Weltkriegs in den USA: 28

Brecht, Bertolt (1898–1956), Theatermacher und Verfremdungstheoretiker: 125

Breitner, Paul (geb. 1951), deutscher Fußballspieler, Weltmeister von 1974: 136 f.

Brooks, Rodney (geb. 1954), Informatiker, Roboterbauer und Roboterphilosoph, 1997–2007 Abteilungsdirektor am MIT: Motto

Verne, Jules (1828–1905), französischer Schriftsteller und Zukunftserfinder: 68

Waterman, Lewis Edson (1837–1901), New Yorker Versicherungsagent, ließ sich 1883/84 ein Schreibgerät patentieren, bei dem die Tinte von der Kammer durch Kanäle zur Feder lief: 25

Watt, James (1736–1819), schottischer Erfinder, optimierte die Dampfmaschine: 28

Winn, Marie (geb. 1936), in Prag geborene amerikanische Fernsehkritikerin und Naturschriftstellerin: 142 f.

Woolf, Virginia (1882–1941), englische Schriftstellerin: 25

Zimmermann, Herbert (1917–1966), Sportreporter, Urheber der berühmtesten Torschreie der deutschen Fußball- und Radiogeschichte: 64

Zuckerberg, Mark Elliot (geb. 1984), Mitbegründer von Facebook: 56

Bruno Preisendörfers
Reise in die Lutherzeit:

496 Seiten, Euro 12,99

NDR Kultur Sachbuchpreis 2016

»Ein wahres Epochenpanorama, in dem man die Zeit auch schmeckt und riecht. Ein lebendiges, wimmelndes, wunderbares Sprachgemälde.« *Die literarische WELT*

www.galiani.de

Bruno Preisendörfers
Reise in die Goethezeit:

544 Seiten, Euro 12,99

»Eine Fundgrube, aus der man unentwegt zitieren möchte.«
DIE ZEIT

»Wer auch nur ein wenig an deutscher Kulturgeschichte interessiert
ist, wird dieses von Alltagsfakten überquellende, glänzend geschriebe-
ne Buch mit wachsender Begeisterung lesen.« *KulturSPIEGEL*

Douwe Draaismas
Reise ins menschliche Gedächtnis:

256 Seiten, Euro 16,99

»Man folgt Draaisma gerne, wohin auch immer er geht.
Und er geht weit.« *Falter*

»Der Niederländer führt uns auf schwankenden Boden, zeigt er doch,
wie wenig autobiografische Gewissheit es gibt. Wer sich dieser Idee
öffnet, wird jedoch belohnt: mit der Freude, sich als einen Mensch zu
erleben, der lernt und wächst.« *Deutschlandfunk*

»Draaisma wartet mit einer Fülle verblüffender Einsichten über die
Fallstricke der menschlichen Psyche auf.« *Spektrum der Wissenschaft*

www.galiani.de